Lisa Brugger
Anita Schmid

Redaktion
Walter Bucher

1000 Spiel-
und Übungsformen
zum Aufwärmen

Bibliografische Information Der Deutschen Bibliothek

Die Deutsche Bibliothek verzeichnet diese Publikation in der Deutschen Nationalbibliografie; detaillierte bibliografische Daten sind im Internet über http://dnb.ddb.de abrufbar.

Bestellnummer 6401

© 1989 by Verlag Karl Hofmann, Schorndorf

11., unveränderte Auflage 2004

Titelbild: Andreas Ramsler, St. Gallen
Karikaturen: Daniel Lienhard, Zürich
Reinschrift: Heinz Rüttimann und Walter Bucher
Skizzen: Anita Schmid

Redaktion: Walter Bucher

Gesamtherstellung in der Hausdruckerei des Verlags
Printed in Germany · ISBN 3-7780-6407-X

Inhaltsverzeichnis

Zeichenerklärung:

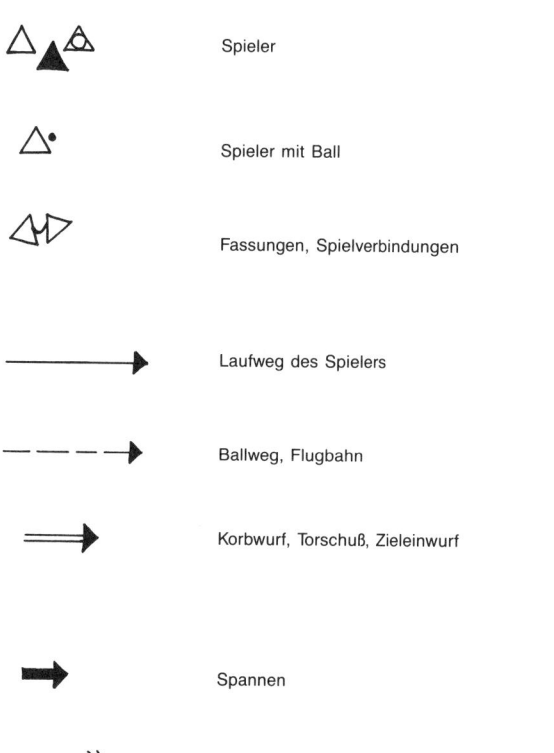

Spieler

Spieler mit Ball

Fassungen, Spielverbindungen

Laufweg des Spielers

Ballweg, Flugbahn

Korbwurf, Torschuß, Zieleinwurf

Spannen

Atmung (Bewußtes Ein- und Ausatmen) D

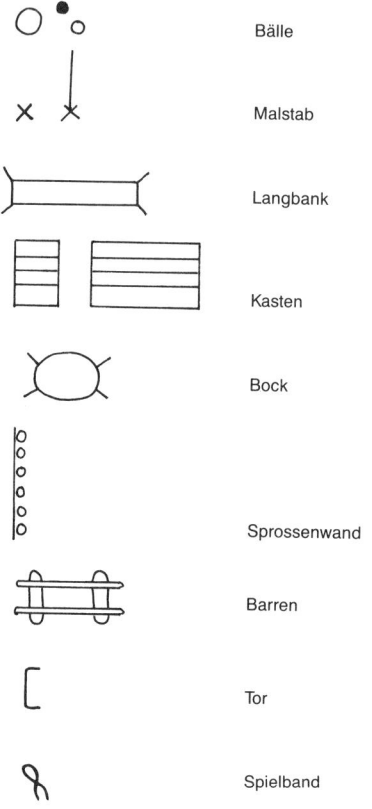

Bälle

Malstab

Langbank

Kasten

Bock

Sprossenwand

Barren

Tor

Spielband

Vorwort

Das Warmlaufen und Einbewegen ist, unabhängig von der Sportart, zwingend für den Beginn der Sportstunde. Die Notwendigkeit und die Bedeutungsaspekte der Lektionseinleitung sind unumstritten. Die Inhalte der einzelnen Übungen sind den Rahmenbedingungen entsprechend auszuwählen.

Gerade diese Arbeit wird durch eine leicht zu handhabende und übersichtliche Aufmachung wesentlich vereinfacht. Die von den beiden Autorinnen LISA BRUGGER und ANITA SCHMID gewählten Einteilungskriterien wie z. B. Zielsetzungen und Materialauswahl erlauben dem Benutzer, differenzierte und somit wirkungsvolle Aufwärmprogramme für den Unterricht zu entnehmen.

Gute Hinweise und Anregungen zur praktischen Realisierung sind in dem sowohl originellen, wie auch didaktisch gut aufgearbeiteten „ABC des Aufwärmens" enthalten.

In der Tat haben sich seit der 1. Herausgabe dieses Bandes im Jahre 1989 einige neue Erkenntnisse und Erfahrungen aus der Theorie und der Praxis ergeben. Doch weitgehend ist aus dem klassischen „Aufwärmen" ein modernes „Warm up" geworden.

Zum Schluss dieses Vorwortes gilt es dem verantwortlichen Herausgeber zu danken und zu gratulieren. WALTER BUCHER hat mit dem ihm eigenen Elan seine Mitarbeiterinnen und Mitarbeiter für seine Grundidee, Bewegung, Spiel und Sport auf spielerische Art und Weise zu vermitteln, begeistern können. Seine Impulse sind verstanden und aufgenommen worden. Die Anzahl der Bücher dieser Schriftenreihe (mittlerweile sind es 27 Bände), die Mehrfachauflagen der meisten Titel sowie die Übersetzung einiger Bände in andere Sprachen, sprechen für sich, respektive für ihn.

Zug, im Juni 2002   PROF. DR. KURT MURER

Einleitung

Aufwärmen – ein eigenständiger Band

In der Reihe 100X Spiel- und Übungsformen sind in vielen Büchern spezifische Beispiele zum Aufwärmen für die einzelnen Sportarten aufgelistet. Im Verlauf der Zeit wurde das Interesse nach einer eigenständigen Sammlung von Spiel- und Übungsformen für das Einlaufen und Aufwärmen spürbar. Die beiden Sportlehrerinnen Lisa Brugger und Anita Schmid unterbreiteten mir im Jahr 1987 eine Übungssammlung für das Aufwärmen. Diese Sammlung war Teil ihrer Diplomarbeit zur Erlangung des Eidg. Turn und Sportlehrerdiploms II an der ETH in Zürich (Referent Prof. Dr. K. Murer). Ich entschied mich, diese vorliegende Sammlung zu redigieren und mit den beiden Autorinnen als eigenständigen Band „1000 Spiel- und Übungsformen zum Aufwärmen" der ganzen Reihe voranzustellen.

Aufwärmen: Wozu und wie?

Grundsätzlich ist die Zielsetzung des Aufwärmens für alle Alters- und Könnensstufen dieselbe, nämlich den Körper auf die bevorstehende Belastung vorzubereiten. Die Art und Weise, die Übungsauswahl und die Dosierung eines guten Aufwärmprogramms sollten jedoch der entsprechenden Zielgruppe angepasst werden. Das Aufwärmen ist zudem nicht nur ein physischer, sondern auch ein psychischer Prozess. Wenn es gelingt, durch eine geschickt ausgewählte Folge von Spiel- und Übungsformen eine Sportgruppe zu motivieren, sie „anzuheizen", dann ist dies schon eine wichtige Basis für eine gut gelungene Sportstunde.

Akzente setzen

Wie, wann und warum sollen Akzente gesetzt werden? In Form eines kleinen „Didaktischen ABC des Aufwärmens" habe ich versucht, einige wichtige Überlegungen und Argumente aufzulisten, diese kurz zu erläutern und dadurch für eine gezielte Auswahl von Spiel- und Übungsformen eine Orientierungshilfe anzubieten.

Zur 10. Auflage

Seit der Herausgabe der 1. Auflage „1000 Spiel- und Übungsformen zum Aufwärmen" im Jahr 1989 hat sich in der Sportwissenschaft, in der Sportdidaktik und in der Sportpraxis vieles „bewegt". Neue Inhalte wurden durch alte ausgetauscht, neue Trends kamen und viele sind schon wieder vergessen. Einzelne Übungen, insbesondere im Bereich der funktionellen Gymnastik, wurden kritisch hinterfragt und z. T. durch neue ersetzt. Doch die altbewährten Grundsätze und Prinzipien des Aufwärmens haben an Aktualität nichts eingebüßt, im Gegenteil. Auch wenn einige Spiel- und Übungsformen im vorliegenden Buch nicht allen Kriterien der neuesten Erkenntnisse der Sportwissenschaft genügen, wurden für die 10. Auflage keine inhaltlichen Änderungen vorgenommen. Es liegt in der Kompetenz und Verantwortung jeder einzelnen Lehrperson, die im Buch präsentierten Vorschläge abzuändern, zu optimieren oder einzelne aus Überzeugung wegzulassen. Gleich einem Puzzle geht es in der Vorbereitung einer Sportlektion – insbesondere auch für das Aufwärmen – immer wieder darum, für die jeweiligen Zielgruppen die entsprechenden Mosaiksteine herauszupicken und zu einem gewünschten, harmonischen Bild zusammenzusetzen.

Berg, im Juni 2002   WALTER BUCHER

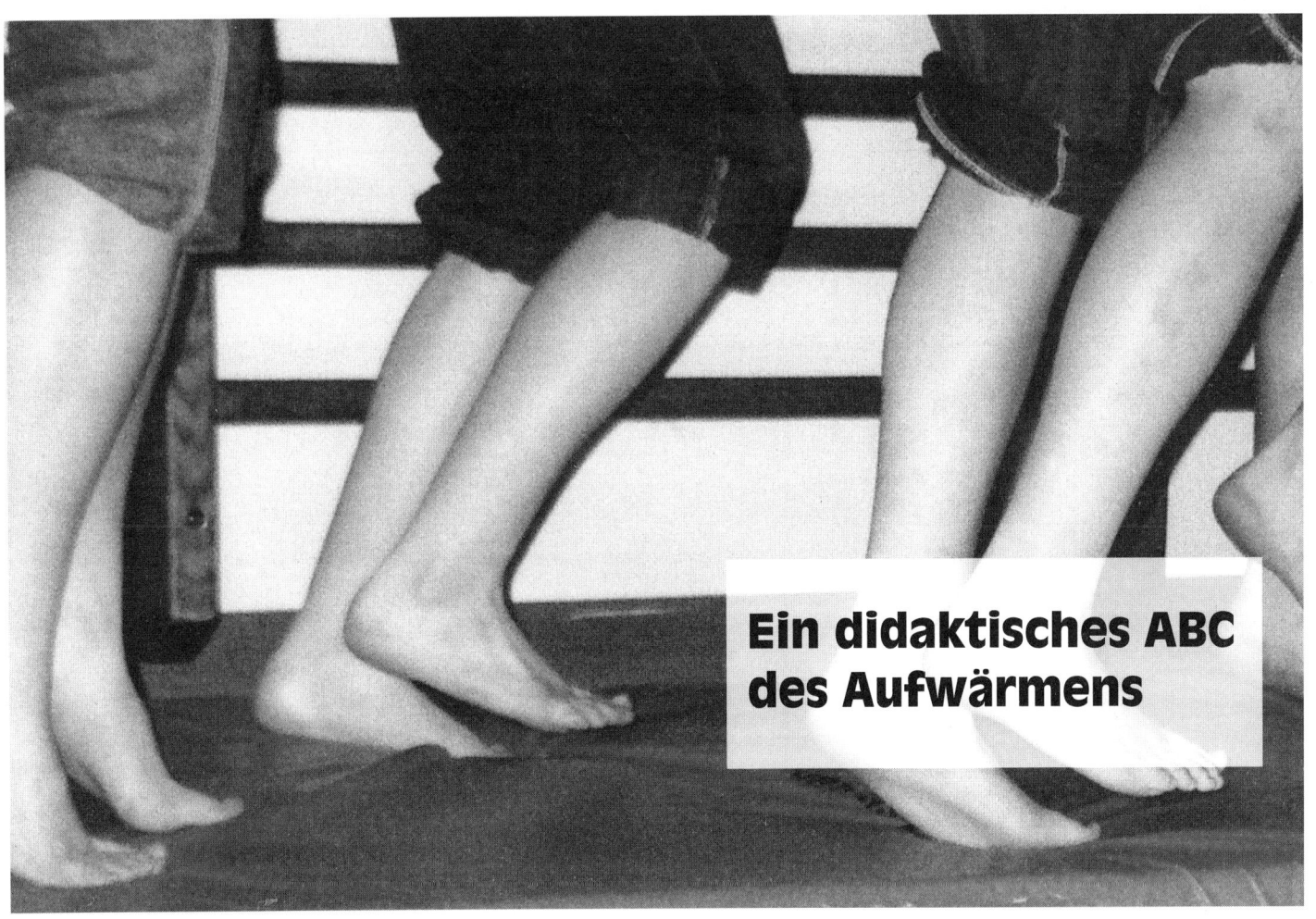

**Ein didaktisches ABC
des Aufwärmens**

Ein didaktisches ABC des Aufwärmens

BUCHSTABE	ABSICHT / AKZENT	DIDAKTISCHE ÜBERLEGUNGEN UND KONSEQUENZEN	LEITIDEE
A	Anregung von Atmung, Herz-tätigkeit, Blutzirkulation	- Sofort alle in Bewegung setzen. - Einfache, evtl. zum Teil bekannte Formen. - Alle machen (gerne) mit. Also Wahl einer motivie-renden (Lauf-) Form. - Anfänglich nicht zu intensive, schnelle Formen (alters- und trainingsabhängig).	Sport für <u>alle</u>
	Anpassen an die Gegeben-heiten	- Wie kommen die Teilnehmer in die Stunde? Aufge-schlossen? Fröhlich? Verärgert? - Was war kurz vorher? (Z.B. eine Prüfung?) - Wie ist die Stimmung? (Z.B. 1. Morgenstunde) - Drängt sich eine kurzfristige Umstellung auf?	Den "Puls" fühlen
	Animieren	- Die ersten Worte, die ersten (Spiel-) Formen, die Art und Weise des Auftretens, der Blick, der Ton, die Sprache, die eigene Ausstrahlung usw. All dies entscheidet häufig über das (gute) Gelingen einer Sportstunde. - Es lohnt sich, immer wieder an diese Dinge zu denken, bzw. sich diesbezüglich zu bemühen.	Anfang gut - vieles gut
	Aussentemperatur	- Hohe Aussentemperaturen verkürzen die Aufwärmzeit. - Regnerisches Wetter und Kälte verlängern das Ein-laufen. - Zweckmässige Kleidung gleicht klimatische Unter-schiede etwas aus. - Besser zu warm als zu kalt angezogen.	Wetterkarte

BUCHSTABE	ABSICHT / AKZENT	DIDAKTISCHE ÜBERLEGUNGEN UND KONSEQUENZEN	LEITIDEE
B	Beweglichkeit	- Dehnen der grossen Muskelgruppen, vor allem im Hinblick auf die nachfolgenden Belastungen. - Grundsatz: Erst nach dem Aufwärmen mit Dehnübungen beginnen. - Langsam und gefühlvoll dehnen.	Langsam und gezielt dehnen
	Bezug zum Hauptteil	- Der "rote" Faden sollte schon beim Aufwärmen spürbar und transparent werden.	Wozu?
	Bekannte Formen	- Bedeutung der Regelmässigkeit und der Wiederholung (Trainingseffekt) erwähnen. - Ohne (zu) lange Erklärungen sollte sofort begonnen werden.	Altes in neuem Gewand
	Beidseitigkeit	- Alle Uebungen, vor allem beim Aufwärmen, sollten links und rechts (sowohl mit den Händen wie mit den Füssen) ausgeführt werden. Dies wäre ein wesentlicher Beitrag zur Förderung der Koordinationsfähigkeit.	Vielseitig heisst auch beidseitig!
	Bauchmuskeltraining	- Durch ihre Struktur (phasische Muskulatur) und zugleich durch die "Unterforderung" im Alltag (wir sitzen zuviel), neigt die Bauchmuskulatur dazu, schwächer zu werden. Deshalb muss diese Muskelgruppe in jeder Sportstunde gezielt gefördert, d.h. trainiert werden. Dabei ist besonders darauf zu achten, dass nicht die Hüftbeuger, sondern wirklich gezielt die Bauchmuskulatur trainiert wird!	Kein schlaffer Bauch!

Ein didaktisches ABC des Aufwärmens

BUCHSTABE	ABSICHT / AKZENT	DIDAKTISCHE ÜBERLEGUNGEN UND KONSEQUENZEN	LEITIDEE
	Bewegungsmangel	- Wer nichts für seine Gesundheit tut, riskiert, an ihr Raubbau zu treiben, sie zu verlieren: Gesundheit ist leichter verloren als wiedergewonnen! - Durch die meist sitzende Arbeitsweise treten immer mehr Haltungs-und Bewegungsprobleme auf. Wenn in jedem Aufwärmprogramm gezielte Bewegungs - und Haltungsübungen durchgeführt werden, dann kann dadurch zu einem regelmässigen, täglichen Haltungs-training angeregt werden.	Nichts tun,ist Raubbau am Körper! Wer rastet, der rostet!
	Begründen	- Einblick geben in die Notwendigkeit spezifischer Zweckgymnastik. Wozu sind welche Uebungen (nicht) gut. Welches Belastungsmass? Hinweis zu individuellen Uebungen (z.B. bei starkem Längenwachstum; nach Verletzungen; bei Rückenschmerzen; bei Mangel an spezieller Kraft usw.).	Wozu? Warum? Wie?
C	Chance	- Immer wieder auf die Wichtigkeit der regelmässigen Gymnastik, der Haltung usw. hinweisen. - Hausaufgaben. - Trainingsfortschritte beobachten lernen (z.B. Zunahme der grösseren Beweglichkeit vor bzw. nach dem Aufwärmen). - Individuelle Trainingstips geben (z.B.: "Du solltest diese Uebung jeden Tag ausführen, denn Deine Beweglichkeit ist nicht gut!"). - Nicht Zwang, sondern Einsicht motiviert! Wozu tun wir das so? Welches ist die Absicht? Wie sollte die Uebung (nicht) durchgeführt werden? usw.	Steter Tropfen höhlt den Stein!

BUCHSTABE	ABSICHT / AKZENT	DIDAKTISCHE ÜBERLEGUNGEN UND KONSEQUENZEN	LEITIDEE
D	Dehnen	- Vor allem verspannte Muskelgruppen (wie z.B. die Rückenmuskulatur) sollten vor dem Kräftigen gezielt gedehnt werden. (Siehe auch Kapitel "Wo dehnen !" "Wo kräftigen !") - Keine übertriebenen schwunghaften Bewegungen (wippen), denn die Muskulatur wehrt sich dagegen. - Dehnen braucht Zeit (10 - 20 Sek. pro Dehnstellung). - Bei jedem Aufwärmen Akzente setzen, denn es ist im Normalfall zeitlich nicht möglich, alle Muskelgruppen optimal zu dehnen. - Die Dehnfähigkeit ist im Kindesalter am grössten, nimmt jedoch mit zunehmendem Alter ab. - Warme, gut durchblutete Muskeln und Bänder lassen sich besser dehnen; deshalb vor dem Dehnen durch Laufen, Hüpfen, Springen, die ganze Muskulatur aufwärmen und "betriebsbereit" machen.	Alles mit der Ruhe! Grünholz ! Warm-laufen! "Betriebsbereitschaft"
	Disziplin	- Ein minimales Mass an Disziplin ist zwingend. Durch die Auswahl der Uebungen im Verlauf des Aufwärmens kann sich der Leiter die Arbeit schwer(er) oder etwas leicht(er) machen. - Bei Klassen oder Gruppen, die man noch nicht gut kennt, empfiehlt es sich, mit einfachen Formen zu beginnen und diese im Verlauf der Zeit zu "steigern". - Zu lustbetonte Uebungen zu Beginn einer Sportstunde sind schon manchem Lehrer bezüglich Disziplin zum Verhängnis geworden. - Es ist nicht ratsam, bei einer disziplinarisch schwierigen Sportgruppe gleich mit Partnerübungen zu beginnen! - Das notwendige Mass der disziplinarischen Massnahmen richtet sich immer nach der entsprechenden Sportgruppe: Hinhören....beobachten.... entsprechende (disziplinarische) Konsequenzen ziehen!	Mut zur Disziplin !

Ein didaktisches ABC des Aufwärmens

BUCHSTABE	ABSICHT / AKZENT	DIDAKTISCHE ÜBERLEGUNGEN UND KONSEQUENZEN	LEITIDEE
E	Einstimmen	- Durch stufengemässe Uebungswahl, vor allem zu Beginn des Aufwärmens, versuchen, eine gute Unterrichtsatmosphäre zu schaffen.	Spass + Freude
	Einbewegen	- Während Kinder und Jugendliche ohne Probleme sofort zu schnellem Laufen aufgefordert werden können, ist mit zunehmendem Alter diesbezüglich Vorsicht am Platz. Also: Je älter, desto langsamer beginnen.	Warm-laufen ist altersabhängig
	Erlebnisorientiert	- Den Alltag vergessen, sich lösen von vorausgegangenen Beschäftigungen ! Das Engagement, das Auftreten und die Kunst des Animierens durch den Leiter sind in dieser Phase entscheidend wichtig.	Weichen stellen
	Einfache Uebungen	- Schon einfache Uebungen machen Spass; die Frage ist nur, wie sie angeboten und durchgeführt werden. Zu lustbetonte Formen verfehlen oft den Zweck. Zu komplizierte Formen brauchen lange Erklärungen. Einfache Uebungen vergisst man weniger !	Einfach
	Erfolgserlebnisse	- Auch beim Aufwärmen ist es schon möglich, kleine Erfolgserlebnisse zu vermitteln, z.B. beim Vergleich der Beweglichkeit heute und vor einigen Wochen, bei Koordinationsübungen, die vor einiger Zeit noch nicht ausgeführt werden konnten und nun, dank wiederholtem Ueben, mühelos vollzogen werden.	Erfolg motiviert

BUCHSTABE	ABSICHT / AKZENT	DIDAKTISCHE ÜBERLEGUNGEN UND KONSEQUENZEN	LEITIDEE
F	Förderung der Durchblutung	- Die Umstellung von Ruhe auf Arbeitsbereitschaft braucht seine Zeit. Deshalb zu Beginn der Sportstunde erst einmal 3 - 5 Minuten laufen, hüpfen, springen. Wenn möglich in einer Form, die allen Spass macht (Variationen !).	Hoher Puls !
	Fröhlich	- Oft kann die Auswahl der Uebungen diesbezüglich entscheidenden Einfluss haben. Das vorliegende Buch soll dazu anregen.	Sport ist eine Form des Spiels; also auch das Aufwärmen
	Fairness	- Schon einfachste Wettbewerbsformen beim Einlaufen können einen Beitrag zur Fairness-Erziehung leisten, z.B. - seine Uebungszahl selber zählen, - einfachste Spielregeln einhalten.	Wir wollen fairen Sport
G	Geschicklichkeit und Gewandtheit	- Der Schwierigkeitsgrad ist entscheidend für die Motivation der Teilnehmer. Jeder sollte möglichst seine Schwierigkeitsstufe wählen können.	Wer kann ...?
	Gemeinsam erarbeiten	- Anregungen genügen oft, um einen Denkprozess anzukurbeln. Es sollte immer wieder versucht werden, mit den Teilnehmern neue Formen zu erarbeiten.	Miteinander !

Ein didaktisches ABC des Aufwärmens

BUCHSTABE	ABSICHT / AKZENT	DIDAKTISCHE ÜBERLEGUNGEN UND KONSEQUENZEN	LEITIDEE
	Gruppenweise	- Oft macht es mehr Spass, in der Gruppe etwas zu tun.	
	Gruppenbildung	- Häufig variieren: Alter, Geschlecht, Grösse, Interesse, Neigung, Können, Numerieren, Wählen, durch Zufall; Haarfarbe; Kleider-Farbe, usw.	Häufig die Art der Gruppen-bildung ändern
H	Haltungsförderung	- Durch die sitzende Lebens- und Arbeitsweise laufen wir Gefahr, auch die Haltungsmuskulatur verkümmern zu lassen. Durch die verschiedenen Muskelstrukturen ist ein Teufelskreis die Folge: Die Bauchmuskulatur erschlafft wegen mangelnder Beanspruchung. Die Rückenmuskulatur - eine tonische Muskelart - neigt dazu durch Abschwächung noch kürzer zu werden. Durch dieses Ungleichgewicht der beiden grossen Haltemuskelgruppen kommt es unweiger-lich zu Verspannungen. - Als Regel: In jedes Aufwärmprogramm gehören - Uebungen zur Kräftigung der Bauchmuskulatur, - Uebungen zur Kräftigung, aber immer auch zur Dehnung der Rückenmuskulatur. (Siehe auch Kapitel "Wo dehnen?", "Wo kräftigen?").	Muskuläre Dysbalance .... muss nicht sein
	Hausaufgaben	- Schüler, die irgendeine Uebung im Aufwärmprogramm nicht können (z.B. eine einfache Koordinationsübung, eine Kraftübung, usw.), sollten animiert werden, dies zu Hause zu üben!	Sport-Hausaufgaben

BUCHSTABE	ABSICHT / AKZENT	DIDAKTISCHE ÜBERLEGUNGEN UND KONSEQUENZEN	LEITIDEE
I	Instruktion	- "Ein Bild sagt mehr als tausend Worte !" Oft ist Vormachen - Nachmachen während des Auf- wärmens am einfachsten. Wenn dies nicht möglich ist, dann muss die Information kurz und klar sein.	Mir nach !
	Intensität	- Das "A und O" des Aufwärmens ist die richtige Dosierung, das richtige Mass. Was für die eine Gruppe zu wenig, ist für eine zweite Gruppe zu viel und für eine dritte gerade recht. - Hören (z.B. Atemgeräusche), Sehen (z.B. Gesichts- ausdrücke während den Uebungen) und Fühlen (z.B. wie ist die Stimmung, sind noch alle voll mit dabei), all dies sind Signale, die den weiteren Verlauf be- züglich Belastung mitbestimmen sollen.	Wie (fast) bei allem: Allein die Dosis macht's!
J	Jedermann	- Alle sollen sich bewegen. Vor allem bei Fang-und Laufspielen kann durch eine entsprechende Organi- sationsform (z.B. mehrere Fänger) das Herum- stehen vermieden, bzw. unmöglich gemacht werden.	Alle sind in Bewegung !
K	Kräftigen	- Während des Aufwärmens kann kaum von einem grossen Trainingsreiz im Bereich Kraft gesprochen werden; dazu ist die Zeit zu knapp. Trotzdem sollen in jedem Aufwärmprogramm Kräftigungsübungen vor allem von jenen Muskelgruppen durchgeführt werden, die zur Abschwächung neigen, so z.B. die Bauchmuskulatur. Anregung zu einem Verhaltensmuster, damit häufiger Kräftigungsübungen durchgeführt werden. Dies wäre im Alltag häufig möglich: Im Stehen, beim Sitzen, oder beim täglichen (?) Gymnastik-Programm !	Bauch rein !

Ein didaktisches ABC des Aufwärmens

BUCHSTABE	ABSICHT / AKZENT	DIDAKTISCHE ÜBERLEGUNGEN UND KONSEQUENZEN	LEITIDEE
	Kräftigen (Forts.)	- Wie beim Dehnen unterscheidet man auch beim Kräftigen zwischen statischen und dynamischen Formen: Bei der statischen Trainingsform kontrahiert sich der Muskel, ohne dass eine Bewegung im Gelenk statt-findet. Diese Form wird vor allem in der Rehabili-tation nach Verletzungen, aber auch in der Haltungs-schulung (z.B. Kräftigung der Bauch- und/oder Ge-sässmuskulatur) verwendet. Bei der dynamischen Trainingsform ist immer Be-wegung mit im Spiel. Dadurch wird - im Gegensatz zur statischen Form - auch die Koordination gefördert. (Siehe auch Kapitel "Wo dehnen?, "Wo kräftigen?")	
	Koordinieren	- Jede einfache Variation einer Uebung kann einen Beitrag zur Verbesserung der Koordinationsfähig-keit leisten; schon beim Aufwärmen. In jedem Alter (jedoch: Je früher, desto besser).	Was Hänschen nicht lernt, lernt Hans viel mühsamer!
	Kooperieren	- Viele Formen des Aufwärmens eignen sich ausge-zeichnet zur Förderung der Kooperationsbereit-schaft. "Im Sport und im Spiel kommt man sich näher", heisst es. Aber nur dann, wenn der Unterricht - also auch das Einlaufen - diesbe-züglich angeboten wird.	Miteinander !
	Kreativität	- Oft genügt nur eine Anregung, ein gutes Beispiel, und schon (er)finden die Teilnehmer neue Formen.	Wer hat noch eine Idee?

BUCHSTABE	ABSICHT / AKZENT	DIDAKTISCHE ÜBERLEGUNGEN UND KONSEQUENZEN	LEITIDEE
	Korrigieren	- Schon beim Aufwärmen kann und soll ab und zu die Bewegungsqualität im Zentrum stehen, z.B. Laufschulung, korrekt ausgeführte Dehn- und Kräftigungsübungen verlangen.	Mut zur Korrektur !
	Keine Fehlbelastungen !	- <u>Kein</u> unkontrolliertes Kopfkreisen, keine zu grossen Nackenbelastungen, wie Kopfstand o.ä. - <u>Keine</u> zu grossen Belastungen mit sehr langen Hebelwirkungen. - <u>Keine</u> zu schnellen Bewegungen in Hohlkreuzstellung. - <u>Keine</u> übertriebenen schwunghaften Bewegungen in Dehnstellungen (also kein schnelles Wippen). - <u>Keine</u> Kniebelastungen bei Beugewinkeln unter 90°, z.B.: Kosakentanz in zu tiefer Hocke.	Die 5 K's !
L	Laufen	- Laufformen bringen am schnellsten die gewünschte Aufwärmung. Die Wahl der Laufform sollte den Voraussetzungen der Trainingsgruppe angepasst werden. Während bei Kindern und Jugendlichen alle Fangisspielformen bezüglich Fehl- oder Ueberlastung unproblematisch sind, empfiehlt es sich, bei "älteren" Trainingsteilnehmern, insbesondere bei Erwachsenen, mit eher "gemütlichen" Lauf- und Hüpfformen zu beginnen und diese dann bezüglich Belastung allmählich zu steigern.	Angepasste Belastung !
	Lustbetont	- Alles was Lust und Spass macht, macht man lieber. Es sollte immer wieder versucht werden, aus einer Uebung, aus einer Laufform, eine spielerische, lustbetonte Form zu machen, ohne dabei jedoch die klare Zielsetzung zu ändern !	Spass !

Ein didaktisches ABC des Aufwärmens

BUCHSTABE	ABSICHT / AKZENT	DIDAKTISCHE ÜBERLEGUNGEN UND KONSEQUENZEN	LEITIDEE
M	Motivieren	- Dies ist beim Aufwärmen oft sehr schwierig, vor allem, wenn die Klasse in den Sportunterricht gehen "muss". Das eigene Verhalten des Leiters, die Auswahl der Uebungen, die Wahl des Sportgerätes, das Belastungsmass; all das sind Faktoren, die zu einem guten Gelingen des Aufwärmens beitragen. Es lohnt sich in jedem Fall, den Einstieg (also das Aufwärmprogramm) gut vorzubereiten.	Komm, mach mit !
	Muskuläre Dysbalance (= Ungleichgewicht)	- Einzelne Muskelgruppen (z.B. Lendenmuskulatur) haben die Tendenz, durch fehlende Belastungsreize oder durch Fehlbelastungen, sich zu verkürzen. Andere neigen aus denselben Gründen eher zur Abschwächung (z.B. Bauch- und Gesässmuskulatur). Das natürliche Gleichgewicht des ganzen Muskelapparates am menschlichen Körper kann dadurch erheblich gestört werden. Deshalb sollte auch im Aufwärmprogramm ganz gezielt gedehnt bzw. gekräftigt werden. (Siehe auch Kapitel "Wo dehnen?", "Wo kräftigen?"). (Siehe H. Spring, u.a.: Dehn- und Kräftigungsgymnastik. Thieme-Verlag: Stuttgart 1986).	Muskuläres (Un-) Gleichgewicht
	Mindestzahl	- Einmal ist keinmal; zweimal nicht viel... Als Faustregel gilt: Jede Uebung mindestens 10 bis 15x ausführen (je nach Voraussetzungen). Grundsätzlich gilt: Erst dann, wenn eine Belastung leicht "schmerzhaft" spürbar wird, setzt ein Trainingsreiz ein. Oder allgemein: wenn die ersten einer Trainingsgruppe eine Uebungsform nicht mehr ausführen mögen, dann soll die Uebung abgebrochen werden, denn während des Aufwärmens sollte die Grenze der Belastung (noch) nicht erreicht werden.	Einmal ist keinmal...

BUCHSTABE	ABSICHT / AKZENT	DIDAKTISCHE ÜBERLEGUNGEN UND KONSEQUENZEN	LEITIDEE
	Modellwirkung	- Saubere Demonstrationen motivieren mehr als theoretische Erläuterungen. Also: Zeig vor!	Lernen am Modell
	Musik	- Musik ist in den meisten Fällen ein guter Motivator, sollte aber gezielt eingesetzt werden; nämlich als rhythmische Unterstützung einer Uebung und nicht nur als Geräuschkulisse !	Mit Musik geht's leichter
	Material	- Ist das Material bereit? Die Bälle gepumpt? Genügend Spielbänder vorhanden? Die Schränke und Türen offen? Der "Spick" (=Merkwörter) im Sack?	Material bereitstellen
N	Normalprogramm	- Als Normalprogramm bezeichnen wir ein alltägliches, normales Aufwärmen vor dem eigentlichen Hauptteil der Lektion, also: 1. Einstimmen (2-4 Min.; 1-2 Formen) Lauf-, Hüpf-, Springformen, Fangisspielarten usw. mit dem Ziel, dass alle sofort in Bewegung und somit gut aufgewärmt sind. 2. Einbewegen (5-8 Min.; 4-5 Formen, je 15 x) Dehnen, Kräftigen und Lockern der drei grossen Muskelpartien Rumpf, Arme - Schultern, Beine, dazwischen Lockerungsübungen. Als Abschluss, bzw. Ueberleitung zum Hauptteil, einfache Formen des (friedlichen) Wettstreites allein, zu zweit, in Gruppen.	Faustregel

Ein didaktisches ABC des Aufwärmens

BUCHSTABE	ABSICHT / AKZENT	DIDAKTISCHE ÜBERLEGUNGEN UND KONSEQUENZEN	LEITIDEE
	Normalprogramm (Forts.)	- Solche Programme können durchaus mehrmals durchgeführt werden. Gewisse Standard-Uebungen sollen und müssen sich wiederholen (z.B. Kräftigungsübungen für die Bauchmuskulatur; Dehnübungen für die Lendenmuskulatur, usw.).	Oefter mal was Bekanntes!
O	Organisieren	- Qualität und Intensität (auch) des Aufwärmens hängen weitgehend von einer entsprechend guten Organisation ab. So erfüllt eine Fangisspielform mit nur einem Fänger die Forderung einer guten Einstimmung ebensowenig, wie ein Spiel mit nur einem Ball bei einer grossen Klasse.	Was? Wie? Wer? Wo? Was nachher?
P	Partnerübungen	- Diese Organisationsform eignet sich gut für das Aufwärmen. In gewissen Klassen und Uebungsgruppen sind sie aber nicht unproblematisch. Es empfiehlt sich, häufig die Zweiergruppen zu wechseln.	Miteinander geht's (meistens) besser
Q	Qualität und Quantität	- Es empfiehlt sich, die Aufwärmphase zu gewichten. Es soll Stunden geben, wo es vor allem um die Qualität geht (z.B. bei Uebungen zur Haltungsschulung) oder eben um die Quantität (z.B. im Hinblick auf den Hauptteil der Trainingsstunde; gutes Aufwärmen an Geräten mit vielen Formen als Vorbereitung auf den folgenden Schulungsteil). (Siehe auch "Spezialprogramm").	Akzente setzen !

BUCHSTABE	ABSICHT / AKZENT	DIDAKTISCHE ÜBERLEGUNGEN UND KONSEQUENZEN	LEITIDEE
R	Rhythmisieren	- "Mit Musik geht's leichter!" Dies trifft in vielen Fällen zu. Häufig genügen jedoch ganz einfache Formen des Rhythmisierens, wie Klatschen, Stampfen, Trommeln usw., sowohl die Qualität als auch die Quantität einzelner Uebungen zu erhöhen.	Tam-ta-tam !
	Raumaufteilung	- Für die ersten Formen des Aufwärmens empfiehlt es sich, möglichst den ganzen zur Verfügung stehenden Raum zu nutzen. Dadurch wird die gewünschte Intensität durch Laufen, Hüpfen und Springen eher gewährleistet. Bei gezielten gymnastischen Uebungen ist es ratsam, die Teilnehmer übersichtlich zu verteilen, so dass einerseits keine gegenseitige Behinderung stattfindet, andererseits Korrekturen durch den Leiter gut möglich sind.	"Raumplanung"
S	Spezialprogramm	- Als Spezialprogramm bezeichnen wir ein auf den Hauptteil der Sportstunde ausgerichtetes, gezieltes Aufwärmen. 1. Einstimmen (2-4 Min.; 1-2 Formen) Gleiche Zielsetzung wie im Normalprogramm, aber bereits mit dem Gerät, an dem in der Folge geübt oder trainiert wird. 2. Zweckgymnastik (5-8 Min.) Hier werden vor allem jene Muskelpartien aufgewärmt, gekräftigt und gedehnt, welche in der Folge besonders trainiert, bzw. gefordert werden. Dies erfolgt in der Regel bereits mit oder am entsprechenden Gerät.	Zweckgymnastik Von Anfang an ein ROTER FADEN

Ein didaktisches ABC des Aufwärmens

BUCHSTABE	ABSICHT / AKZENT	DIDAKTISCHE ÜBERLEGUNGEN UND KONSEQUENZEN	LEITIDEE
	Spezialprogramm (Forts.)	- Solche Formen des Aufwärmens sollten die Teilnehmer anleiten, auch ausserhalb der Sportstunde sich jeweils gezielt aufzuwärmen vor einer sportlichen Tätigkeit (z.B. Tennis, Skilaufen, usw.).	Erst aufwärmen, dann Sport treiben !
	Stretching	- Sportwissenschaftliche Untersuchungen beweisen, dass ruckartige Dehnungsformen, so wie sie lange Zeit üblich waren, das Ziel eher verfehlen. Durch ruckartiges Dehnen reagiert der Muskel sogar entgegengesetzt: Durch einen Schutzreflex zieht er sich zusammen. Richtig stretchen heisst demnach: Langsam dehnen! Dem Muskel Zeit geben; den Dehnreflex weitgehend ausschalten. Es gibt verschiedene Arten des Dehnens! Dehnen gehört nicht nur ins Aufwärmprogramm, sondern sollte auch nach körperlichen Belastungen konsequent durchgeführt werden. (Siehe auch Kapitel "Wo dehnen?" "Wo kräftigen?") (Siehe auch: H. Spring u.a.: Dehn- und Kräftigungsgymnastik. Thieme-Verlag: Stuttgart 1986).	Stretchen ohne Stress!
	Schwunggymnastik	- Durch Schwunggymnastik wird man warm; durch Stretching wird gedehnt. Diese Gymnastikform hat im Sinne eines guten Aufwärmens durchaus weiterhin seine Berechtigung, ist aber dort fehl am Platz, wo ein Muskel gezielt gedehnt werden soll.	(Auch) mit Schwung durch's Leben!
	Selbst Vor- und Mitmachen	- Das Vorbild des Leiters kann oft entscheidend sein. Es wirkt motivierend (-er), wenn der Leiter am Anfang selber mitmacht, gewisse Uebungen vorzeigt.	Vorbild !

BUCHSTABE	ABSICHT / AKZENT	DIDAKTISCHE ÜBERLEGUNGEN UND KONSEQUENZEN	LEITIDEE
	Selbst Vor- und Mitmachen (Forts.)	- Vor allem Kinder erwarten, dass der Uebungsleiter nicht nur organisiert, sondern eben auch mitwirkt. Mit steigendem Alter und Können der Teilnehmenden verlagert sich die Erwartungshaltung in Richtung Organisation, Trainingsgestaltung, usw.	Vor- und Mitmachen!
	Spielerisch	- "Spielerisch" sollte die Grundhaltung jeglichen Sporttreibens sein. Sport soll Spass machen, nicht (nur) ernst gemeint sein. Das, was man tut, sollte man gerne tun - und nicht nur tun müssen. Ob das gelingt, hängt einerseits von der Uebungsauswahl, aber vor allem von der Darbietung des Leiters ab.	Spass !
T	Trainieren	- Das eigentliche Trainieren beginnt erst nach dem Aufwärmen. Die Belastungshöhe sollte deshalb während des Aufwärmens noch nicht den Grenzbereich der persönlichen Leistungsfähigkeit erreichen. Aufwärmen heisst vorbereiten, und erst in zweiter Linie trainieren.	Aufwärmen heisst vorbereiten !
	Tageszeit	- Ein Aufwärmen sollte am Morgen langsamer beginnen und länger dauern als am Nachmittag oder Abend, denn die körperliche Leistungsfähigkeit nimmt im Verlauf des Tages zu.	Alles zu seiner Zeit!

Ein didaktisches ABC des Aufwärmens

BUCHSTABE	ABSICHT / AKZENT	DIDAKTISCHE ÜBERLEGUNGEN UND KONSEQUENZEN	LEITIDEE
U	Umstellen	- Umstellen, umschalten ! - Alle Teilnehmer einer Sportstunde haben unmittelbar davor die verschiedensten Erlebnisse - positive und negative - gehabt. Nun gilt es, möglichst alle in kurzer Zeit zu "vereinen", sie ein- bzw. umzustimmen auf die bevorstehende Sportstunde. Dies erfordert oft viel Geschick und Gespür! Deshalb: Halte die Augen und Ohren offen vor der Sportstunde. Was fällt auf? Wie kommt die Klasse? Was geschah vorher?	Umschalten !
V	Vielseitig	- Routine ist - auch im Sport - nicht besonders motivierend, sowohl für den Leiter als auch für die Teilnehmer. Schon kleinste Varianten bringen "neues Leben" in die Sportstunde. Vielseitig heisst aber nicht immer etwas Neues, etwas anderes! Vielseitig sollen jedoch die Akzente bezüglich Belastung, Aufgabenstellung, usw. sein.	Altes in neuem Gewand
	Verletzungsprophylaxe	- Ein aufgewärmter und gut durchbluteter Muskel lässt sich besser dehnen. Ein bereits gedehnter Muskel erträgt Belastungen besser als ein ungedehnter Muskel. Also: Erst aufwärmen, dann dehnen und erst danach belasten !	Vorbeugen ist besser als....

BUCHSTABE	ABSICHT / AKZENT	DIDAKTISCHE ÜBERLEGUNGEN UND KONSEQUENZEN	LEITIDEE
W	Wetteifern	- Kleine Wettbewerbe gegen sich selbst oder gegen andere eignen sich gut als Abschluss oder Abrundung eines Aufwärmprogrammes. Dabei sollte wiederum darauf geachtet werden, dass möglichst wenige organisatorische Vorkehrungen hierzu getroffen werden müssen; dass möglichst alle (ohne Ausscheiden oder lange Wartezeiten) intensiv daran teilnehmen, und dass der materielle Aufwand bescheiden bleibt.	Einer soll gewinnen !
X	"Xundheit"	- Zwar "Schweizerdeutsch", doch allen verständlich. Gesundheit allein ist - vor allem bei Kindern und Jugendlichen - (noch) kein zwingendes Motiv für lebenslangen Sport. Trotzdem sollte der Leiter, gerade beim Aufwärmen, immer wieder auf allgemein gültige Trainingshinweise und Trainingsgrundsätze aufmerksam machen.	Treib Sport - Bleib gesund !
Y	Young (engl.: jung)	- Kinder und Jugendliche sind viel schneller "startbereit" als Erwachsene und Senioren. Dies hat für die Auswahl der Spiel- und Uebungsformen, jedenfalls zu Beginn der Sportstunde, entsprechende Konsequenzen. Faustregel: Je jünger, desto schneller; je älter, desto gemächlicher.	Die "Startbereitschaft" ist altersabhängig!

Ein didaktisches ABC des Aufwärmens

BUCHSTABE	ABSICHT / AKZENT	DIDAKTISCHE ÜBERLEGUNGEN UND KONSEQUENZEN	LEITIDEE
Z	Zu zweit	- Viele Formen machen zu zweit viel mehr Spass ! Der Partner kann motivieren, animieren, aber auch korrigieren. Er kann mein Partner, aber auch mein Gegner sein.	Miteinander geht's besser !
	Zeit	- Geben wir wenigstens unserem Körper ab und zu genügend Zeit, sich auf die bevorstehenden "Belastungsproben" einzustellen. Wenn wir dies zum Beispiel durch ein ungenügendes Aufwärmen nicht tun, so schlägt er Alarm. Im schlimmsten Fall mit einer Verletzung! In vielen Sportstunden - so scheint es - hat man zu wenig Zeit, sich aufzuwärmen. Viele haben dies schon oft zu spät eingesehen !	Aufwärmen "kostet" Zeit !
	Ziel	- Wird aufgewärmt, um vorbereitet zu sein z.B. - für einen Wettkampf, - für ein Training, - für eine Schulturnstunde. Als Konsequenz dieser Fragestellung ergeben sich Unterschiede bezüglich Umfang, Intensität und Uebungsauswahl.	Aufwärmen soll zielgerichtet sein!

Wie und wo dehnen? / Wie und wo kräftigen?

Aus der folgenden Uebersicht kann herausgelesen werden, welche Muskeln vor allem gekräftigt und welche eher gedehnt werden sollen (Einteilung nach SPRING et al. 1986).

DEHNEN: Tonische, zur Verkürzung neigende Muskeln	KRAEFTIGEN: Phasische, zur Abschwächung neigende Muskeln
1. Hintere Unterschenkelmuskulatur (= Wadenmuskulatur) U.a. zur Vermeidung und Behandlung von Achillessehnenproblemen. Oberer Teil der Wade wird mit gestrecktem, unterer Teil mit gebeugtem Knie gedehnt.	2. Vordere Unterschenkelmuskulatur und Fussgewölbe Bessere Fuss-Stabilisierung, weniger Uebertreten, bessere Stossdämpfung.
3. Vordere Oberschenkelmuskulatur ●(Quadriceps) und vordere Hüftlendenmuskulatur (Iliopsoas) Quadriceps: v.a. oberer Teil. Iliopsoas (!): Einer, der am häufigsten verkürzten Muskeln (durch viel Sitzen !). Verkürzung kann Kreuzschmerzen auslösen, und zwar umso mehr, je schwächer der Gesässmuskel ist.	3. Vordere Oberschenkelmuskulatur ●Quadriceps: v.a. unterer Teil Kniestabilisation !

4. Hintere Oberschenkelmuskulatur ● Dehnen zur Vermeidung von Zerrungen, welche sehr häufig diese Muskeln betreffen.	4. Hintere Oberschenkelmuskulatur ● Meist wird nur der Kniestrecker auf der Vorderseite gekräftigt (z.B. Kniebeugen, Froschhüpfen...). Damit kein Ungleichgewicht zwischen Vorder- und Hinterseite entsteht, muss auch der Kniebeuger (hinten) gekräftigt werden.
5. Innere Oberschenkelmuskulatur Bei Verkürzung können Leistenprobleme entstehen. Dehnung mit gestrecktem Knie.	
6. Hintere Hüftmuskulatur ● (Gesässmuskeln)	6. Hintere Hüftmuskulatur ● (Gesässmuskeln)

Die hintere Hüftmuskulatur muss gedehnt und gekräftigt werden, weil sie sich aus tonischen und phasisch reagierenden Muskeln zusammensetzt.

Verkürzter Gesässmuskel kann Schmerzen im Gesäss auslösen, welche auch gegen die Oberschenkelhinterseite ausstrahlen können.	Gesässmuskel dient der Beckenaufrichtung und -stabilisation. Bei Abschwächung kommt es zur Hohlkreuzhaltung und damit evtl. zu Rückenproblemen.
7. Rückenmuskulatur im Bereich der Lendenwirbelsäule ● Verkürzung führt zu vermehrter Hohlkreuzhaltung und damit oft zu Kreuzschmerzen.	8. Rückenmuskulatur im Bereich der Brustwirbelsäule ● Bei Abschwächung tritt oft eine vermehrte Rundrückenbildung auf. Wenn dazu die Rückenmuskulatur im Bereich der Lendenwirbelsäule verkürzt ist, kann dies zu einer Haltungsschwäche (Hohlrundrücken) führen.

"Zur Haltungsschulung gehören sowohl gezielte Kräftigungsübungen für die thorakalen Rückenstrecker, wie auch gezielte Dehngymnastik für die lumbalen Rückenstrecker." (SPRING 1986, S.73)

9. Seitliche Rumpfmuskulatur

Verstärkte Hohlkreuzhaltung bei Verkürzung. Nicht ausweichen beim Dehnen seitwärts !

10. Bauchmuskulatur

● Die Bauchmuskulatur neigt ausgesprochen zur Abschwächung. Die Extremitätenmuskeln können nur bei ausreichender Rumpfstabilisation (durch die Bauch- und Rückenmuskeln) ihre optimale Kraft entfalten (z.B. beim Werfen, Springen...).

11. Brustmuskulatur

Ein verkürzter Brustmuskel zieht die Schulterblätter nach vorn, was zur verstärkten Rundrückenhaltung führt.

12. Schultergürtel- und Nackenmuskulatur

Verkürzte Nacken- und Schultermuskeln verursachen oft Nackenschmerzen und führen zu einer Fehlstellung der Halswirbelsäule.

Wichtig: Nicht Kopfkreisen, sondern langsam in eine Dehnstellung gehen und halten!

12. Schultergürtel- und Nackenmuskulatur

Fixierung der Schulterblätter zur Vermeidung der Rundrückenhaltung durch die Schultermuskeln. Stabilisation des Kopfes; bei Sportarten mit starken Erschütterungen besonders wichtig (z.B. Skifahren, Gerätturnen, Hockey...). Gewicht des Kopfes 3 bis 5 kg!

13. Hinterer Oberarmmuskel (Triceps)

Dehnen v.a. nach Sportarten, bei denen viele Ueberkopfbewegungen vorkommen (z.B. Werfen, Tennis, Schwimmen, Langlauf, Volleyball...).

14. Vordere Oberarmmuskulatur (Biceps)

Dosiertes Dehnen, damit der Kapsel-band-Apparat des Schultergelenkes nicht unter zu starkem Zug kommt.

15. Aeussere (15) und innere (16)
+   Unterarmmuskulatur
16.

Bei häufiger Beanspruchung kann ein verkürzter Unterarmmuskel zu Sehnen-ansatzentzündungen führen (Tennis, Gerätturnen, Werfen, Fenster reinigen usw.).

13. Hinterer Oberarmmuskel (Triceps-Unter-armstrecker)

Für viele Stützübungen im Gerätturnen (u.a.) wichtig.

14. Vordere Oberarmmuskulatur (Unterarmbeuger)

Lässt sich relativ leicht trainieren (z.B. Liegestütz), wird v.a. im Gerät-turnen und in den Kampfsportarten be-nötigt.

15. Aeussere und innere Unterarmmuskulatur
+
16.

Die Unterarmmuskulatur stabilisiert u.a. das Handgelenk und ist daher für viele (Stütz-) Uebungen z.B. im Ge-rätturnen wichtig.

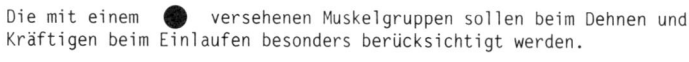

Die mit einem ● versehenen Muskelgruppen sollen beim Dehnen und Kräftigen beim Einlaufen besonders berücksichtigt werden.

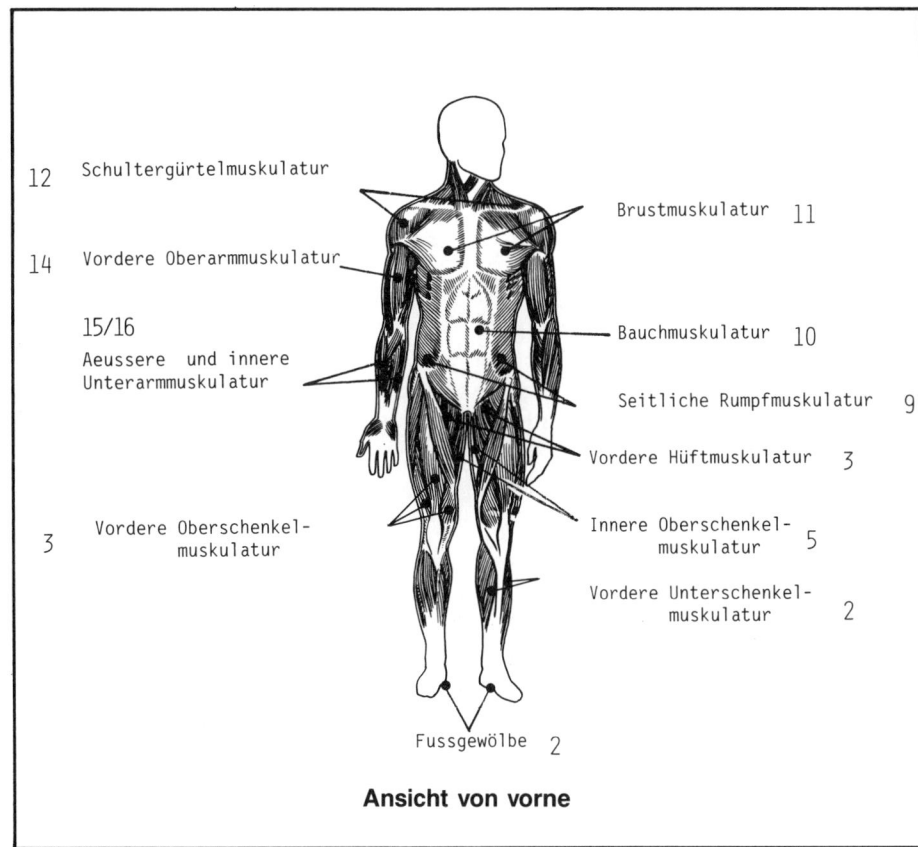

12   Schultergürtelmuskulatur

14   Vordere Oberarmmuskulatur

15/16
Aeussere und innere
Unterarmmuskulatur

Brustmuskulatur   11

Bauchmuskulatur   10

Seitliche Rumpfmuskulatur   9

Vordere Hüftmuskulatur   3

3   Vordere Oberschenkelmuskulatur

Innere Oberschenkel-
muskulatur   5

Vordere Unterschenkel-
muskulatur   2

Fussgewölbe   2

Ansicht von vorne

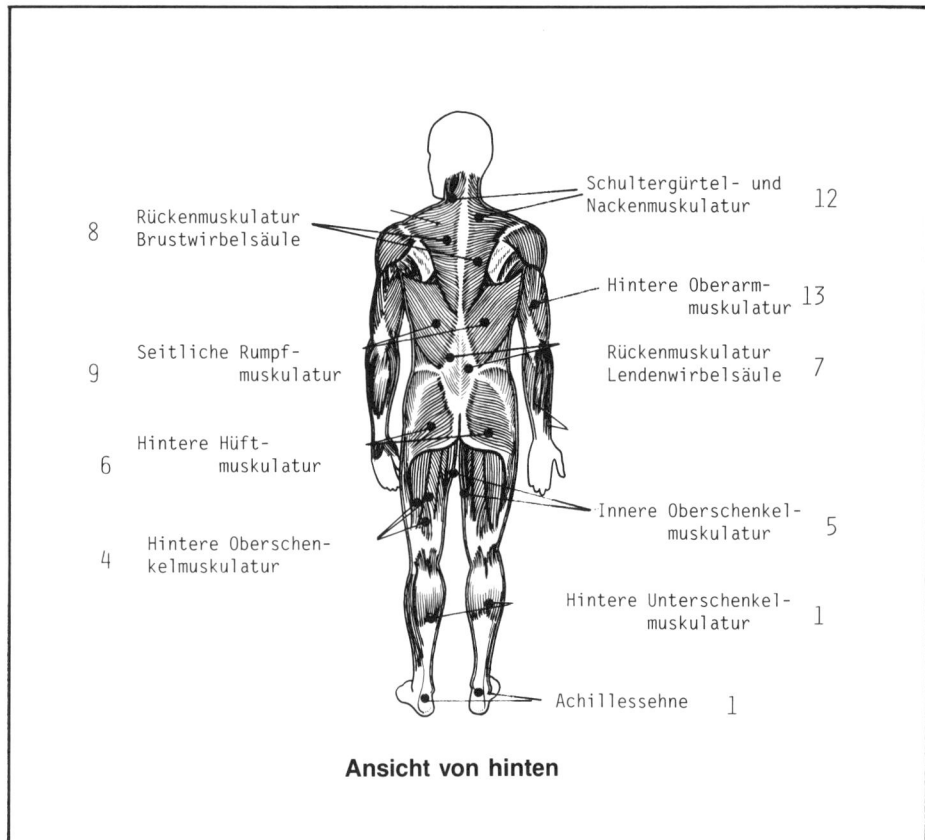

8 Rückenmuskulatur
   Brustwirbelsäule

Schultergürtel- und
Nackenmuskulatur   12

Hintere Oberarm-
muskulatur   13

9 Seitliche Rumpf-
      muskulatur

Rückenmuskulatur
Lendenwirbelsäule   7

6 Hintere Hüft-
      muskulatur

4 Hintere Oberschen-
   kelmuskulatur

Innere Oberschenkel-
muskulatur   5

Hintere Unterschenkel-
muskulatur   1

Achillessehne   1

Ansicht von hinten

Benützungs-hinweise für diese Übungssammlung

(Nur) wer seine didaktische Absicht (auch beim Aufwärmen!) kennt, ist in der Lage, nicht nur im inhaltlichen Bereich (IN-HALT/WAS?), sondern vielmehr auch im Verhaltensbereich (VERHALTEN/WIE? WARUM?) gezielt zu unterrichten. Ganzheitliches Sporttreiben setzt demnach auch ganzheitliches Planen voraus!

Die einzelnen Uebungen sind nach Kriterien eingeordnet. In diesem Sinne ist dieses Buch auch zu benützen.

Hat zum Beispiel eine Lehrperson Inhalt und Ziel(e) des Hauptteils einer Sportstunde festgelegt, so kann sie nach den gewünschten Kriterien die Uebungen für das Aufwärmen zusammenstellen: (z.B. Hauptteil: Einführung Handball und Koordination mit dem Ball: Siehe unter Kap. 6 KOORDINIEREN (Bälle).
Um die Uebungen möglichst klar und einfach auszuführen, haben wir ein Schema gewählt, aus dem die wichtigsten Punkte einer Uebung möglichst rasch herausgelesen werden können. So sind alle Uebungen wie folgt dargestellt und erklärt:

Nr.	Name der Spielform	Idee / Beschreibung	Hinweise / Organisation
	Ziele / Akzente		
INHALT			
VER-HALTEN			

Nr.	Zeigt die Folgenummer und soll als Orientierungshilfe dienen.	
Name der Spielform	Dieser soll vor allem als Gedächtnisstütze dienen. Wer die Uebungsbeschreibung gelesen und verstanden hat, braucht sich nur noch den Namen der Spiel- oder Uebungsform zu notieren, und schon kann es losgehen!	
Ziele / Akzente	Das Hauptziel einer Uebung ist bereits mit dem Kapitel bestimmt (z.B. Laufen, Kräftigen, Koordinieren) und wird deshalb nicht bei jeder einzelnen Uebung wieder genannt!	

	INHALT Wozu ist diese Uebung? Spez. Akzent? Was soll geübt/trainiert werden?	**VER-HALTEN**	Welches ist das beabsichtigte Verhalten? Was soll wie (nicht) geschehen?

Idee / Beschreibung	Es wurde versucht, die einzelnen Uebungen kurz, oft nur stichwortartig zu umschreiben.
Hinweise / Organisation	Eine einfache Skizze soll ein rasches Erfassen der Uebung erleichtern.

Kapitel 1

Laufen

1.1.1 LAUFEN / ohne Material (Fangspiele)

Nr.	Name der Spielform / Ziele / Akzente	Idee / Beschreibung	Hinweise / Organisation
	Die Feinziele Schnelligkeit, Ausdauer und "Stehvermögen" gelten für alle Fangspiele und werden meist nicht mehr besonders erwähnt.	FANGSPIELE Bemerkungen: Fangspiele sind eine beliebte Form, um ein Einlaufen lustbetont zu eröffnen. Wir meinen, dass es nicht grundsätzlich falsch ist, die Stunde mit einem Fangspiel zu beginnen, denken aber, dass etliche Formen zu intensiv (Schnelligkeit, "Stehvermögen") sind, um für den Stundenanfang geeignet zu sein. Wir erinnern daran: Je älter die Schüler sind, desto dosierter soll das Einturnen beginnen. Andererseits könnten viele Fangspiele durch kleine Veränderungen spannender und intensiver gestaltet werden: Z.B. ist die Anzahl Fänger ganz entscheidend, ob das Spiel läuft oder ob die halbe Klasse herumsteht. Auch leichte Veränderungen der Gangart können altbekannten Formen wieder neuen Reiz geben (z.B. nur noch rückwärts laufen...). Besonders gut geeignet scheinen uns Fangspiele am Ende des Einturnens zu sein. Nach dem eher ruhigen Dehnen kann die Klasse mit einem intensiven Fangis wieder "in Stimmung" gebracht werden.	Gute Organisation und klare Spielregeln sind für ein gutes Gelingen von Fangspielen wichtig!
1 INHALT VER-HALTEN	REAKTIONS-FANGIS Schnelligkeit (Aktion/Reaktin) Fairness	Zu zweit: A und B laufen dicht hintereinander her (evtl. als Erschwerung mit den Händen über dem Kopf verschränkt, mit verschränkten Armen...). Auf Pfiff hat B 5 (10) Sek. Zeit, A zu fangen, ansonsten bleibt B Fänger. Var.: Nach dem Pfiff führen beide eine halbe Drehung aus, berühren den Boden und A verfolgt B. Var.: Nach jedem Pfiff kann der Verfolgte irgendeine Körperstellung einnehmen, die vom Verfolger ebenfalls eingenommen werden muss, bevor dieser den Verfolgten berühren darf.	

Nr.	Name der Spielform / Ziele / Akzente	Idee / Beschreibung	Hinweise / Organisation
2	ZWEIERFANGIS	Zu zweit, Nr. 1 und Nr. 2: Die Paare laufen frei umher. Auf Zuruf der betreffenden Zahl (1 oder 2) muss der Aufgerufene versuchen, den andern innerhalb 10 Sek. zu fangen, der andere läuft weg. (Nach 10 Sek. erfolgt wieder ein Pfiff). Jeder gelungene Fang ergibt einen Punkt. Wer von beiden hat nach x Durchgängen mehr Punkte. (Möglichst gleich starke Läufer zusammen).	
INHALT	Reaktion Konzentration		
VER-HALTEN	Bildet gleich-starke 2er-Gruppen		
3	INTERVALL-ZWEIERFANGIS	Zu zweit: A beginnt mit Fangen. Sobald B gefangen ist, wird B zum Fänger, z.B. 3 x 30 sec. Dasselbe, jedoch nur auf einem Bein hüpfend. Var.: Der Verfolgte darf die Gangart bestimmen.	
INHALT	S-Ausdauer Kraftausdauer		
VER-HALTEN	Rücksicht auf den Partner nehmen!		
4	MELODIEN-FANGIS	Klasse in Zweiergruppen aufgeteilt; Für Spieler A jeden Paares gilt die "Erkennungsmelodie 1", für alle B gilt Melodie 2. Wird Melodie 1 gespielt, ist A Fänger (und verfolgt seinen Partner B), bei der zweiten Musik ist B Fänger. Rasche Musikwechsel. - Zwei Melodien selbst auf dem Klavier spielen. - Mit zwei Tonbandgeräten (Doppeldeck). - Musikstück entsprechend mit 2 Melodien aufnehmen.	Melodie 1)))
INHALT	Schnelligkeit Konzentration		
VER-HALTEN	Zur Mitarbeit animieren		
5	INTERVALL-DREIERFANGIS	3er-Gruppen mit möglichst gleich starken Läufern: A fängt B, C hat solange Pause. Dann fängt B C, und A erholt sich, bis C A fangen kann. Spätestens nach 30 Sek. erfolgt ein Wechsel, auch wenn der Fänger seinen Partner nicht erwischen konnte (Strafpunkte). Wer hat nach x Minuten am wenigsten Strafpunkte?	
INHALT	Schnelligkeit S-Ausdauer		
VER-HALTEN	Ehrlich selber die Fangpunkte zählen		
6	VERZAUBERN	3 bis 5 Fänger "schlagen die andern ab". Wer gefangen wird, muss eine Stellung wie eine Statue einnehmen (starr und gespannt) und kann erlöst werden, indem ein Kollege diese Stellung kurz nachahmt. - Dito, aber der gefangene Körperteil muss in der Stellung den Boden berühren. - Dito, aber es dürfen nur noch "offene" oder nur "geschlossene" Stellungen eingenommen werden.	
INHALT	Schnelligkeit		
VER-HALTEN	Helfen		

1.1.1 LAUFEN / ohne Material (Fangspiele)

Nr.	Name der Spielform / Ziele / Akzente	Idee / Beschreibung	Hinweise / Organisation
7	FANGEN MIT ERLOESEN	Gewöhnliches Fangis auf genügend grossem Platz; wer gefangen ist, wird zum Fänger (oder hilft dem Fänger). Kann der Verfolgte einem Kameraden die Hand reichen, so muss der Fänger von ihm lassen und ein neues "Opfer" suchen. Man kann dem Verfolgten zu Hilfe eilen.	
INHALT	Schnelligkeits-Ausdauer		
VER-HALTEN	Taktik Helfen		
8	HANDSTANDFANGIS	Gewöhnliches Fangis mit 3 bis 5 Fängern. Der Verfolgte kann sich retten, wenn er einen Handstand an der Wand 5 Sek. steht (ohne Wand 3 Sek.). Der Fänger darf warten und schauen, ob das Vorhaben gelingt, andernfalls wird der Verfolgte zum Fänger. - Mit andern "Rettungsaktionen": Hecht vw, Verteidigungsrolle sw, 2x Froschhüpfen, Liegestützstellung einnehmen etc. Spez. Hinweis: Sportartspez. Gesten in Drucksituationen.	
INHALT	Schnelligkeit		
VER-HALTEN	Fairness, auch als Fänger!		
9	SCHATTENFANGIS	Im Freien bei Sonnenschein: Der Fänger versucht, auf den Schatten des Flüchtenden zu stehen (evtl. nur auf den Kopf). Gefangene werden zu Fängern oder helfen beim Fangen. Eigene Schatten-Spielformen suchen!	
INHALT	Schnelligkeit Koordination		
VER-HALTEN	Kooperation		
10	PARTEIFANGIS IN ZWEI FELDERN	Zwei Parteien befinden sich in je einer Spielfeldhälfte. Die Spieler beider Parteien versuchen, das gegnerische Freimal zu erreichen und gleichzeitig die eindringenden Gegner abzuschlagen (und somit zu verhindern, dass diese das Freimal erreichen). Als Freimal dient z.B. die ganze Hallenbreite. Auf dem Rückweg in die eigene Hälfte kann man noch (oder nicht mehr) gefangen werden. Gefangene Spieler müssen in ihr Feld zurück, um einen neuen Versuch zu starten.	
INHALT	Schnelligkeit		
VER-HALTEN	Taktik		
11	REITER-FANGSPIEL	Fangis zu zweit im Huckepack. Wird ein gejagtes Paar gefangen, wechselt es seine Rollen (Reiter wird zum Pferd) und wird zum Fänger. - Var.: Auf Pfiff müssen alle Paare ausser den Fängerpaaren ihre Rollen möglichst schnell tauschen (Reiter wird zum Pferd). Die Fänger dürfen dabei weiterfangen. - Var.: Nur der Reiter darf fangen, das Pferd nicht.	
INHALT	Kraftausdauer		
VER-HALTEN	Begegnung		

Nr.	Name der Spielform / Ziele / Akzente	Idee / Beschreibung	Hinweise / Organisation
12	VERKEHRT-FANGIS	Gewöhnliches Fangis, aber jeweils zwei Spieler haken sich je den rechten Arm ein, so dass der eine in die entgegengesetzte Richtung schaut wie der andere. Auch die Fänger sind solche "verkehrte Paare". - Spielfeld nicht zu gross wählen!	
INHALT	Koordination		
VER-HALTEN	Kooperation		
13	GEHER-FANGIS	Normales Fangis, aber Fortbewegung nur wie Geher, d.h.: ein Fuss muss immer in Bodenkontakt sein. Abschlagen nur mit dem Oberkörper erlaubt (ohne Arme und Hände). - Kleines Spielfeld!	
INHALT	Koordination		
VER-HALTEN	Bewegungs-erfahrung		
14	KETTENFANGIS AUF ZEIT	Zwei Gruppen, Gr.A = Fänger, Gr. B = Gejagte: Die Fängergruppe bildet eine Kette und versucht, innerhalb möglichst kurzer Zeit 10 Fänge zu machen, wobei nur die beiden äussersten Kettenglieder fangen dürfen. Fänge werden laut gezählt. Welcher Gruppe ist es nach Rollenwechsel gelungen, in kürzerer Zeit die 10 Fänge zu machen? - Dito, aber Fänger-Gruppe ist in Paare aufgeteilt.	Gr. A
INHALT	Schnelligkeits-Ausdauer		
VER-HALTEN	Kooperation Taktik		
15	EINMAUERN	Ein Spieler wird innerhalb der Gruppe (5 bis 8 Spieler) bestimmt, der durch geschicktes Laufen vor den andern flüchtet. Die Verfolger haben die Aufgabe, den flüchtenden Spieler mit ihrem Körper (ohne Arme) so zu umzingeln, dass sein Bewegungsfreiraum immer mehr eingeengt wird, bis er eingeschlossen ist. - Var.: Der Spielleiter kann mitten im Spiel laufend neue "Flüchtende" bestimmen.	
INHALT	Geschicklichkeit Gewandtheit		
VER-HALTEN	Kooperation Taktik		
16	DAS GETEILTE PAAR	Freies Laufen in der Halle. Das "geteilte Paar" (A und B) steht einzeln in entgegengesetzten Ecken. Auf Zeichen versuchen diese beiden, sich zu vereinigen (Handfassung). Die andern versuchen dies durch Sperren (ohne Körperkontakt) oder Kettenbildung zu verhindern. Gelingt dem "geteilten Paar" die Vereinigung, so versuchen sie als Paar, zwei Spieler zu fangen, diese bilden dann das nächste Paar.	
INHALT	Körpertäuschung		
VER-HALTEN	Kooperation Taktik		

1.1.1 LAUFEN / ohne Material (Fangspiele)

Nr.	Name der Spielform / Ziele / Akzente	Idee / Beschreibung	Hinweise / Organisation
17	LEIBCHENFANGIS	Auf Zuruf "rot!" müssen alle Schüler, welche ein rotes Leibchen tragen, einen beliebigen anderen Spieler (ausser einem roten) fangen. Der Lehrer wechselt die Farben und damit die Fänger "in bunter Folge", er kann auch zwei oder mehr Farben auf einmal rufen. Spätestens nach 30 Sek. darf der Fangversuch abgebrochen werden. Wer niemanden fangen konnte, erhält einen Strafpunkt.	
INHALT	Schnelligkeit Reaktion		
VER-HALTEN	Konzentration		
18	3-MANN-HOCH MIT EINHAKEN	Die Spieler stehen paarweise frei in der Halle verteilt, die Paare haken einander ein und stützen den andern Arm in die Hüfte. 1 bis 4 Fänger verfolgen zudem ebensoviele Gejagte. Sobald ein Verfolgter bei einem Paar z.B. links einhängt, muss der Partner rechts fliehen. - Var.: Sobald ein Verfolgter z.B. links bei einem Paar eingehängt hat, wird der Spieler rechts zum Fänger, der bisherige Fänger zum Gejagten.	
INHALT	Schnelligkeit		
VER-HALTEN	Konzentration		
19	3-MANN-HOCH MIT UNTERTAUCHEN	Die Spieler stehen sich paarweise mit Handfassung frei in der Halle gegenüber. Will ein Verfolgter sich retten, taucht er zwischen ein Paar. Jetzt muss der Spieler fliehen, dem er seinen Rücken zukehrt. (Oder dieser wird zum neuen Fänger und der Fänger zum Gejagten). - Dito, aber alle Paare sind dauernd in Bewegung. - Dito, aber mehrere Fänger!	
INHALT	Schnelligkeit		
VER-HALTEN	Konzentration		
20	GRENZWAECHTER UND SCHMUGGLER	Ein bis zwei Grenzwächter befinden sich in der Grenzzone. Die Schmuggler versuchen, möglichst viele Läufe durch die Grenzzone zu machen, ohne abgeschlagen zu werden. Wer erzielt in 5 Min. am meisten Läufe? Gefangene müssen zur Grundlinie zurück und erhalten einen Minuspunkt. Welche Grenzwächter hatten die Schmuggler am besten unter Kontrolle (am meisten Fänge)?	
INHALT	Ausdauer		
VER-HALTEN	Taktik		
21	PAARFANGIS	2 Fänger mit gefassten Händen beginnen mit Fangen. Sobald einer erwischt wird, schliesst der sich dem Paar an. Wird ein weiterer Spieler gefangen, bilden sich zwei Paare usw., bis alle gefangen sind. - Dito, aber die Paare halten sich so, dass jeder in die entgegengesetzte Richtung schaut (siehe Verkehrt-Fangis). - Dito, aber mit ungewöhnlichen Gangarten.	
INHALT	Schnelligkeit		
VER-HALTEN	Kooperation		

Nr.	Name der Spielform / Ziele / Akzente	Idee / Beschreibung	Hinweise / Organisation
22	HIN-UND-HER-FANGIS	Die Spieler laufen zwischen zwei Linien hin und her. Im Zwischen-feld fangen anfänglich 2 markierte Fänger. Wer gefangen wird (holt ein Spielband), hilft beim Fangen. Wer erzielt am meisten Läufe?	
INHALT	Schnelligkeit		
VER-HALTEN	Taktik		
23	VIRUSFANGIS	3 bis 4 Fänger verfolgen die übrigen Spieler. Gefangene bleiben an Ort, stehen und halten die Arme in Hochhalte. Sie können erlöst werden, indem zwei freie Spieler sich vor und hinter den Gefangenen stellen und sich beide Hände reichen. - Können die Fänger alle anderen verzaubern? - Welche Fängergruppe schafft es in kürzester Zeit, alle zu ver-zaubern?	
INHALT	Schnelligkeit		
VER-HALTEN	Helfen		
24	VERSTEINERN	A versucht B zu fangen. Wenn B in Not gerät, kann er irgendeine Stellung einnehmen. Nun muss A zuerst auch dieselbe Stellung von A einnehmen, bevor er B weiterverfolgen, bzw. abtupfen kann. Rollenwechsel.	
INHALT	Reaktions-schnelligkeit		
VER-HALTEN	Fairness		
25	GRUPPENFANGIS	Die Klasse wird in 4 Gruppen aufgeteilt. Jede Gruppe (mit Spiel-bänder gekennzeichnet) ist während 1 Min. Fänger. Jeder Fänger zählt, wie viele Schüler der anderen drei Gruppen er während dieser Minute berührt. Nach 1 Min. wird die Anzahl Berührungen zusammenge-zählt. Welche Gruppe sammelt am meisten Punkte.	
INHALT	Schnelligkeits-ausdauer		
VER-HALTEN	Fairness Ehrlichkeit		
		Eigene Idee:	
INHALT			
VER-HALTEN			

1.1.2 LAUFEN / ohne Material (Verfolgungsläufe)

Nr.	Name der Spielform / Ziele / Akzente	Idee / Beschreibung	Hinweise / Organisation
		V E R F O L G U N G S L A E U F E Bemerkungen: Siehe auch unter FANGSPIELE! Je älter die Teilnehmer, desto langsamere Formen eignen sich für den Stundenbeginn (Verletzungsgefahr!)	Klare Anweisungen sind das A und O einer Spielform!
26	SCHERE - STEIN - PAPIER	Je zu zweit an der Mittelinie gegenüber. Auf Kommando ("Schere - Stein - Papier!"), hält jeder eines der drei Handzeichen auf. Das stärkere Zeichen verfolgt das schwächere. Bei gleichem Zeichen beider erfolgt Wiederholung. - Schere schneidet Papier / - Papier umwickelt Stein / - Stein macht Schere stumpf. - Var.: Zwei Gruppen kämpfen gegeneinander.	
INHALT	Schnelligkeit		
VER-HALTEN	Konzentration		
27	ERST NACHAHMEN DANN FANGEN!	Zu zweit: B läuft hinter A her. A ruft plötzlich irgendeine Tätigkeit, welche beide ausführen müssen, bevor B A verfolgen kann. (A erhält durch den Wissensvorsprung einen Zeitvorsprung).	
INHALT	Schnelligkeit— Reaktion		
VER-HALTEN	Fairness		
28	NECK-FANGIS	A und B stehen hintereinander. A streckt die Hand nach vorn (oder nach hinten, je nach Aufstellung), B schlägt in unregelmässiger Folge drei Mal darauf. Der dritte Schlag gilt für beide als Startzeichen: A flieht, B verfolgt. - Aus verschiedenen Startpositionen.	
INHALT	Reaktions-schnelligkeit		
VER-HALTEN	Konzentration		
29	ABSCHLAGEN	A steht vor B und hält einen Fuss rw hoch. B schlägt irgendwann auf diesen Fuss. Dies gilt für beide als Startzeichen zur Verfolgungs-jagd. - Var.: B stösst A irgendwann mit einem Fuss in den Hintern. Dies gilt für beide als Startzeichen. - Var.: B hält ein Bein nach vorn in die Luft. A schlägt irgendwann darauf, dreht sich und flieht.	
INHALT	Schnelligkeit— Reaktion		
VER-HALTEN	Gegenseitige Rücksichtnahme		

Nr.	Name der Spielform / Ziele / Akzente	Idee / Beschreibung	Hinweise / Organisation
30	VERFOLGUNG	B steht hinter A, A in Tiefstellung. B überspurtet A (und gibt evtl. A einen Schlag auf den Rücken), A versucht, B noch einzuholen. - Var.: Diverse Verfolgungsläufe aus verschiedensten Positionen, z. B. Rückenlage, Bauchlage, Schneidersitz, Hürdensitz, Liegestütz... - Var.: Auch im Sitzen, Liegen... gegenüber. Der Fänger muss vor dem Verfolgen eine halbe Drehung ausführen.	
INHALT	Reaktion – Tiefstart		
VER-HALTEN	Zu eigenen Formen anregen		
31	KOORDINATIONS-START	Paarweise hintereinander mit ca. 2 m Abstand. - Hüpfen an Ort und auf Signal verfolgen bzw. fliehen. - Wechselhüpfen an Ort (auch Hampelmann) und wegsprinten. - Hüpfen an Ort, auf Signal eine ganze Drehung und wegsprinten. - Wechselhüpfen in Liegestützstellung und auf Signal wegspringen, etc.	
INHALT	Reaktion – Koordination		
VER-HALTEN	Spielregeln einhalten		
32	TURNSCHUHRAUB	Die Läufer stehen sich paarweise gegenüber. Zwischen ihnen liegt ein Turnschuh (oder sonst ein Gegenstand, z.B. Spielband). Wem gelingt es, den Schuh zu ergreifen und damit bis zur Grundlinie zu fliehen, ohne vom andern gefangen zu werden? (Evtl. muss eine Hand auf dem Rücken gehalten werden).	
INHALT	Schnelligkeit		
VER-HALTEN	Taktik		
33	TURNSCHUHRAUB MIT SPIEGELBILD	Aufstellung wie in Nr. 32. B ist das Spiegelbild von A und muss alle Stellungen und Bewegungen, die A ausführt, sofort nachahmen. In einem günstigen Augenblick packt A den Schuh, macht kehrt und versucht, ohne von B abgeschlagen zu werden, seine Linie zu erreichen.	
INHALT	Schnelligkeit		
VER-HALTEN	Taktik		
34	UEBERLAUFEN	A und B stehen sich gegenüber mit 1 bis 2 m Abstand. A läuft vorwärts, B rückwärts. A versucht, durch Täuschungen und Starts an B vorbeizukommen und diesen zu überlaufen. Gelingt dies, versucht B A noch vor der Linie abzuschlagen.	
INHALT	Schnelligkeit		
VER-HALTEN	Taktik		

1.1.2 LAUFEN / ohne Material (Verfolgungsläufe)

Nr.	Name der Spielform / Ziele / Akzente		Idee / Beschreibung	Hinweise / Organisation
35	AUSREISSEN		3er-Gruppen traben langsam hintereinander. Der Mittlere versucht plötzlich auszureissen und die Grenzlinie zu erreichen, bevor die andern beiden ihn "stellen" (berühren) können.	
	INHALT	Schnelligkeit		
	VER-HALTEN	Taktik		
36	KREIS GEGEN KREIS		Zwei Kreise laufen (ineinander) in entgegengesetzter Richtung. Auf Pfiff flieht der äussere Kreis zum Freimal (z.B. Grundlinien), der innere versucht, sie vorher zu fangen. Nach jedem Durchgang Rollenwechsel. Welcher Kreis hat nach X Durchgängen mehr Fänge? - Var.: Gefangene wechseln den Kreis. Wer überlebte am längsten?	
	INHALT	Schnelligkeit-Reaktion		
	VER-HALTEN	Erst auf Signal "reagieren"		
37	BEISSENDE SCHLANGE		Eine "Schlange" liegt in der Mitte des Feldes auf dem Bauch, alle anderen Spieler berühren sie mit einer Hand (necken). Wenn der Lehrer ruft "Schlange!", versucht die Schlange, möglichst viele Flüchtende zu beissen (berühren). Gebissene werden ebenfalls zu Schlangen und hängen sich beim nächsten Durchgang an die Schlange an. Wer überlebt am längsten?	
	INHALT	Reaktion-Start		
	VER-HALTEN	Berührung "ohne Widerrede" annehmen		
38	WER REAGIERT SOFORT		A und B laufen locker nebeneinander. Der Lehrer ruft z.B. "Bauchlage!". Beide versuchen, so schnell wie möglich zu reagieren. Wer ist nach der Ausführung zuerst beim vorher bestimmten Mal (Hallenwand, Linie...)?	
	INHALT	Reaktion-Start		
	VER-HALTEN	Exakte Ausführung ist Ehrensache!		
39	AUFHOLJAGD		Zu zweit: A läuft in zügigem Tempo dem Ziel entgegen. B wartet so lange, bis er glaubt, A mit einem Sprint gerade noch vor dem Ziel abfangen zu können. - Var.: Die Gangart von A wird von beiden Läufern bestimmt, B muss sprinten.	
	INHALT	Schnelligkeit		
	VER-HALTEN	Selbsteinschätzung		

Nr.	Name der Spielform Ziele / Akzente	Idee / Beschreibung	Hinweise / Organisation
40	STEHER-RENNEN	A und B traben auf einer festgelegten Strecke (Rundbahn) neben-einander. Jeder kann das Tempo beliebig verschärfen oder gar Still-standsversuche unternehmen. Plötzlich ergreift einer von ihnen die Initiative und zieht den Endspurt an. Wer von beiden erreicht das Ziel als erster?	
INHALT	Schnelligkeit – S-Ausdauer		
VER-HALTEN	Selbsteinschätzung		
41	LINIENLAUF	Nur auf den Linien der Halle laufen. Beim Kreuzen übereinander-klettern, untereinander durchkriechen, umeinander herumsteigen..., ohne die Linie zu verlassen. - Dito, mit rw laufen, kriechen, robben... - Dito, aber jede Linienfarbe bedeutet eine andere Gangart, z.B. auf den roten Linien nur Hüpfen, auf den weissen nur rückwärts laufen...	
INHALT	Koordination		
VER-HALTEN	Kooperation		
42	LINIENLAUF OHNE TREFFEN	Alle bewegen sich nur auf den Spielfeldlinien des Hallenbodens und versuchen, möglichst lange zu laufen, ohne jemanden zu kreuzen. Treffen sich trotzdem zwei, hängen sie zusammen und versuchen jetzt, möglichst schnell möglichst viele Glieder (durch Kreuzen) zu bekommen.	
INHALT	Koordination		
VER-HALTEN	Taktik		
43	SCHLANGE BILDEN	Freies Laufen im Raum (evtl. auch um und über Hindernisse). Schaffen wir es, **eine** Schlange zu bilden, ohne abzumachen, wer die Spitze ist? (Einer hängt beim andern an, bis schliesslich alle in einer Kolonne laufen).	
INHALT	Ausdauer		
VER-HALTEN	Kooperation		
		Eigene Idee:	
INHALT			
VER-HALTEN			

1.1.3 LAUFEN / ohne Material (andere Formen)

Nr.	Name der Spielform / Ziele / Akzente	Idee / Beschreibung	Hinweise / Organisation
44	RETTUNGSDIENST	2 Gruppen; die Hälfte jeder Gruppe liegt als "zu Rettende" in der Mitte am Boden. Die "zu Rettenden" können nicht mehr laufen und müssen abgeschleppt werden. Die Retter beider Gruppen stehen an den Stirnseiten gegenüber, laufen auf Signal zur Mitte und tragen die "zu Rettenden" zu ihrer Grundlinie zurück. Welche Gruppe ist zuerst fertig mit dem Rettungsdienst? - Auch mit verschiedenen Trag- und Laufarten.	
INHALT	Schnelligkeit-Kraft		
VER-HALTEN	Kooperation		
45	HEIRATS-VERMITTLER	A und B stehen Rücken an Rücken und beginnen, wie Roboter auseinanderzumarschieren. Ein Heiratsvermittler tippt den einen oder andern jeweils an der rechten oder linken Schulter an, was bedeutet: 1/4-Drehung zur entsprechenden Seite ausführen! Welcher Heiratsvermittler kann sein Paar so dirigieren, dass A und B frontal aufeinander zulaufen und sich treffen?	
INHALT	Taktik		
VER-HALTEN	Erlebnis		
46	"POEPERLE" MIT LAUFEN	Einer übernimmt das Kommando. "Kommando Laufen!" = Laufen. "Kommando Flach!" = Bauchlage gespannt. "Kommando Bock!" = Bockstellung. "Kommando Fass!" = Rückenlage, Arme und Beine in der Luft. "Kommando Alle Vögel fliegen aus!" = Armschwünge. "Kommando Doppelbock, Doppelflach, etc.!" = Stellung nebeneinander. Wer eine Uebung ausführt, ohne dass der "Kommandant" "Kommando...!" gesagt hat (also z.B. nur "Bock!") oder, wer sich verführen lässt und falsche Uebung nachmacht (z.B. statt einem Bock ein Fass nachahmt), wird zum neuen "Kommandanten". Je rascher die Kommandos erfolgen, umso eher fallen die anderen herein. Zwischen den Kommandos wird frei in der Halle gelaufen.	
INHALT	Taktik		
VER-HALTEN	Konzentration		

Nr.	Name der Spielform / Ziele / Akzente	Idee / Beschreibung	Hinweise / Organisation
47	STERNSCHNUPPE	Die Schüler bilden einen Kreis, und die Sternschnuppe saust ringsherum. Schlägt sie zwischen zwei Spielern ein, gibt es eine Explosion: Der eine saust links-, der andere rechtsherum. Wer zuletzt am Ausgangsort eintrifft, wird neue Sternschnuppe. - Dieses Spiel wird intensiver, wenn mehrere kleine Kreise gebildet werden.	
INHALT	Reaktion auf spezielles Signal		
VER-HALTEN	Begegnung Erlebnis		
48	PLATZRAUB	Die Spieler sitzen in einem möglichst grossen Kreis zu zweit hintereinander. In der Mitte des Kreises sitzen Rücken an Rücken zwei weitere Spieler. Auf Zeichen laufen alle inneren Kreisspieler sowie die beiden Mittelspieler los und suchen einen Platz hinter einem Aussenspieler. (Mindestens ein Spieler muss übersprungen werden). Die beiden, die keinen Platz mehr gefunden haben, müssen als nächste in die Mitte sitzen.	versch. Startpositionen: -Schneidersitz -Liegestütz -Tiefstartstellung etc.
INHALT	Reaktion auf akustisches Signal		
VER-HALTEN	Begegnung		
49	WETTLAUF	Zu zweit: A läuft zur Wand, wendet, springt über B, welcher in Bockstellung dasteht, wendet hinter B und läuft wieder zur Wand, etc. Wer macht in 1 Min. mehr Läufe? Welches Paar erzielt in 2 Min. mehr Läufe?	
INHALT	S-Ausdauer		
VER-HALTEN	Begegnung		
50	BUMMELN	Zu zweit auf einer Rundstrecke von 100 bis 200 m: A beginnt mit laufen, B mit spazieren (bummeln). A läuft auf der Runde, bis er B wieder eingeholt hat und spaziert dann weiter, während nun B läuft, bis er A eingeholt hat, etc. Jeder soll 4 x laufen, 4 x spazieren.	
INHALT	S-Ausdauer (Intervall)		
VER-HALTEN	Tempogefühl spüren lernen		
51	GRUPPENLAUF	Mehrere Gruppen marschieren oder traben auf der Rundstrecke verteilt. Gr. 1 läuft zügig zu Gr.2 (und spaziert dann weiter). Gr.2 läuft zu Gr.3, Gr.3 zu 4 und 4 zu 1. Mehrere Durchgänge. Verschiedene Distanzen zwischen den einzelnen Gruppen. Verschiedene Tempi (zügiges Laufen bis Sprint).	
INHALT	S-Ausdauer (Intervall)		
VER-HALTEN	Tempogefühl schulen		

1.1.3 LAUFEN / ohne Material (andere Formen)

Nr.	Name der Spielform / Ziele / Akzente		Idee / Beschreibung	Hinweise / Organisation
52	AUTORENNEN MIT BOXENSTOPP		So lange wie möglich und so schnell wie möglich auf seinem Rund-kurs laufen. Jeder bestimmt sein Tempo selbst. Wer das eigene Tempo nicht mehr durchhält, macht einen Boxenstopp, bis der "Tank" wieder voll ist (und er weiterlaufen kann).	
	INHALT	S-Ausdauer		
	VER-HALTEN	Selbstein-schätzung		
53	MITNAHME-LAUF		Pro Gruppe 3 bis 5 Schüler. Gangart: Laufen, Hüpfen, Kriechen... A läuft zuerst alleine eine Strecke. Beim 2. Durchgang nimmt er B mit. Auf der 3. Runde wird C mitgenommen und A steigt aus, usw. Z.B. welche Gruppe macht in 10 Min. am meisten Läufe? - Auch mit anhängen, bis die ganze Gruppe gemeinsam läuft und dann wieder abbauen.	
	INHALT	Ausdauer		
	VER-HALTEN	Begegnung		
54	ZEITSCHAETZ-LAUF (langsam)		Eine bestimmte Rundstrecke (oder auch frei im Wald, Gelände) soll zu zweit in einer vorher bestimmten Zeit gelaufen werden, z.B. möglichst genau in 5 Min. Wer ist am pünktlichsten auf die vorge-gebene Zeit wieder bei der Uhr?	
	INHALT	Ausdauer		
	VER-HALTEN	Zeiterfahrung		
55	ZEITSCHAETZ-LAUF (schnell)		Versucht, genau 1 (2) Minute(n) zu laufen und euch dann in der Reihenfolge der Ankunft nebeneinander zu setzen (Der Lehrer gibt an, ob zu früh oder zu spät gesetzt).	
	INHALT	Ausdauer		
	VER-HALTEN	Zeiterfahrung		
56	MUSIK-STOPP		Frei laufen zur Musik. Bei Musikstopp: - In der entsprechenden Stellung, in der man gerade ist, 3 Sek. "bock-steif" (gespannt bis zu den Fingerspitzen) verharren. - "Moleküle" bilden (2er-, 3er-Gruppen). - Einem Mitschüler in den Huckepack springen. - Ein Rad, einen Handstand etc. ausführen, usw.	
	INHALT	Körperspannung		
	VER-HALTEN	Begegnung - Konzentration		

50

Nr.	Name der Spielform / Ziele / Akzente	Idee / Beschreibung	Hinweise / Organisation
57	SPORT-GEOMETRIE	Im Laufen verschiedene geometrische Figuren beschreiben und diese in ihren Grössen variieren. Z.B. ein Trapez in allen Grössen laufen. - Alleine oder als Gruppe. - Auch A läuft voraus, B hintendrein. B muss herausfinden, was A für eine Figur (Buchstaben, Zahl...) vorgelaufen ist.	
	INHALT Raumgefühl		
	VER-HALTEN Gestalten – Raumerfahrung		
58	IMAGINAERES SPINNENNETZ	Jeder spannt in die Halle ein imaginäres Spinnennetz. - Vorsicht! Der Spinnfaden ist sehr dünn (vorsichtig laufen und ausspannen). - Jetzt wird aus dem Spinnennetz ein dicker Gummischlauch (mit viel Kraft und Vorlage den "Schlauch" spannen). - Mitten im Schlauch ist ein Knoten (plötzlich stoppen, etwas rw laufen zum Knoten). Etc.	
	INHALT Raum- und Distanzgefühl		
	VER-HALTEN Gestalten – Phantasie		
59	LEBENDIGES WENDEMAL	Gruppen zu 5 bis 10 Teilnehmer: Der erste jeder Gr. läuft bis zu einer Marke (Linie o.ä.) und stellt das Wendemal dar. Sobald er dort ist, startet der Rest der Gr., läuft um das Wendemal herum und mit ihm zurück zur Grundlinie. Welche Gruppe sitzt zuerst? - Dito, aber jeder der Gruppe ist einmal Wendemal. - Wendemal in Bockstellung: Alle müssen darüber.	
	INHALT Schnelligkeit		
	VER-HALTEN Begegnung		
60	JAPANTEST-STAFETTE	3er- oder 4er-Gruppen (oder als Einzellauf): Die Läufer starten an der Grundlinie, laufen zur ersten Linie, berühren sie und kehren zur Grundlinie zurück. Nacheinander werden so alle Querlinien der Halle angelaufen, wobei immer zur letzterreichten Linie zurückgekehrt werden muss. Wer ist zuerst fertig? - Auch mit Blick immer zur gleichen Wand laufen. - Als Ablöse- oder Abholstafette.	
	INHALT Schnelligkeit S-Ausdauer		
	VER-HALTEN Ehrlichkeit ohne Kontrolle üben		
61	ZWEIER-KOMBINATIONEN	Zu zweit (oder in der Kolonne) hintereinander: B läuft hinter A. - Auf Pfiff bleibt A im Grätschstand stehen, B kriecht zwischen den Beinen durch. - A geht in die Bauchlage, (Bankstellung), B überspringt ihn. - B überholt A schnell, dann überholt A B etc. - A führt irgendeine Bewegung aus, z.B. Hinken, Hockhüpfen, Laufvariationen... B nimmt diese Formen auf.	
	INHALT Koordination		
	VER-HALTEN Konzentration		

51

1.1.3 LAUFEN / ohne Material (andere Formen)

Nr.	Name der Spielform / Ziele / Akzente	Idee / Beschreibung	Hinweise / Organisation
62	DIE MENSCHLICHE STOPP-UHR	Wie weit kann A sprinten, während B eine bestimmte Uebung ausführt? - 5 Liegestützen - 5x Froschhüpfen - 20x Seilspringen - 10x Ball an die Wand werfen. - 1x die Kletterstange hochklettern. (Evtl. merkt sich ein Dritter die Marke, wo A beim Uebungsstopp von B war).	A Sprint — ▷ ——→ S Liegestütz B ▶
INHALT	S-Ausdauer		
VER-HALTEN	Laufen unter Druck		
63	MUH-SPIEL	Wie weit kann A (oder Gruppe A) sprinten, während B (oder einer aus Gr. A) in einem Atemzug "Muh" rufen kann? Welches Paar (A und B) oder welche Gruppe kommt weiter mit Laufen? - Dito, es darf solange gesprintet werden, wie ein Gruppenmitglied einen Ton aus dem Alphorn (oder einem anderen Blasinstrument) in einem Atemzug herausbringt.	Sprint Muuuh...
INHALT	S-Ausdauer		
VER-HALTEN	Erlebnis		
64	VORGABELAUF	Eine Läufergruppe beginnt, eine bestimmte Strecke (zwischen 100 m und 1 km) zu laufen. Ein starker Läufer (oder einige Läufer zusammen) erhalten ein Handicap und dürfen erst etwas später starten. Gelingt es den Erstgestarteten, sich den Verfolgern bis ins Ziel zu entziehen? Wo kann der Läufer die Gruppe einholen? - Auch zu zweit: Der schwächere Läufer erhält eine Vorgabe.	START START ZIEL
INHALT	S-Ausdauer		
VER-HALTEN	Gegenseitige Absprachen		
65	DISTANZLAUF	Welche Mannschaft legt eine 20 m lange Laufstrecke während 3 Min. am häufigsten zurück? Evtl. Rekordliste führen! - Als Gruppenlauf. - Als Pendelstafette.	Gr. A Gr. B
INHALT	S-Ausdauer		
VER-HALTEN	Begegnung		
66	BEGEGNUNGS-STAFETTE	Die Hälfte jeder Gruppe stellt sich gegenüber an den Stirnseiten auf. Auf Pfiff starten je die ersten beider Seiten gleichzeitig. Dort, wo sie sich treffen, wird ein Stab übergeben (oder Handschlag). Die Stafette ist fertig, wenn jeder der Gruppe 3x gelaufen ist. - Var.: Welche Gruppe macht in 1, 2, 3 Min. am meisten Läufe?	
INHALT	Schnelligkeit		
VER-HALTEN	Ehrlich sein, auch ohne Kontrolle		

Nr.	Name der Spielform / Ziele / Akzente	Idee / Beschreibung	Hinweise / Organisation
67	TREFFLAUF	Zwei Läufer starten auf einer Rundstrecke in entgegengesetzter Richtung und versuchen, sich immer am gleichen Ort zu treffen. Welches Paar kann im voraus genau abschätzen, wo sie sich treffen werden? (Am besten im Wald, wo die Läufer keinen Sichtkontakt haben). (Der Treffpunkt der beiden muss nicht in der Streckenhälfte sein, der stärkere Läufer kann in der gleichen Zeit weiter laufen als der Partner).	
INHALT	Ausdauer/ Schnelligkeit		
VER-HALTEN	Zeiterfahrung		
68	KOORDINATIONS-START 1	- Sich so lange wie möglich mit am Körper angelegten Armen nach vorn fallen lassen und im letzten Augenblick starten und wegsprinten. - Liegestützstellung, federn und wechselhüpfen: Auf Pfiff lossprinten. (Achten auf Armführung bei den ersten drei Schritten!).	
INHALT	Start – Koordination		
VER-HALTEN	Etwas riskieren		
69	KONTERLAUF	Die Klasse stellt sich in zwei Kolonnen hinter den gegenüberliegenden Grundlinien auf. Die beiden ersten jeder Gruppe starten und sprinten zur entgegengesetzten Seite. Sobald sie sich (ca. in der Hallenmitte) kreuzen, pfeift der Lehrer. Dies ist das Startzeichen für die nächsten zwei Läufer etc. Wertung: Kreuzpunkte in der eigenen Hälfte = 1 Minuspunkt. Welche Gruppe hat weniger Minuspunkte?	
INHALT	Schnelligkeit (Aktion/Reaktion)		
VER-HALTEN	Qualität trotz Wettkampf		
70	KOORDINATIONS-START 2	Aufstellung in Reihen: - Hüpfen an Ort und auf Pfiff, möglichst schnell lossprinten. Armarbeit! (Evtl. Arme beim Hüpfen hinter dem Kopf verschränken o.ä.) (Achten auf Armführung bei den ersten drei Schritten!). Mit Doppelhüpfen, Grätschhüpfen, Wechselhüpfen... - Auf Pfiff Rolle rw und vw wegsprinten (Auf weicher Unterlage, z.B. Rasen). - Einbeiniges Hüpfen bis zu einer bestimmten Marke. Sobald die Marke berührt wird, wegsprinten (kurze rasche Schritte). - Skipping am Ort. Auf Signal Vorlage geben und wegsprinten.	
INHALT	Technik spielerisch trainieren		
VER-HALTEN	"Technik-Spielregeln" einhalten		

1.2.1 LAUFEN / Bälle (Kleine Spiele)

Nr.	Name der Spielform / Ziele / Akzente	Idee / Beschreibung	Hinweise / Organisation
		Die "kleinen Spiele" eignen sich im Unterricht mit Kindern und Jugendlichen sehr gut für den Unterrichtsbeginn als "Einstimmung". Für Erwachsene empfiehlt es sich dagegen, eher "langsam" zu beginnen wegen Verletzungsgefahr (Muskelzerrungen u.a.). Nach dem eigentlichen Aufwärmen vergnügen sich jedoch auch die "Grossen" an den "Kleinen Spielen"!	
71 — INHALT — VER-HALTEN	KASTEN AUS-RAEUMEN — Schnelligkeit — Fairness	2 bis 4 Schüler versuchen, alle Bälle aus ihrem Kasten zu werfen. Die anderen tragen die Bälle einzeln möglichst schnell wieder in den Kasten. Nach jedem Transport muss aber eine bestimmte Strecke (z.B. um zwei Malstäbe) gelaufen werden. Wie lange kann die Läuferpartei überleben, d.h. wann schaffen es die "Kastenleerer", keinen einzigen Ball mehr im Kasten zu haben?	
72 — INHALT — VER-HALTEN	ABTUPFEN — Schnelligkeit Kraft: Arme — Tupfen!... nicht werfen!	2 bis 4 Fänger mit je einem Medizinball in der Hand versuchen, die anderen mit dem Ball abzutupfen (Ball bleibt in der Hand!). Wer gefangen ist, übernimmt den Ball. - Var.: Die Hasen müssen einen Ball dribbeln oder einen Volleyball jonglieren. - Var.: Der Medizinball muss von den Fängern mit gestreckten Armen in der Vorhalte getragen werden.	
73 — INHALT — VER-HALTEN	VERZAUBERN MIT BALL — Dribbling Schnelligkeit — Helfen	Jeder mit einem Ball, Fänger zusätzlich mit einem Spielband markiert. Die Fänger versuchen dribbelnd, einen dribbelnden Spieler abzuschlagen. Gefangene stehen in der Grätsche hin und müssen ihren Ball auf der Stelle prellen. Sie können erlöst werden, indem ein Mitspieler dribbelnd unter den gegrätschten Beinen durchkriecht. Können die Fänger alle verzaubern?	
74 — INHALT — VER-HALTEN	BALL WEG-SCHNAPPEN — Basketball Ballverteidigung — Abgemachte Regeln einhalten	Zu zweit (1:1) oder jeder gegen jeden: Freies Dribbeln im Raum und versuchen, dem Gegner den Ball (korrekt) wegzuschnappen, ohne dabei den eigenen Ball zu verlieren. - Mit 3 Leben. - Wer den Ball verliert, führt eine "Strafübung" aus. - Wer macht in 2 Min. am meisten Punkte?	

77 Handball

Nr.	Name der Spielform / Ziele / Akzente	Idee / Beschreibung	Hinweise / Organisation
75	KOPFBALL-FANGIS	3 Fänger mit einem Ball in der Hand versuchen durch einen Kopfballstoss einen anderen Spieler zu treffen. Alle anderen Spieler dribbeln einen Ball oder führen ihn am Fuss.	
INHALT	Dribbling		
VER-HALTEN	Kooperation		
76	SCHNAPPBALL	4 gegen 4 oder 5 gegen 5: Wie lange kann sich eine Gruppe den Ball zuspielen, ohne dass ihn der Gegner wegschnappen kann? Jeder gefangene Ball = 1 Punkt. - In Kleingruppen auf verschiedenen Feldern; Turnierform. - Jede Gruppe ist selbst Schiedsrichter.	4:4 4:4 4:4
INHALT	Taktik		
VER-HALTEN	Kooperation		
77	WAND-KOPFBALL	Zwei Mannschaften versuchen mit dem Ball die gegnerische Stirnwand durch einen Kopfstoss zu treffen. Wie beim Handball wird der Ball dabei zugeworfen. Kein Dribbling. Auf Zuwurf durch einen Kollegen versucht dann ein Spieler den Ball an die Wand zu „köpfeln". Man darf sich den Ball für den Kopfstoss nicht selbst hochwerfen, der Pass muss von einem Mitspieler kommen.	
INHALT	Taktik		
VER-HALTEN	Kooperation		
78	JAEGERBALL	5 Jäger gegen 5 Hasen auf nicht zu grossem Feld: Wieviele Treffer gelingen den Jägern in 3 Min.? Rollenwechsel. Evtl. mit Schaumstoffball, oder es zählen nur Beintreffer. Turnierform in 4 Gruppen.	A : B C : D (5:5) (5:5)
INHALT	Schnelligkeit		
VER-HALTEN	Taktik		
79	TURNSCHUHRAUB	Zwei Spieler stehen sich auf den Grundlinien gegenüber, auf der Mittellinie liegt ein Ball (Turnschuh). Auf Zeichen laufen beide los. Wem gelingt es zuerst, den Ball zu erhaschen, ohne vom andern abgeschlagen zu werden und den Ball über die eigene Grundlinie zu tragen?	
INHALT	Körpertäuschung-Geschicklichkeit		
VER-HALTEN	Taktik		

1.2.1 LAUFEN / Bälle (Kleine Spiele)

Nr.	Name der Spielform / Ziele / Akzente	Idee / Beschreibung	Hinweise / Organisation
80	GRENZWAECHTER UND SCHMUGGLER	Die Schmuggler versuchen zur gegenüberliegenden Wand und zurück zu laufen, ohne vom Wächter dabei abgeschlagen zu werden. Dabei müssen sie immer einen Ball prellen. Wer macht in 5 Min. am meisten gültige Läufe? Gefangene lösen die Wächter ab. - Var.: Auch ohne Ball oder mit "Unihocschlägern" möglich.	
INHALT	Dribbling – Ausdauer		
VER-HALTEN	Taktik		
81	GOLD IN CHINA HOLEN	Die Räuber versuchen, trotz der Chinesischen Mauer und den Wächtern, in China einzudringen und das Gold (Tennisbälle) zu holen und zurückzubringen. Dabei prellen alle einen Ball. Wer dabei gefangen wird, löst entweder einen Wächter ab oder muss das Gold über die Mauer zurückwerfen. Wer holt in 5 Min. am meisten Gold? - Dito, auch ohne Prellen möglich.	
INHALT	Dribbling – Ausdauer		
VER-HALTEN	Taktik		
82	STOERBALL	Die Schüler dribbeln frei in der Halle. 3 oder mehr Spieler-Paare stehen sich an Längsseiten gegenüber und rollen Medizinbälle quer durch die Halle. Gelingt es einem Aussenspieler, einen Innenspieler oder dessen Ball mit seinem Medizinball zu treffen, so darf er mit dem Getroffenen die Rolle tauschen. - Dito, mit mehr Störbällen. - Dito, die Störer bewegen sich frei in der Halle.	
INHALT	Dribbling Peripheres Sehen		
VER-HALTEN	Rücksicht trotz Spieleifer!		
83	VARIATION STOERBALL	Spielidee wie oben. Die Läufer stellen sich an einer Stirnseite auf und versuchen, während 5 Min. möglichst viele Läufe zu machen, ohne getroffen zu werden. - Wer getroffen wurde, wechselt mit dem "Störer" die Rollen. - Oder: Wer getroffen wurde, darf seinen Lauf nicht zählen. Die "Störer" werden nicht ausgewechselt.	
INHALT	Dribbling – Ausdauer		
VER-HALTEN	Ehrlich zählen... Keine Kontrolle...		
84	VARIATION TURNSCHUHRAUB	Zwei Parteien stehen sich an den Grundlinien gegenüber. In der Mitte liegt für je zwei Spieler ein Ball. Auf Zeichen hin spurten alle zur Mitte, um einen Ball zu erhaschen und ihn auf die gegenüberliegende Seite zu dribbeln. Daran können sie vom Gegner im Rahmen der Basketballregeln gehindert werden (Ball wegspielen). Jeder über die Grundlinie gedribbelte Ball ergibt einen Punkt für die entsprechende Mannschaft.	Siehe Nr. 79
INHALT	Basketball: Angriff/Verteid.		
VER-HALTEN	Taktik		

Nr.	Name der Spielform / Ziele / Akzente	Idee / Beschreibung	Hinweise / Organisation
85	VARIATION TURNSCHUHRAUB	- Var.: Aber für jede Partei liegen eine bestimmte Anzahl Bälle auf der Mittellinie. Sieger ist die Mannschaft, welche zuerst alle ihre Bälle hinter der generischen Grundlinie hat. Taktik besprechen (Angriff - Verteidigung) !	
INHALT	Basketball: Angriff/Verteidigung	- Var.: 3er-Gruppen stehen sich gegenüber. In der Mitte liegt nur ein Ball. Erobert eine Partei den Ball, wird sie zum Angreifer und versucht, durch Passen und Dribbeln, den Ball über die gegnerische Grundlinie zu führen.	
VERHALTEN	Taktik		
86	SCHLAGBALL	Gruppe A = Werfer und Läufer, Gruppe B = Fänger im Feld verteilt. Die Fänger versuchen, den Ball des 1. Werfers zu fangen und damit einen Läufer zu treffen oder den Ball möglichst rasch über die Grundlinie zu tragen. Ist der Läufer (= Werfer) bei "Stop!" (= Ball über der Grundlinie) bei keinem Mal, muss er zum nächsten Mal zurück. Wird er getroffen, werden die Rollen und Felder zwischen den beiden Gruppen gewechselt und ohne Unterbrechung weitergespielt. Der Werfer von Gr. B muss also nicht warten, bis sich Gr.A im Feld aufgestellt hat. 1 Lauf = 1 Punkt; 1 Runde in einem Zug = 1 Punkt. Evtl.: 1 Fangball = 1 Punkt. Der Ball des Werfers muss so geworfen werden, dass er den Boden des Feldes berührt, bevor er das Spielfeld verlässt. - Var.: Jedes Freimal darf höchstens von einem Läufer besetzt werden. Sind bei "Stop!" zwei Läufer dort, müssen beide zurück.	
INHALT	Schnelligkeit (Aktion/Reaktion)		
VERHALTEN	Kooperation		
87	BRENNBALL MIT DRIBBLING	2 Mannschaften, Gr.A = Werfer und Läufer, Gr. B = Fänger, in der Halle verteilt. Regeln wie normaler Brennball, aber der Werfer erhält zwei Bälle: den einen wirft er ins Feld, mit dem anderen dribbelt er so schnell wie möglich zu den Freimalen oder ins Ziel. Er kann so lange laufen, bis die Fänger den Ball in einem Korb verbrannt haben (freier Korb in der Hallenmitte oder Basketkorb an der Seitenwand).	
INHALT	Anwendung des Dribblings		
VERHALTEN	Kooperation		

1.2.1 LAUFEN / Bälle (Kleine Spiele)

Nr.	Name der Spielform / Ziele / Akzente	Idee / Beschreibung	Hinweise / Organisation
88	ALASKA-BALL	Gruppe A kickt den Ball ins Feld und läuft um den Malstab und zurück. Gruppe B fängt den Ball und bildet am Fangort rasch ein Tunnel. Der Ball muss unter allen gegrätschten Beinen durchgespielt werden und vom Vordersten hinter die Grundlinie getragen und verbrannt werden (rufen: "Alaska!"). Wie viele Läufer von Gruppe A konnten in dieser Zeit die Grundlinie erreichen? x Durchgänge, dann Rollenwechsel.	
INHALT	Schnelligkeit		
VER-HALTEN	Taktik		
89	KOMBISPIEL	3 Mannschaften: Gruppe A und Gruppe B spielen irgendein Ballspiel gegeneinander (Basket-, Schnappball...). Tore, Punkte zählen. Gruppe C läuft gleichzeitig möglichst viele Runden um das Spielfeld. Runden zählen. Welche Gruppe hat nach zweimaligem Rollenwechsel (z.B. 3 x 5 Min.) am meisten Punkte?	
INHALT	Ausdauer		
VER-HALTEN	Jeder zählt (ehrlich) für sich!		
90	SECHSTAGERENNEN	Gruppe A umläuft einzeln (oder als Gruppe) die ganze Gruppe B 6 x. Gruppe B hat solange Zeit, eine bestimmte Aufgabe möglichst oft zu wiederholen, bis Gruppe A fertig ist. Rollenwechsel. Welche Gruppe macht mehr Punkte? Aufgaben für Gruppe B: - Einen Ball möglichst rasch im Kreis herumwerfen. 1 Runde = 1 Punkt. - Ball im Zick-Zack zuwerfen. 1 Durchgang = 1 Punkt.	
INHALT	Ausdauer		
VER-HALTEN	Kooperation		
91	SKLAVEN-SITZBALL	Gewöhnlicher Sitzball, jeder gegen jeden. Kann ein Spieler einen anderen abschiessen, wird er Herr über seinen (getroffenen) Sklaven. Der Sklave muss solange ums Spielfeld herumlaufen (oder eine andere Sklavenarbeit verrichten), bis sein Herr selbst getroffen wird. Wird der Herr getroffen, ist der Sklave wieder frei und darf mitspielen.	
INHALT	Werfen – Ausdauer		
VER-HALTEN	Rücksicht gegenüber Schwächeren!		
92	HETZBALL	1:1. A mit einem Ball am Fuss versucht, seinen Gegner mit einem Flachschuss an den Beinen zu treffen. Ballführen erlaubt. Der Gehetzte darf nur rückwärts und seitwärts laufen. Rollenwechsel nach 30 oder 60 Sek. Wer erzielt mehr Treffer?	
INHALT	Fussball: Flachp.-Schnelligkeit		
VER-HALTEN	Als "Gejagter" etwas riskieren!		

Nr.	Name der Spielform / Ziele / Akzente	Idee / Beschreibung	Hinweise / Organisation
93	FUSSBALLER-FANGIS	Pro 4 bis 5 Spieler ein Fänger mit einem Ball. Die Fänger versuchen, die Hasen mit dem Ball abzuschiessen. Ballführen erlaubt. Getroffene werden zum Fänger und übernehmen den Ball. - Dito, aber alle müssen einen Ball führen, die Fänger haben einen anderen Ball (Farbe). - Evtl. nur Beintreffer zählen oder mit Schaumstoffball spielen. - Der Schuss kann mit dem Kopf abgewehrt werden.	
INHALT	Fussball: Genaues Zuspiel		
VER-HALTEN	Taktik		
94	BURG-FUSSBALL	3 bis 5 Spieler gegen einen Torwart. Der Torwart muss ein Hütchen (oder sonst einen Gegenstand) verteidigen, das in einer Burg aus drei Malstäben steht. Dabei darf er nur aussen um die Burg herumlaufen, um das Abschiessen des Hütchens zu verhindern.	
INHALT	Genaues Zuspiel - Schnelligkeit		
VER-HALTEN	Taktik		
95	LAENGS-TORE-FUSSBALL	Gewöhnliches Fussballspiel in zwei Parteien, aber man kann beliebig viele Tore hintereinander von beiden Seiten her und in beiden Toren erzielen. - Var.: Nach jedem Treffer muss das Tor gewechselt werden, sofern die gleiche Mannschaft am Ball bleibt. - Var.: Der Schuss durchs Tor muss von einem Mitspieler auf der anderen Seite gestoppt werden.	
INHALT	Fussball		
VER-HALTEN	Taktik		
96	TORE-PRELLEN	Zwei Parteien: Aus Malstäben (Hütchen) werden Tore frei aufgestellt und zwar mind. 1 Tor mehr als es Spieler in einer Partei gibt. Torbreite = 1 m. Die Angreifer versuchen, sich den Ball rasch zuzuspielen und mit dem Ball durch ein Tor zu dribbeln. Die Verteidiger verhindern dies, indem sie sich jeweils ins Tor stellen. Wenn sie den Ball erhaschen, werden sie zu Angreifern. Nach Torerfolg wird weitergespielt.	
INHALT	Fussball		
VER-HALTEN	Taktik		
97	FELDWECHSEL MIT ZUSATZAUFGABEN	Der Feldwechsel kann auch mit einer Zusatzaufgabe verbunden werden, z.B.: - Nach dem Pfiff: Vor dem Wechsel noch eine Geschicklichkeitsübung ausführen (ein Rad schlagen). - Nach dem Pfiff: Vor dem Wechsel ist ein Torschuss auszuführen (Bälle liegen bereit).	Grundidee siehe bei Nr. 98
INHALT	Schnelles Umstellen		
VER-HALTEN	Koordinations-fähigkeit		

1.2.1 LAUFEN / Bälle (Kleine Spiele)

Nr.	Name der Spielform / Ziele / Akzente	Idee / Beschreibung	Hinweise / Organisation
98	FELDWECHSEL-SCHNAPPBALL	In zwei 10-50 m auseinanderliegenden Feldern wird mit je fünf gegen zwei Spielern Schnappball (z.B. Fussball) gespielt. Auf ein Signal hin müssen die fünf Aussenspieler beider Mannschaften möglichst schnell das Feld wechseln, die zwei Innenspieler bleiben und werden zu Aussenspielern, - zusammen mit den ersten drei vom andern Feld herkommenden Aussenspielern. Je die beiden zuletzt auf dem neuen Feld ankommenden Aussenspieler werden zu den neuen Innenspielern.	
	INHALT Schnelligkeit		
	VER-HALTEN Zusammenspiel		
99	LAUF-TREFF-SPIEL	4 bis 6 Gruppen mit bis zu 6 Spielern. Jeder Spieler erhält einen Ball, mit dem er ein Ziel (Kiste, Korb o.ä.) treffen soll. Nach jeder gelaufenen Runde hat jeder Spieler einen Wurf aufs Ziel gut. Hat ein Läufer getroffen, so hilft er einem Kameraden, indem er ihn an der Hand nimmt und mit ihm zusammen eine weitere Runde läuft. Das ergibt dann für den Kameraden zwei Wurfversuche (da ja 2 Spieler je eine Runde gelaufen sind = 2 Runden = 2 Versuche). Hat z.B. am Schluss nur noch einer der Gruppe nicht getroffen, so können alle anderen Mannschaftsmitglieder mit ihm eine Runde laufen, um je einen weiteren Zielwurf für den Kollegen "herauszulaufen". Sieger ist die Mannschaft, die zuerst mit allen ihren Bällen ins Ziel getroffen hat. (Die Bälle werden beim Laufen mitgetragen und nach dem Treffen im Ziel gelassen). Im Freien kann die Runde bis zu 500 m betragen.	
	INHALT Treffgenauigkeit-Ausdauer		
	VER-HALTEN Einander unter-stützen		
100	SPIEL AUF MOBILE TORE	Als Tor dienen 3 bis 5 frei im Feld liegende Medizinbälle. Als Torerfolg zählt, wenn ein Medizinball mit dem Fussball getroffen wird. Das Spiel wird nach dem Tor ohne Anspiel fortgesetzt, aber die gleiche Mannschaft darf nicht zweimal hintereinander beim gleichen Medizinball ein Tor schiessen.	
	INHALT Dribbling und Zusammenspiel		
	VER-HALTEN Taktik		

60

Nr.	Name der Spielform Ziele / Akzente	Idee / Beschreibung	Hinweise / Organisation
101	SKIPPING	Ein Medizinball (Basketball) wird in der Vorhalte getragen: Kniehebelauf (Skipping), die Knie müssen den Ball jedesmal berühren. - Var.: Der Ball wird mit dem angehobenen Knie leicht in die Höhe gekickt und wieder gefangen.	
INHALT	Laufschulung Koordination		
VER-HALTEN	Spielregeln einhalten		
102	BALL-ARTIST	Die Beine führen ein Seitkreuzen aus. Dabei soll der Ball immer wieder seitwärts hochgeworfen und wieder gefangen werden. Die Beinarbeit darf dadurch nicht gestört werden.	
INHALT	Koordination		
VER-HALTEN	Konzentration		
103	EIGEN-PASS	Wer kann den Ball am weistesten nach vorn werfen, ihm nachlaufen und ihn selbst wieder auffangen, bevor er zu Boden fällt?	
INHALT	Flugbahnein-schätzung		
VER-HALTEN	Selbst-einschätzung üben		
104	"DIFFERENZLER"	Aufstellung in einem Glied. Auf Signal wirft jeder seinen Ball so weit wie möglich nach vorn, läuft ihm nach und sprintet mit dem Ball ins Ziel. Wer kommt zuerst an? - Auch: Die Reststrecke muss rückwärts, auf einem Bein etc. zurückgelegt werden. - Oder: Für die Reststrecke muss der Ball am Fuss geführt werden.	
INHALT	Schnelligkeit Wurfkraft		
VER-HALTEN	Vereinbarte Spielregeln einhalten		
105	BEIN-TORSCHUSS	B steht mit einem Ball hinter A, B rollt den Ball durch die gegrätschten Beine von A. A schaut vw und versucht, sobald er den Ball sieht, zu starten und den Ball noch einzuholen. - Dito, aber A im Sitz, B rollt den Ball neben A durch. - Dito, aber A mit Blick zu B. Sobald der Ball seine gegrätschten Beine passiert hat, macht A eine halbe Drehung und läuft dem Ball nach.	
INHALT	Schnelligkeit		
VER-HALTEN	Konzentration		

1.2.2 LAUFEN / Bälle (andere Formen)

Nr.	Name der Spielform / Ziele / Akzente	Idee / Beschreibung	Hinweise / Organisation
106	VERFOLGUNGSLAUF	A und B sitzen je auf einem Ball einander gegenüber, Abstand ca. 10 m. Auf Signal starten beide und laufen zwischen den Bällen hin und her, wobei die Bälle jedesmal mit dem Gesäss berührt werden müssen. Wer holt wen ein?	
	INHALT S-Ausdauer – Kraftausdauer		
	VER-HALTEN Man spürt den Ball am Gesäss!		
107	SITZ-STOPPBALL	A und B stehen an der Grundlinie nebeneinander und rollen je einen Medizinball (Basketball) nach vorne. Jeder versucht, den Ball des andern einzuholen und ihn durch Daraufsitzen zu stoppen. Die Bälle sollen so gerollt werden, dass dem Partner das Stoppen gerade noch gelingt.	
	INHALT Schnelligkeit		
	VER-HALTEN Wie du mir... so ich dir...		
108	DRIBBELARTIST GEGEN LAEUFER	A versucht, in der Zeit, in der B eine Runde läuft (evtl. mit dem Ball am Fuss), seinen Ball möglichst oft zu jonglieren (mit Fuss, Oberschenkel und Kopf). Rollenwechsel. Wer konnte häufiger jonglieren? - Dito, aber B läuft statt einer Runde eine gerade Strecke hin und zurück.	
	INHALT Schnelligkeit – Koordination		
	VER-HALTEN Jeder zählt ehrlich		
109	BALL-START	A in Bauchlage vor B. B wirft einen Ball über A hinweg, A startet, sobald er den Ball sieht (oder hört) und versucht, den Ball noch aufzufangen, bevor er zum zweitenmal auf den Boden prellt. - Verschiedene Startpositionen. - Verschiedene Wurfdistanzen. - auch mit Ballrollen.	
	INHALT Start Schnelligkeit		
	VER-HALTEN So werfen, dass A eine Chance hat!		
110	ENDLOSKETTE	A wirft den Ball zu B und überspurtet B, B wirft den Ball zu A und überspurtet A, etc. Welche Zweiergruppe hat den Platz zuerst 5 x überquert? Bei Ballverlust: 20 m zurück!	
	INHALT Schnelligkeit Werfen-Fangen		
	VER-HALTEN Kooperation		

Nr.	Name der Spielform / Ziele / Akzente	Idee / Beschreibung	Hinweise / Organisation
111	WERFEN ZU DRITT	A und B stehen hintereinander, C steht ihnen gegenüber. A wirft den Ball zu C und läuft zu C. C wirft zu B und schliesst hinter B an etc. - Werfen rechts und links und beidhändig. - Druckwurf. - Sprungwurf über Kopf. - Wurf aus der Tiefhalte hinter dem Rücken. - Stossen rechts und links. - Rollen. - Fussball spielen oder Ball am Fuss zur Gegenseite führen. - Hinüberprellen rechts, links, vorwärts, seitwärts, rückwärts. - Bogenwurf: mit linker Hand über rechte Schulter. - Durch die gegrätschten Beine rückwärts werfen. - Rückwärts durch die Bogenspanne über den Kopf werfen. - In Bauchlage zuwerfen. - Aus der Rückenlage mit Aufsitzen zuwerfen. - Aus dem Hockstand mit Strecksprung zuwerfen. - Im Schritt knien mit Bogenspannung rechts und links.	
INHALT	Ausdauer Versch. Wurfarten		
VER-HALTEN	Ausdauerndes Ueben		
112	DEN BALL WEGSCHNAPPEN	Alle Spieler führen einen Ball am Fuss (oder dribbeln mit einem Ball). Ein bis drei Fänger ohne Ball versuchen, einem anderen Spieler den Ball abzunehmen (korrekter Körpereinsatz!) und so ihn zum "Fänger" zu machen.	
INHALT	Peripheres Sehen		
VER-HALTEN	Gegebene Spielregeln einhalten		
113	SPIEGELBILD	Zu zweit: B ist das Spiegelbild von A: Rhythmische Folgen mit Prellen, Laufen und Hüpfen seitwärts, vorwärts, rückwärts, am Ort erfinden. A macht vor, B muss alles nachmachen.	
INHALT	Ballführung ohne visuelle Kontrolle		
VER-HALTEN	Führen (lassen)		

Nr.	Name der Spielform / Ziele / Akzente	Idee / Beschreibung	Hinweise / Organisation
114	STROMTURNEN	Stromturnen zur Musik. Paarweise, jeder mit einem Ball. Nach jeweils 8 Zeiten erfolgt der Einsatz fürs nächste Paar. Z.B. Auf 8 Zeiten vorwärts prellen, auf 8 Zeiten seitwärts, 8 Zeiten vowärts... - Oder: 8 Z seitwärts nach re, 8 Z rückwärts, 8 Z seitwärts nach re, 8 Z vorwärts, 8 Z seitwärts nach re.	
INHALT	Ausdauer – Rhythmus		
VER-HALTEN	Miteinander		
115	BALLWECHSEL	Jeder führt einen Ball am Fuss (oder dribbelt), frei auf relativ engem Raum. Auf Pfiff spielt jeder einen Flachpass nach aussen und versucht, einen neuen Ball zu erspurten. 2 bis 5 Bälle weniger als Schüler. Wer keinen Ball mehr erwischt, führt eine gymnastische Uebung aus (Dehnen - Kräftigen).	
INHALT	Schnelligkeit		
VER-HALTEN	Konzentration		
116	BALLJAGD	Der Lehrer (oder der Sieger des letzten Durchganges) spielt den Ball mit dem Fuss über die liegende (kniende, stehende...) Gruppe hinweg. Sobald der Ball am Boden aufprallt, darf gestartet werden. Wer schnappt sich den Ball?	
INHALT	Start – Schnelligkeit		
VER-HALTEN	Ohne Frühstart!		
117	FARBEN-START	Vier in einem Viereck aufgestellte Malstäbe werden mit Farben bezeichnet. Jeder Spieler führt innerhalb dieses Vierecks den Ball am Fuss (oder Dribbling). Auf Kommando "rot!" eilt jeder ohne Ball um den entsprechenden Pfosten und versucht, nachher wieder einen Ball zu erhaschen. Wer keinen Ball mehr erwischt, führt eine Dehn- oder Kräftigungsübung aus (2 bis 5 Bälle weniger als Spieler).	
INHALT	Schnelligkeit		
VER-HALTEN	Konzentration		
118	DIE RUHENDEN BAELLE	Die Bälle liegen in der Halle verstreut: Um die Bälle herumlaufen, sie überspringen, umkreisen... - Dito, zu zweit, in Gruppen (Schlangen). - Dito, aber sich auf Signal auf einen Ball setzen, sich in Balance halten auf dem Ball, Liegestütz auf dem Ball machen etc. - Wer hat zuerst 20 (alle) Bälle mit dem Gesäss berührt?	
INHALT	Ausdauer		
VER-HALTEN	Nicht immer am gleichen Ball!		

Nr.	Name der Spielform / Ziele / Akzente	Idee / Beschreibung	Hinweise / Organisation
119	PENDELLAUF	Die (Medizin-) Bälle liegen in einer Hallenhälfte verteilt. Auf Pfiff Start von der anderen Seite, Pendellauf zu 8 verschiedenen Bällen (immer wieder zur Grundlinie zurück). Welcher Läufer ist zuerst fertig? - Dito, aber bei jedem Ball muss eine Zusatzübung ausgeführt werden (z.B. Liegestütz, Strecksprung, Wechselhüpfen über den Ball...)	
INHALT	Schnelligkeit		
VER-HALTEN	Jeder zählt ehrlich für sich selbst		
120	BALLWURF PLUS ZUSATZAUFGABE	Jeder läuft kreuz und quer durch die Halle und wirft dabei ständig einen (Medizin-) Ball beidhändig vor dem Körper hoch. Auf Pfiff wird der Ball auf den Boden gelegt. Jeder Spieler muss danach 3 verschiedene Bälle berühren und zu seinem Ball zurücklaufen. Wer ist zuletzt fertig?	
INHALT	Schnelligkeit – Kraftausdauer		
VER-HALTEN	Spiel fair!		
121	BALLWURF PLUS ZUSATZAUFGABE	- Dito, aber die Spieler müssen sich auf 3 verschiedene Bälle setzen. - Dito, aber die Spieler müssen über 3 Bällen eine Liegestütz machen.	
INHALT	Schnelligkeit – Kraftausdauer		
VER-HALTEN	Eigene Formen suchen lernen		
122	GLUECKSTREFFER-LAUF	Jeder Schüler hat einen (Tennis-) Ball und absolviert eine ausgesteckte Runde bzw. einen Parcour. Nach jeder gelaufenen Runde darf 1 x auf ein Ziel (z.B. in einen Korb) geworfen werden. Jede Runde und jeder Treffer zählen je 1 Punkt. Wer erzielt zuerst x Punkte? Wer hat zuerst soviele Punkte, wie er Jahre alt ist? Wer hat nach 5 Min. mehr Punkte?	
INHALT	Ausdauer – Zielwurf		
VER-HALTEN	Ehrlich selber zählen		
123	HOL-DEN-BALL	Möglichst viele Bälle (oder andere Gegenstände, z.B. Bändchen) liegen hinter der Grundlinie. Die Klasse stellt sich paarweise auf der anderen Seite auf. Auf Pfiff holen beide abwechslungsweise jeweils einen Ball. Welches Paar holt am meisten Bälle?	
INHALT	Ausdauer		
VER-HALTEN	Begegnung		

1.3 LAUFEN / Springseil

Nr.	Name der Spielform / Ziele / Akzente	Idee / Beschreibung	Hinweise / Organisation
124	SKIPPING-LAUF	A hält ein Seil um den Bauch und sprintet vorwärts, B hält die Seilenden und bremst. - Dito, aber plötzlich lässt B ein Seilende los, so dass der Widerstand wegfällt. A muss blitzschnell reagieren und wegsprinten, ohne vornüberzufallen.	
	INHALT: Start Schnelligkeit		
	VER-HALTEN: Gegenseitig Rücksicht nehmen		
125	SEIL-SUCHE	Alle Schüler laufen seilspringend durch die Halle. Auf Signal lässt jeder sein Seil fallen und setzt sich so schnell wie möglich auf ein anderes. Wer wird letzter oder wer erwischt kein Seil mehr? "Strafübung" ausführen.	
	INHALT: Ausdauer Schnelligkeit		
	VER-HALTEN: Seil nicht wegwerfen!		
126	SEILRENNEN ZU DRITT	A sitzt am Boden und hält das Seil um den Bauch. B und C ziehen ihn zur Gegenseite. Jeder wird 1 x, 2 x... gezogen. Welche Gruppe ist zuerst fertig?	
	INHALT: Kraftausdauer		
	VER-HALTEN: Erlebnis		
127	SCHWANZTRETEN	Jeder hat das Springseil in den Hosenbund gesteckt und versucht, dem andern aufs Seil zu stehen, so dass das Seil herausfällt. - Jeder gegen jeden. - 1 gegen 1. - Gruppenwettkampf auf Zeit: Wie lange braucht Gruppe A, bis alle Spieler von Gruppe B den Schwanz verloren haben?	
	INHALT: Schnelligkeit Koordination		
	VER-HALTEN: Spielregeln genau einhalten!		
128	BLINDEN-HUND	Paarweise das Seil an den Enden fassen und frei in der Halle herumlaufen, wobei einer immer den anderen führt. - Zusammenstösse vermeiden! - Der hintere von beiden schliesst die Augen, der vordere spielt Blindenhund. - Als Paar-Fangis.	
	INHALT: Körper- und Raumgefühl		
	VER-HALTEN: Kooperation Helfen		

Nr.	Name der Spielform / Ziele / Akzente	Idee / Beschreibung	Hinweise / Organisation
129	LAEUFER GEGEN SEILSPRINGER	Mannschaft A läuft während 5 Min. möglichst viele Runden, während Mannschaft B gleichzeitig versucht, möglichst oft seilzuspringen. Welche Gruppe hat nach dem Wechsel mehr Punkte? Angleichung: Jeweils 100 Durchzüge werden als ein Punkt bewertet. - Auch 1 gegen 1 (A läuft, B springt mit dem Seil).	
INHALT	Ausdauer		
VER-HALTEN	Ehrlich Punkte zählen		
130	CHINESISCHE MAUER	Der "Baumeister" steht in einer 2 bis 3 m breiten Mittelzone und versucht, die hin und her laufenden Spieler abzuschlagen. Wer gefangen ist, wird zum Baustein und muss sich seilspringend in die Mittelzone stellen, bis alle gefangen sind. Gefangen = Berührt vom Baumeister, von einem Baustein oder von dessen Springseil. Wer macht am meisten Läufe? Wer überlebt?	
INHALT	Schnelligkeit		
VER-HALTEN	Bei Berührung keine Diskussion		
131	MIT DEM FEUER GESPIELT	A springt an Ort mit dem Seil, B kommt seilspringend auf A zu (spielt mit dem Feuer). Sobald das Seil von A jenes von B berührt, lassen beide das Seil fallen. B dreht sich um und flieht, A läuft ihm nach.	
INHALT	Schnelligkeit		
VER-HALTEN	Die Seile nicht wegwerfen (Gefahr)		
132	KREIS GEGEN KREIS	Zwei Kreise laufen seilspringend in entgegengesetzter Richtung auf einem inneren und äusseren Kreis. Auf Signal lassen alle ihr Seil fallen, der äussere Kreis flieht (zu den Hallenwänden o.ä.), der innere Kreis versucht, möglichst viele Spieler des Aussenkreises zu fangen, bevor jene das Freimal erreichen. Mehrere Durchgänge, dann Rollenwechsel. Welche Partei hat mehr Fänge gemacht?	
INHALT	Schnelligkeit – Reaktion		
VER-HALTEN	Vorsicht: Seile nicht wegwerfen		
133	SEILKETTE	Stafette in 4er-Gruppen: A läuft seilspringend zum Malstab auf der anderen Seite, knüpft sein Seil daran, hüpft 4 x über das am Boden liegende Seil und läuft zurück. B läuft seilspringend zum angeknüpften Seil, knüpft sein Seil an jenes von A, hüpft 4 x darüber und läuft zurück. Dito für C und D. Danach knüpft A das Seil von D los und läuft seilspringend zurück, etc. Welche Gruppe ist zuerst?	
INHALT	Schnelligkeit – Koordination		
VER-HALTEN	Kooperation		

Nr.	Name der Spielform / Ziele / Akzente	Idee / Beschreibung	Hinweise / Organisation
134	TANZENDE REIFEN	Jeder Schüler lässt seinen Reif "tanzen". (Der Reif wird auf den Boden gestellt und durch rasches Andrehen mit der Hand zum Kreiseln gebracht). Die Schüler laufen frei durch die Halle und drehen im Laufen die Reifen immer wieder an, so dass alle Reifen "tanzen" und keiner "abstirbt".	
	INHALT: Ausdauer		
	VER-HALTEN: Konzentration		
135	STEG BAUEN	Klasse in 2 bis 3 Gruppen aufgeteilt, jeder Schüler mit einem Reif: Auf Signal läuft die ganze Gruppe eine Runde und darf danach den ersten "Stein" (= Reif) ins Wasser legen. Nach jeder gelaufenen Runde wird ein Stein mehr angehängt. Welche Gruppe hat zuerst den ganzen Steg gebaut und kann über ihn auf die andere Seite ins Ziel gelangen?	
	INHALT: Ausdauer		
	VER-HALTEN: Kooperation		
136	MONZA-START	Jeder mit einem Reif hinter der Grundlinie. Die Reifen werden nach vorne gerollt. Wer kann mit Nachlaufen am längsten warten und den Reif trotzdem noch einholen, bevor er die gegenüberliegende Grundlinie überquert? - Dito, aber vor dem Starten muss eine Zusatzübung ausgeführt werden, z.B. Bauchlage, 1/1-Drehung, Wand berühren...	
	INHALT: Schnelligkeit		
	VER-HALTEN: Selbsteinschätzung		
137	REIFWECHSEL	Zu zweit, je auf einer Grundlinie der Hallenlänge gegenüber, mit je einem Reif: Auf Signal versetzen beide ihren Reif in Bewegung und versuchen, den Reif des Partners auf der anderen Seite zu erreichen, bevor der zu Boden fällt. - Dito, aber zuerst den eigenen Reif 1 x umlaufen, umhüpfen, dann erst laufen. - Auch im Dreieck zu dritt möglich.	
	INHALT: Schnelligkeit		
	VER-HALTEN: Zusammenarbeit		
138	REIFENFANGIS	2 bis 4 Schüler als Fänger markiert, 10 Schüler mit einem Reif und 10 Schüler ohne. Nur wer den Reif in den Händen hält, kann gefangen werden. Die Reiftragenden versuchen daher, möglichst rasch einen Mitspieler mit dem Reif zu berühren, um den Reif weitergeben zu können. Wer gefangen wird, übernimmt die Fängermarkierung und gibt dem Fänger den Reif.	
	INHALT: Schnelligkeit – Ausdauer		
	VER-HALTEN: Einander gegenseitig helfen		

Nr.	Name der Spielform / Ziele / Akzente	Idee / Beschreibung	Hinweise / Organisation
139	SCHLANGENGRUBE	(= Var. Schwarzer Mann). 5 bis 6 Spieler (Schlangen) stehen in ihrem Reif (Schlangengrube), welchen sie irgendwo in der Halle plazieren dürfen. Die anderen Spieler stehen mit einem Ball (oder mit Unihoc-Schläger und Ball) an einer Stirnseite und versuchen, dribbelnd die andere Seite zu erreichen, ohne von der Schlange gebissen (berührt) zu werden. Wer gebissen wird, holt sich einen Reif und wird auch zur Schlange.	
	INHALT Schnelligkeit		
	VER-HALTEN Taktik		
140	VARIATION ZU SCHLANGENGRUBE	- Evtl. muss den Schlangen verboten werden, mehr als vier Reifen in eine Reihe zu legen, d.h., eine Kette zu bilden. - Je nach Spielverlauf kann den Schlangen erlaubt oder verboten werden, mit einem Fuss die Schlangengrube zu verlassen. - Wird dieses Spiel mit Unihoc-Schlägern durchgeführt, so besitzen auch die Schlangen einen Stock und versuchen, den Läufern den Ball wegzuspielen. Wer den Ball verliert, wird Schlange.	wie Nr. 139
	INHALT Schnelligkeit		
	VER-HALTEN Taktik		
141	EIER LEGEN	Zwei Parteien: Die Angreifer versuchen, den Ball in einen unbesetzten Reifen zu legen. Die Verteidiger verhindern dies, indem sie jeweils mind. einen Fuss in den Reif setzen (3 Reifen mehr als Verteidiger). Können die Verteidiger den Ball wegschnappen, werden sie zu Angreifern. Nach Punkteerfolg läuft das Spiel weiter, aber der Reif muss gewechselt werden. - Fussball: Ball mit Fussohle im Reif fixieren.	
	INHALT Schnelles, sauberes Zusammenspiel		
	VER-HALTEN Taktik		
142	STROM-REIFEN-LAUF	A lässt sich von B in der Halle führen. A darf den Reifen nicht berühren, als ob dieser "Starkstrom" leiten würde. Danach Wechsel der Aufgabe	
	INHALT Reagieren auf taktiles Signal		
	VER-HALTEN Vertrauen in den Partner üben		
143	MAGNET-REIFEN-LAUF	A darf sich "frei" bewegen, während B den Reifen so führen muss, dass dieser A nie berührt. Danach Wechsel der Aufgabe. Tempo und Richtung häufig variieren	
	INHALT Reagieren auf den Partner		
	VER-HALTEN Vertrauen		

1.5 LAUFEN / Gymnastikstab

Nr.	Name der Spielform / Ziele / Akzente	Idee / Beschreibung	Hinweise / Organisation
144	FENSTER-LAUF	Laufen in der Halle, jeder zweite hat einen Stab: Auf Zeichen knien die Stabträger nieder und halten den Stab waagrecht in der Vorhalte. Die anderen laufen zu einem Stab und klettern durch das "Fenster" durch. - Dito, aber der Stab wird senkrecht in der Seitgrätschstellung gehalten.	
INHALT	Ausdauer Beweglichkeit		
VER-HALTEN	Stab ruhig halten!		
145	KIPP-LAUF	A stellt sich den eigenen Stab möglichst ins Gleichgewicht. Sobald er den Stab loslässt, darf er starten. Wie weit kommt er, bis sein fallender Stab den Boden berührt? B kontrolliert. Rollenwechsel. Wer kommt am weitesten?	
INHALT	Start-Schnelligkeit		
VER-HALTEN	Fairness		
146	TANDEM	Die Stäbe liegen in der Halle verstreut: Je zwei Uebende laufen als Paar hintereinander (Tandem) kreuz und quer durch die Halle und um die Stäbe herum. Nur so schnell "fahren", dass das Tandem zusammenhält. Leise laufen (Ballenlauf).	
INHALT	Ausdauer		
VER-HALTEN	Begegnung		
147	VARIATION ZU TANDEM	- Dito, Laufen mit Anheben der Knie, "kräftig in die Pedale treten"! Welches Tandem knarrt denn da? (Trampelt laut). - Dito, Die Stäbe überfahren (überlaufen, überspringen, Schluss-sprünge, Einbeinsprünge...). - Dito, Welches Tandem überfährt die meisten Hindernisse in 2 Min.? (Das Tandem muss immer zusammenbleiben). Dabei achten auf federnden Absprung und weiche Landung.	wie Nr. 146
INHALT	Laufschulung		
VER-HALTEN	Begegnung		
148	STOCKTREIB-STAFFEL	3er- oder 4er-Gruppen, pro Gruppe mind. 3 Stäbe: Einen Stab mit zwei weiteren Stäben auf dem Boden vorwärts (rück-wärts) rollen. - Als Umkehrstafette. - Als Pendelstafette.	
INHALT	Schnelligkeit-Koordination		
VER-HALTEN	Alles mit der Ruhe		

Nr.	Name der Spielform / Ziele / Akzente	Idee / Beschreibung	Hinweise / Organisation
149	POLONAISE	Zweierkolonne, die Paare nebeneinander tragen jeweils einen Stab. Das hinterste Paar startet, läuft unter allen Toren durch (oder überspringt alle Stäbe) und schliesst zuvorderst an. Die Kolonne befindet sich dabei in leichtem Trab. - Tore bilden und untendurchkriechen. - Stäbe 20 bis 30 cm über Boden gehalten: überspringen. - Sprung- und Laufart wechseln.	
INHALT	Ausdauer		
VER-HALTEN	Stäbe vorsichtig tragen/Rücksicht!		
150	HUERDEN-LAUF	Die Uebenden laufen in einer Kolonne (oder zwei kleinere Kolonnen), jeder hält seinen Stab rechts gefasst. Auf ein Zeichen kniet der Vorderste nieder und hält den Stab so über dem Boden, dass alle darüberspringen können. Nachdem alle gesprungen sind, ordnet er sich zuhinterst in der Kolonne wieder ein. Auf das nächste Zeichen kniet der neue Führer nieder etc.	
INHALT	Ausdauer		
VER-HALTEN	Stab ruhig halten (Keine Fallen!)		
151	TRANSPORT-STAFETTEN	Dreier-Gruppen: a) A und B halten den Stab, C setzt sich darauf und wird getragen. b) C in Rückenlage, Stab in Hochhalte gefasst: A und B ziehen ihn. c) C in Bauchlage, Stab in Hochhalte gefasst: A und B ziehen ihn. Stafette: Jeder soll eine Länge getragen bzw. gezogen werden.	
INHALT	Kraft		
VER-HALTEN	Kooperation		
152	STAFETTE ZU DRITT	1. A läuft mit dem Stab zur gegenüberliegenden Grundlinie und hält den Stab waagrecht. 2. B startet, sobald A dort ist, läuft zu A und knüpft ein Spielband an den Stab. Danach läuft B zurück und übergibt mit Handschlag an C. 3. C läuft zu A und knüpft das Band wieder los. 4. A und C laufen gemeinsam bis ins Ziel.	
INHALT	Schnelligkeit		
VER-HALTEN	Gemeinsam wetteifern		
153	RINGHOCKEY	Spielgedanke wie im "Unihoc". Als Schläger dienen Stäbe, den Puck stellt ein Tennisring dar. Tore = zwei umgekippte Langbänke. Der Ring darf nicht über Hüfthöhe geschleudert werden. Bei blockiertem Ring erfolgt Bulli. Nur der Torhüter darf den Ring in die Hand nehmen, muss ihn aber nach 3 Sek. spätestens wieder abspielen. Hoher Stab wird mit Freistoss geahndet.	
INHALT	Vorb. Unihoc – Ausdauer		
VER-HALTEN	Stäbe nie über Kopfhöhe tragen		

Nr.	Name der Spielform / Ziele / Akzente	Idee / Beschreibung	Hinweise / Organisation
154	FUCHSSCHWANZ-JAGD	Mehrere Spieler (3 bis 5) erhalten einen Fuchsschwanz (Bändchen) angehängt und dürfen losrennen. Die andern zählen dann bis 10 und versuchen, einen Schwanz zu ergattern und damit selbst zum Fuchs zu werden.	
	INHALT Schnelligkeit-Ausdauer		
	VER-HALTEN Fairness		
155	SCHWANZFANGIS VERKEHRT	Gewöhnliches Fangis, aber die Fänger erhalten einen Schwanz (Bändchen im Hosenbund). Wer von den Spielern gefangen wird, muss eine Strafübung bis zur Erlösung ausführen. Kann ein Spieler einem Fänger den Schwanz entreissen, ohne dabei selbst gefangen zu werden, sind alle wieder (von der Strafübung) erlöst.	
	INHALT Schnelligkeit		
	VER-HALTEN Helfen		
156	HASENJAGD	1 bis 5 Spieler sind Hasen und stecken sich einen Schwanz in den Hosenbund. Die Jäger versuchen, den Hasen die Schwänze zu entreissen, ohne sie zu berühren. Die Hasen können die Jäger durch Berührung verbannen: Gefangene Jäger werden zu Hasen und holen auch einen Schwanz. Wie lange dauert es, bis alle Jäger Hasen geworden sind bzw. bis alle Hasen ihren Schwanz verloren haben? (Tote Hasen werden zu Jägern).	
	INHALT Schnelligkeit-Ausdauer		
	VER-HALTEN Spielregeln genau einhalten		
157	STARTFANGIS	Die Läufer stellen sich auf der Grundlinie auf, ein Fänger steht auf der gegenüberliegenden Seite. Auf Pfiff starten alle: die Läufer rennen zur Gegenseite, der Fänger zu einem auf der 3-m-Linie liegenden Band, das er aufhebt und mit dem er versucht, einen oder mehrere Läufer abzuschlagen (bevor diese die Linie erreicht haben). Wer gefangen ist, holt ein Band und hilft fangen. Wer überlebt am längsten?	
	INHALT Schnelligkeit		
	VER-HALTEN Wer ist zuerst Fänger?		
158	AUSRAUBEN	Während einer für die Schüler nicht bekannten Zeit versuchen beide Parteien von der Gegenseite möglichst viele Bändchen (oder andere Gegenstände) zu rauben. Pro Lauf darf nur ein Band mitgenommen werden. - Behinderung des Gegners ist erlaubt. - Behinderung des Gegners ist nicht erlaubt.	
	INHALT Schnelligkeit-Ausdauer		
	VER-HALTEN Behindern ja, aber fair!		

Nr.	Name der Spielform / Ziele / Akzente	Idee / Beschreibung	Hinweise / Organisation
159	JAEGER UND HASEN (Variation)	Die Jäger verteilen sich in der oberen Hallenhälfte zwischen Mittel- und Grundlinie. Die Hasen starten bei der Sprossenwand, jeder mit einem Spielband, und versuchen, eine Runde (um die Pfosten, zur Wand hinter den Jägern und zurück zur Sprossenwand) zu laufen, ohne von den Jägern, welche einen (oder 2) Ball (Bälle) haben, getroffen zu werden. Jeder nicht getroffene Hase darf danach sein Spielband auf die unterste Sprosse hängen. Jeder weitere gelungene Lauf erlaubt dem Hasen, sein Spielband eine Sprosse höher zu hängen (Wer abgeworfen wird, läuft die Runde fertig, aber lässt das Band, wo es ist). Welcher Hase hat sein Spielband zuerst auf der obersten Sprosse? - Var.: Aber die ganze Hasengruppe muss versuchen, in möglichst kurzer Zeit 5 Bändchen auf der obersten Sprosse zu haben. Welche Hasen brauchten nach Rollenwechsel weniger lang dafür? (Dabei läuft jeder Hase für sich, 1 Runde = 1 Sprosse).	
	INHALT Ausdauer		
	VER-HALTEN Taktik		
160	GIB ES WEITER	3 bis 5 Spielbänder (oder beliebige andere Gegenstände, z.B. Stäbe, Keulen, Hüte, etc.) werden so schnell wie möglich weitergegeben. Wer bei Musikstopp einen Gegenstand besitzt, hat ein Leben verloren bzw. muss eine Strafaufgabe lösen. (Wer mit dem Band berührt wurde, muss es annehmen).	
	INHALT Schnelligkeits-ausdauer		
	VER-HALTEN Zum "Schicksal" stehen!		
161	GLUCKE UND GEIER	3 bis 5 Spieler stehen hintereinander und fassen sich um die Hüfte (= Glucke). Der hinterste Spieler hat ein Band im Hosenbund, der vorderste breitet die Arme aus. Vor der Glucke steht der Geier. Er versucht, durch kluges Laufen und Täuschen der Glucke den Schwanz zu entreissen. - Var.: Es gibt keinen Geier. Die Glucken versuchen, sich gegenseitig den Schwanz zu entreissen.	
	INHALT Schnelligkeits-ausdauer		
	VER-HALTEN In der Gruppe mitdenken		
162	BAENDELFANGIS	Ein Fänger versucht, einen Verfolgten mit dem Spielband abzuschlagen. Gelingt dies, lässt er das Band fallen. Der Geschlagene ergreift das Band und wird neuer Fänger. - Mit mehreren Fängern, evtl. in 2 Spielfeldern.	
	INHALT Schnelligkeit (Aktion/Reaktion)		
	VER-HALTEN Fair spielen... Fair verlieren...		

Nr.	Name der Spielform / Ziele / Akzente	Idee / Beschreibung	Hinweise / Organisation
163	FANGIS UM DIE LANGBANK	Fangspiel rund um eine Bank in kleineren Gruppen. Es darf in beiden Richtungen gelaufen werden, aber man darf sich nicht von der Bank entfernen. Die Bank darf nicht übersprungen werden. - Var.: Die Bank darf nur von den Fängern übersprungen werden. - Var.: Die Bank darf von allen übersprungen werden.	
INHALT	Schnelligkeit– Sprunggewandtheit		
VER-HALTEN	Spielregeln einhalten!		
164	KOENIGSTRANSPORT	4er- oder 5er-Gruppen: Welche Gruppe hat zuerst jedes Gruppenmitglied eine Runde (eine Hallenlänge) auf der Bank getragen?	
INHALT	Kraft		
VER-HALTEN	Kooperation		
165	PLANET-UMKREISUNG	3er- bis 6er-Gruppen: Sitz gruppenweise hintereinander auf der Langbank. Auf Kommando laufen alle nach vorne weg, umkreisen 1x, 2x, 3x ihren "Planeten" (= Langbank) und steigen mit grätschten Beinen wieder, nach vorne in den Sitz.	
INHALT	Schnelligkeit		
VER-HALTEN	Begegnung		
166	KREUZSTAFETTE	Gruppenweise auf einer Langbank sitzend: Je die Hintersten laufen um alle vier Langbänke herum und übergeben dem nächsten das Spielband (und setzen sich zuvorderst auf die Bank). - Als Uebergabe- oder Abholstafette. - Die ganze Gruppe hat gemeinsam 1,2 ... Runden zurückzulegen. - Als Nummernwettlauf.	
INHALT	Schnelligkeit		
VER-HALTEN	Begegnung		
167	VARIATION KREUZSTAFETTE	Ohne Langbänke. 3 bis 4 Gruppen bilden je liegend einen Kreis (evtl. müssen die Füsse auf einer markierten Kreislinie liegen). Auf Pfiff laufen die Startläufer über alle Gruppenmitglieder hinweg bis zu ihrem Startplatz zurück und berühren den vor ihnen liegenden Mitspieler, der nun im Kreis herumläuft. Bei welcher Gruppe ist zuerst jeder 1x, 2x gelaufen?	
INHALT	Schnelligkeit – Koordination		
VER-HALTEN	Rücksicht trotz Wettbewerb!		

Nr.	Name der Spielform / Ziele / Akzente	Idee / Beschreibung	Hinweise / Organisation
168	DOPPEL-HINDERNIS	Freies Laufen und Springen um und über die Langbänke. Auf Musik-stop müssen alle auf einer Schmalkante verharren bis die Musik weiterläuft. - Dito, aber "Böckli"-Springen über einen Kameraden, der in Grätschstellung auf der Schwebekante steht (schwierig!). - Dito, aber einen Kollegen, welcher in Bankstellung über der Lang-bank kniet, auf der Schmalkante übersteigen.	
	INHALT Ausdauer- Koordination		
	VER-HALTEN Gegenseitig Rück-sicht nehmen!		
169	PLATZWECHSEL	Die Uebenden stehen auf vier Bänken. Auf ein Zeichen hin werden die Plätze gewechselt. a) Alle Gruppen wechseln zur rechten nächsten Bank (verschiedene Gangarten, auch Huckepack, etc.). b) Alle machen eine Rechtswendung, laufen in dieser Richtung um das Viereck und stellen sich auf ihrer Bank wieder auf. c) Zwei gegenüberstehende Gr. wechseln ihre Plätze mögl. schnell.	
	INHALT Schnelligkeit		
	VER-HALTEN Begegnung		
170	VARIATION – PLATZWECHSEL	- Von der Bank nach hinten herunterspringen, die äussersten heben die Bank an, die anderen kriechen untendurch, und alle nehmen wieder Aufstellung wie vorher. - Von der Bank nach vorne herunterspringen, die äussersten heben die Bank an, die anderen kriechen untendurch nach hinten, jetzt wird die Bank abgestellt, alle springen darüber, laufen zur ande-ren Seite und nehmen auf der anderen Bank in Linie Aufstellung.	
	INHALT Schnelligkeit- Kraft		
	VER-HALTEN Kooperation		
171	SPRUNGSCHULUNG MIT LANGBAENKEN	a) Die Medizinbälle auf den Bänken überspringen und auch den Graben zwischen den beiden Bänken. b) Anlauf schräg zur Langbank und die Medizinbälle mit Scher-sprüngen überwinden. c) Im Huckepack und in der Schubkarre über die Bänke gehen. d) Rhythmisches Ueberspringen (z.B. 3-Schritt-Rhythmus), auch mit Hock-Schlusssprüngen. e) Ueberlaufen und Ueberspringen der Langbänke in verschiedenen Sprungrhythmen. f) Ueberspringen von zwei aufeinandergestellten Langbänken (Achtung) g) Hürdenlauf-ähnliches Ueberlaufen der Langbänke, Nachziehbein über die Medizinbälle führen. h) Hockwenden, Rad sw über die Langbänke und Medizinbälle.	
	INHALT Allgemeine Sprungschulung		
	VER-HALTEN Fröhliches Training in der Gruppe		

1.7 LAUFEN / Langbank

Nr.	Name der Spielform / Ziele / Akzente	Idee / Beschreibung	Hinweise / Organisation
172	LANGBANKFANGIS	3 bis 4 Fänger liegen bei der Hallenwand auf dem Bauch. Die Spieler verteilen sich im Feld. Fänger 1 startet und fängt möglichst rasch einen Spieler. Sobald er jemanden erwischt hat, startet Fänger 2, Fänger 1 wird Spieler. Der von Fänger 1 Gefangene legt sich nun bei Fänger 3 auf den Boden und wartet, bis er zum Fänger wird. Die Bänke dürfen nicht übersprungen werden. - Oder nur die Fänger dürfen über die Bänke.	
INHALT	Schnelligkeit		
VER-HALTEN	Spielregeln einhalten!		
173	VERFOLGUNGS-DRIBBLING	A und B starten gegenüber und dribbeln in gleicher Richtung um die Langbank herum. Wer holt wen ein? Richtungswechsel nach einer Minute oder in kurzen, unregelmässigen, vom Lehrer bekanntgegebenen Abständen. Var.: Abstände selber bestimmen	
INHALT	Dribbling S-Ausdauer		
VER-HALTEN	Spielregeln einhalten!		
174	SLALOM-VARIANTEN	4 bis 5 Langbänke werden in regelmässigen Abständen quer in die Halle gestellt. Die Schüler laufen in einer Kolonne, jeder mit seinem Ball: - Laufen im Slalom um die Langbänke mit Prellen. - Slalom-Laufen auf den Bänken, den Ball auf einer Seite auf dem Boden prellen. - Laufen auf der Bank, den Ball auf der Bank prellen.	
INHALT	Ausdauer Ballgeschick.		
VER-HALTEN	Gegenseitig Rücksicht nehmen		
175	BALL-HINDERNIS-LAEUFE	Die Spieler stehen in Linie zu einem Glied auf der Turnhallenbreitseite. Auf der gegenüberliegenden Seite steht vor jeder Gruppe eine Bank quer. Auf ein Zeichen laufen die Gruppen los. Bei der Bank heben die äusseren die Bank hoch, die übrigen kriechen unten durch, die Bank wird abgesetzt und alle laufen wieder zurück hinter die Linie.	
INHALT	Schnelligkeit		
VER-HALTEN	Kooperation		
		Eigene Idee:	
INHALT			
VER-HALTEN			

Nr.	Name der Spielform / Ziele / Akzente	Idee / Beschreibung	Hinweise / Organisation
176	AFFE UND PANTER	Der Panter liegt ca. 5 m vor der Kletterstange, der Affe steht davor: Auf Pfiff klettert der Affe so schnell wie möglich in die Höhe, der Partner sprintet zur Kletterstange und versucht, den davonkletternden Affen noch zu berühren. Rollenwechsel. Wer macht mehr Fänge?	
	INHALT: Klettern – Schnelligkeit		
	VER-HALTEN: Vorsicht auf die Hände des "Panters"		
177	STAFETTE MIT SPROSSENWAND	3er- bis 5er-Gruppen. Parallel zu der Sprossenwand stehen Langbänke im Abstand von 10 bis 15 m. Die Gruppen stehen hinter der Langbank je vor einer Sprossenwand: Die ersten jeder Gruppe starten, springen über die Langbank und hängen ein Spielband auf die unterste Sprosse. Zurücklaufen, untendurchkriechen und übergeben. Bei welcher Gruppe hängt das Band zuerst auf der obersten Sprosse? (Band pro Lauf eine Sprosse höherhängen).	
	INHALT: Schnelligkeit – Koordination		
	VER-HALTEN: Nicht zu früh starten!		
178	BAENDER-WETTLAUF	2er- bis 4er-Gruppen, pro Gruppe ein Spielband auf der untersten Sprosse. Pro gelaufene Runde darf jeder der Gruppe das Band eine Sprosse höherhängen. Welche Gruppe hat ihr Band zuerst zuoberst? - Var.: In jeder Runde muss bis zur Marke A oder B geklettert werden. Marke A = Band 1 Sprosse höherhängen; Marke B = 2 Sprossen. Jeder entscheidet selber, ob er bis zu Marke 2 klettern will oder lieber eine Runde mehr läuft.	
	INHALT: Ausdauer		
	VER-HALTEN: Taktik		
179	KNIEHEBE-LAUF	2 Schüler pro Sprossenwandteil laufen an Ort. Nach jedem Schritt muss die 2. (3./4./5.) Sprosse mit dem andern Fuss angetippt werden. Wer hat zuerst 20 Berührungen?	
	INHALT: Kraftausdauer der Beine		
	VER-HALTEN: Spielregeln genau einhalten!		
180	WECHSELSCHRITT	Der erste Schritt (rechtes Bein) geht auf die 3. (4./5./6.) Sprosse, der zweite Schritt (linker Fuss) geht auch auf die gleiche Höhe. Der rechte Fuss berührt wieder den Boden; dann der linke, usw. Fortgesetzt. - Als Rhythmusübung. - Als Wettbewerb.	
	INHALT: Koordinations-fähigkeit		
	VER-HALTEN: Konzentrations-fähigkeit		

Nr.	Name der Spielform / Ziele / Akzente	Idee / Beschreibung	Hinweise / Organisation
181	PURZELBAUM-STAFETTE	3er-Gruppen, vor jeder Gruppe liegen zwei Matten mit einem Abstand von 10 bis 20 m: Rolle vorwärts, laufen um den Pfosten, Rolle rückwärts, zurücklaufen und das Spielband dem nächsten übergeben. Welche Gruppe hat zuerst 3 Durchgänge?	
INHALT	Schnelligkeit-Koordination		
VER-HALTEN	Technisch saubere Rollen ausführen		
182	TROCKENE FUESSE	2er- oder 3er-Gruppen: Jede Gruppe hat zwei Matten, welche über eine bestimmte Distanz transportiert werden müssen. Dabei darf kein Gruppenmitglied den Boden berühren.	
INHALT	Kraft		
VER-HALTEN	Kooperation		
183	MATTENFUSSBALL	Gruppe A spielt gegen Gruppe B Fussball. Jede Gruppe hat zwei Matten mit je einem Torhüter darauf. Die Matten dürfen von den übrigen Spielern nicht betreten werden. Ziel des Spiels ist es, dem eigenen Torwart den Ball so zuzuspielen, dass der ihn auf der Matte fangen kann. Nach Torerfolg gibt es Anstoss an der Mittellinie. - Var.: Es wird mit zwei Bällen gespielt.	MATTEN
INHALT	Fussball - Ausdauer		
VER-HALTEN	Taktik		
184	MATTEN-FUSS-SCHNAPPBALL	Zwei Mannschaften, ein Ball: Jede Mannschaft versucht, den Ball zu behalten und Tore zu erzielen, d.h. einem Mitspieler, der mit mind. einem Fuss auf einer Matte steht, den Ball zuzuspielen. Der Ball muss auf der Matte gestoppt werden können. - Dito, aber mit Werfen und Fangen (3 bis 5 Matten, welche für beide Mannschaften als Tore benutzt werden dürfen).	
INHALT	Ballge-schicklichkeit		
VER-HALTEN	Taktik		
185	MATTENFUSSBALL/ MATTENHANDBALL	Zwei oder drei Mannschaften: Als Tore dienen gegen die Wand gelehnte Matten. Gruppe A spielt gegen Gruppe B Fussball (Handball). Gruppe C bewacht die "Tore". Spiel mit drei Mannschaften: Wird ein Tor erzielt, wechseln alle Torhüter ins Feld, die Feldpartie, welche das Tor erhalten hat, wird zu Torhütern.	
INHALT	Ausdauer		
VER-HALTEN	Taktik		

Nr.	Name der Spielform / Ziele / Akzente	Idee / Beschreibung	Hinweise / Organisation
186	ROLLEN-WECHSEL-SPIEL	Spiel mit zwei Mannschaften: Jede Mannschaft stellt 3 (4) Feldspieler und ebensoviele Torwarte. Wird ein Tor erzielt, wechseln alle Feldspieler der anderen Partei in ihre Tore und die Torhüter werden zu Feldspielern (Fussball- oder Handballregeln). - Var.: Es gibt mehr Tore als Feldspieler, d.h. die Torhüter müssen sich verschieben. - Var.: Es wird mit 2 Bällen gespielt.	
INHALT	Ausdauer		
VER-HALTEN	Taktik		
187	MATTENFANGIS	2 bis 3 Fänger versuchen, die anderen zu fangen. Die Hasen haben die Zusatzaufgabe, ein bis zwei dicke Matten (oder 5 bis 10 dünne Matten) aufrecht zu halten. Fällt eine Matte um, haben die Fänger gewonnen. Wer gefangen ist, wird zum Fänger.	
INHALT	Ausdauer		
VER-HALTEN	Kooperation		
188	MATTENSCHIEBER	Eine dicke Matte liegt in der Hallenmitte und soll über die gegnerische 3-m-Linie (oder Grundlinie) getrieben werden. Die zwei Gruppen stehen sich diagonal gegenüber. Es starten abwechslungsweise einer (zwei) von Gruppe A, dann einer von Gruppe B. Durch weite Sprünge (Sitzlandung) auf die Matte (glatte Seite nach unten) soll diese verschoben werden.	
INHALT	Sprungkraft		
VER-HALTEN	Erlebnis		
189	MATTENSCHIEBER – VARIATION	2 bis 3 Gruppen (je nach Anzahl vorhandener dicker Matten): Die ersten beiden jeder Gruppe starten und springen so auf die Matte, dass sie möglichst weit in Richtung andere Wand rutscht. Ist die Matte zum Stillstand gekommen, laufen die beiden zurück zur Gruppe. Die nächsten beiden starten und bewegen die Matte durch ihren Hecht weiter dem Ziel entgegen. Welche Gruppe hat ihre Matte zuerst über der Linie?	
INHALT	Sprungkraft		
VER-HALTEN	Erlebnis		
190	MATTENFANGIS	Jedes Paar hat eine Matte mitzutragen. Im übrigen wie gewöhnliches Fangis. Gefangene werden zum Fänger.	
INHALT	Kraftausdauer		
VER-HALTEN	Kooperation		

Nr.	Name der Spielform / Ziele / Akzente	Idee / Beschreibung	Hinweise / Organisation
191	RETTENDER SPRUNG	Fangis. 3 bis 4 Fänger. Verfolgte können sich durch einen Sprung auf die dicke Matte (evtl. Hochsprungmatte mit niedrig gespanntem Seil) retten. Auf der Matte darf jeweils nur ein Spieler sein. Verfolgte haben "Vortritt" auf der Matte, d.h., die Matte soll sofort wieder freigegeben werden.	
INHALT Geschicklichkeit **VER-HALTEN** Erlebnis			
192	AUSBRECHER-FANGIS	2 bis 4 Fänger (Wächter) versuchen, die anderen abzuschlagen. Wer gefangen wird, muss sich auf die dicke Matte (Hochsprungmatte) setzen. Die Freien dürfen die Gefangenen durch Berühren befreien. Gelingt es den Fängern, alle Spieler gefangenzunehmen? Oder: Wie viele Fänger sind nötig, um in 5 Min. alle Spieler gefangenzunehmen?	
INHALT Schnelligkeit **VER-HALTEN** Helfen			
193	ZIEHKAMPF	A und B stehen in einem Kastenteil, die Rücken zueinander: Beide versuchen, in die entgegengesetzte Richtung zu sprinten und dadurch den andern zum eigenen Freimal zu ziehen.	KASTEN
INHALT Kraft: Beine **VER-HALTEN** Vorsicht vor Verletzungen			
194	BOBFAHREN	Zu zweit hintereinander in einem Kastenteil: Laufen, Stoppen, Anfahren, Aussteigen und die Kufen kontrollieren (= 1 Runde um den Kasten) etc. auf verschiedene Signale. Z.B.: - Laufen zum Tamburin. - 1 Schlag = Bob in die Hochhalte heben. - 2 Schläge = 1 Runde um den Bob drehen. - Tamburin schweigt = sofort stoppen.	
INHALT Schnelligkeit **VER-HALTEN** Kooperation			
195	BOB-TANDEM	- Var.: Zwei Bobs laufen als Herr und Hund hintereinander her und führen die gleichen Aufgaben aus. - Var.: Bobrennen um Pfosten und über leichte Hindernisse.	wie Nr. 194
INHALT Koordination **VER-HALTEN** Kooperation			

Nr.	Name der Spielform / Ziele / Akzente	Idee / Beschreibung	Hinweise / Organisation
196	BOB-STAFFEL-RENNEN	Zu zweit mit einem Kastenteil hinter der Grundlinie. Auf Pfiff startet A im Bob, läuft bis zur 1. Linie des Volleyballfeldes, steigt aus und läuft zu B zurück. B startet zum B, fährt darin bis zur 2. Linie und läuft zu A zurück etc. Welcher Bob steht zuerst auf der gegenüberliegenden Grundlinie? (Auch mit mehreren Durchgängen hintereinander, z.B. über 3 Längen).	
INHALT	Schnelligkeit		
VER-HALTEN	Kooperation		
197	LINIENLAUF MIT KUFENKONTROLLE	Die Paare starten im Bob an der Hallenstirnseite, Ziel ist die gegenüberliegende Grundlinie. An jeder Linie des Volleyballfeldes aussteigen, den Bob einmal umkreisen, einsteigen und zur nächsten Linie fahren. - Var.: Zwei Bobs bilden eine Mannschaft. An jeder Linie muss die Besatzung aussteigen und in den Partnerbob umsteigen. Welche Gruppe, welches Paar ist zuerst?	
INHALT	Schnelligkeit		
VER-HALTEN	Kooperation		
198	BLINDER BOB-PASSAGIER	A ist Pilot, B der blinde Passagier und lässt sich von A auf der Piste umherführen. Var.: Der blinde Passagier versucht laufend zu sagen, wo er sich jetzt gerade befindet.	
INHALT	Muskelsinn schulen		
VER-HALTEN	Vertrauen Kooperation		
199	LE MANS-RENNEN	Paarweise in Bauchlage an der Grundlinie. Pro Paar steht ein "Bus" (= Kastenteil) auf der anderen Seite. A startet zum Bus und fährt ihn zu B zurück. B steigt ein und beide fahren hin und zurück. Danach bringt B den Bus alleine zurück und läuft zu A. Welches Paar ist zuerst fertig?	
INHALT	Schnelligkeit		
VER-HALTEN	Kooperation		
200	KASTENTREPPE	Rundlaufbetrieb: Mit kräftigen Laufsprüngen von Kasten zu Kasten. Kräftiger Abdruck vom obersten Kasten zum Weitsprung in die dicke Matte (oder weiche Landung auf der dünnen Matte). - Var.: Abwechslungsweise von einem höheren und einem niedrigeren Kasten abstossen. Rhythmus: Ta-dam, ta-dam.	
INHALT	Sprungschulung – Rhythmus		
VER-HALTEN	Fröhliches Training in der Gruppe		

1.9 LAUFEN / Geräte

Nr.	Name der Spielform / Ziele / Akzente	Idee / Beschreibung	Hinweise / Organisation
201	**RETTE SICH WER KANN** **INHALT** Schnelligkeits-Ausdauer **VER-HALTEN** Zusammenarbeit	2 bis 4 Fänger verfolgen die anderen. Abgeschlagene Spieler fassen den Fänger an der Hand. Nur die beiden äussersten Glieder der Fängerkette dürfen fangen. In der Halle stehen Kästen als Rettungs-inseln bereit. Sobald eine Viererkette ein 5. Glied abschlägt, rufen diese fünf Spieler laut: "Rette sich wer kann!" Bei diesem Ruf lösen sich alle Fängerketten auf, und jeder versucht, ob Fänger oder Freier, auf einer Insel Platz zu finden. Auf jeder Rettungs-insel dürfen aber nur 5 Spieler stehen, die sich gegenseitig helfen und halten, damit keiner herunterfällt. Die 2 bis 4 Spieler, die keinen Platz mehr finden auf den Inseln werden die neuen Fänger. (Anzahl Spieler, die auf einer Insel Platz haben, den vorhandenen Kästen anpassen).	
202	**SPRUNG- UND LAUFSCHULUNG** **INHALT** Kraftausdauer der Beine **VER-HALTEN** Fröhliches Grup-pentraining	Die kleinen Kästen werden in regelmässigen Abständen auf zwei Bahnen verteilt: - Rundlauf über die Kästen. - Slalomlauf um die Kästen. - Schrittsprünge von Kasten zu Kasten. - Steigsprünge über die Kästen. - Ueberspringen der Kästen im Slalomlauf. - Rhythmusschulung: (Abstand 4 bis 5 m); 3er-, 5er-Rhythmus zwischen den Kästen.	
203	**START ZUM AUTORENNEN** **INHALT** Koordinations-fähigkeit **VER-HALTEN** Kooperations-fähigkeit	a) Je zwei Kastenelemente im Abstand von ca. 6 m gegenüber, neben jedem Kasten steht ein Läuferpaar. A und C starten zum anderen Kasten, berühren ihn (z.B. mit dem Gesäss) und laufen zum eigenen Kasten zurück. Danach laufen B und D ebenso. Welche 4er-Gruppe hat zuerst 10 Läufe? - Auch mit Umkreisen des Kastens oder Lauf im Seitgalopp. b) Seitgalopp und bei jedem Kasten kurz absitzen.	

Nr.	Name der Spielform / Ziele / Akzente	Idee / Beschreibung	Hinweise / Organisation
204	GERAETE-FANGIS	Fangis mit 3 bis 4 markierten Fängern. Wer gefangen ist, muss beim nächstgelegenen Gerät hangen, stützen... Freie Spieler können die "Verbannten" durch Berührung befreien. Können die Fänger alle Spieler verbannen?	
INHALT	Schnelligkeit Kraft		
VER-HALTEN	Helfen		
205	KASTENDECKEL-RENNEN	4er-Gruppen mit je einem Kastendeckel und 5 Gymnastikstäben: Der Kastendeckel wird umgekehrt und auf einige Stäbe gelegt. Ein Schüler setzt sich in diesen "Wagen", einer schiebt ihn an, die anderen zwei legen die freiwerdenden Stäbe immer wieder vorn unter den Kasten, so dass das Gefährt nie stoppt oder den Boden berührt. Stafettenform.	
INHALT	Erlebnis		
VER-HALTEN	Kooperation		
206	FANGEN MIT FREIMAL	Fangis mit 1 bis 4 markierten Fängern. Verfolgte Spieler können sich auf ein Freimal retten. (Je nach dem, was im Hauptteil gebraucht wird, nimmt man Matten, Pferd, Langbank etc. als Freimal). Auf jedem Freimal darf höchstens ein Spieler stehen. Verfolgte haben "Vortritt" auf dem Freimal. Stehen plötzlich zwei Läufer auf demselben Freimal, so wird derjenige Fänger, welcher schon länger oben war.	
INHALT	Schnelligkeit Ausdauer		
VER-HALTEN			
207	PLATZSUCHEN	Diverse Geräte (oder Matten) werden in einem möglichst grossen Kreis aufgestellt. Auf jedem Gerät sitzen, stehen, hängen zwei Spieler. In der Mitte stehen 2 bis 3 Spieler ohne Gerät. Auf Signal müssen alle ihr Gerät verlassen und ein anderes besetzen. Wer als letzter ohne Gerät übrigbleibt, kommt in die Mitte. Das benachbarte Gerät darf nicht besetzt werden. Im Freien: Grössere Distanzen; mit Malstäben.	
INHALT	Schnelligkeit Reaktion		
VER-HALTEN	Gegenseitig Rücksicht nehmen		
208	PLATZSUCHEN VERKEHRT	Alle Spieler liegen im Mittelkreis in Bauchlage, die Füsse berühren die Kreislinie. Auf Signal versuchen alle, ein Gerät zu erobern, wobei pro Gerät nur zwei Schüler Platz haben. Wer kein Gerät mehr erwischt, verliert ein Leben oder macht eine Strafübung. (Oder: Wer ein Gerät erwischt, erhält einen Punkt. Wer holt am meisten Punkte?).	
INHALT	Schnelligkeit Reaktion		
VER-HALTEN	Gegenseitig Rücksicht nehmen		

1.9 LAUFEN / Geräte

Nr.	Name der Spielform / Ziele / Akzente	Idee / Beschreibung	Hinweise / Organisation
209	WASSER UND FEUER **INHALT** Reaktions-fähigkeit **VER-HALTEN** Fröhliches Tummeln an Geräten	Die im Hauptteil verwendeten Geräte stehen aufgestellt in der Halle (möglichst verstreut). Freies Laufen. Auf Zuruf des Leiters muss die entsprechende Aufgabe möglichst rasch erfüllt werden. Z.B.: - "Feuer" = Alle legen sich auf den Bauch. - "Wasser" = Alle bringen sich auf einem Gerät in Sicherheit. - "Nordpol" = Zur entsprechenden Hallenwand laufen. (Südpol) - "Hochwasser" = Nur besonders hohe Geräte bieten Schutz. - Etc. - Var.: Mit verschiedenen Fortbewegungsarten. - Var.: Der zuletzt Ankommende muss jeweils eine Strafübung aus-führen. - Var.: Die Kommandos müssen in Kleingruppen mit Handfassung ausge-führt werden.	DIV. GERÄTE "FEUER" = ALLE LEGEN SICH AUF DEN BAUCH "WASSER" = ALLE BRINGEN SICH AUF EINEM GERÄT IN SICHERHEIT "NORDPOL" (SÜDPOL) = ZUR ENTSPRECHENDEN HALLEN-WAND LAUFEN. "STURM" = IN EINE ECKE LAUFEN ODER UNTER EIN GERÄT KRIECHEN "HOCHWASSER" = NUR BESONDERS HOHE GERÄTE BIETEN SCHUTZ ETC.
210	PLATZWECHSEL **INHALT** Allgemeine Koordinationsfäh. **VER-HALTEN** Wetteifern in der Gruppe	1. Ganze Gruppe sitzt auf dem unteren Holm (u.H.). Auf ein Signal laufen alle 4x um ihren Barren und setzen sich wieder auf den unteren Holm. Welche Gruppe ist zuerst? 2. Wie oben, aber der Boden darf nicht mehr berührt werden! 3. Der obere Holm (o.H.) darf nur noch mit den Händen, der untere Holm nur noch mit den Füssen berührt werden ! 4. Wie 3., aber es darf nur noch ein Holm aufs Mal berührt werden! Gegenseitige Hilfe! (Nicht auf Zeit).	
	INHALT **VER-HALTEN**	Eigene Idee:	

Nr.	Name der Spielform / Ziele / Akzente	Idee / Beschreibung	Hinweise / Organisation
211	ENDLOSKETTE	Die Schüler bilden 2 oder 3 Schlangen und halten sich je Schlange an einer Zauberschnur fest. Die Schlangen traben langsam (!) durch die Halle. Auf Pfiff spurtet der Hinterste nach vorn und wird zum neuen Führer. - Dito, aber das Seil hochheben und Slalom um die Läufer und unter dem Seil durch nach vorn. - Dito, aber Seil kniehoch tragen: Slalom und über das Seil hüpfen.	
INHALT	Ausdauer – Schnelligkeit		
VER-HALTEN	Gegenseitig Rücksicht nehmen!		
212	ZIRKUSPFERDE	Zwei Zauberschnüre werden mit Hilfe eines Pferdes zu einem Kreuz gespannt: Laufen im Kreis mit Ueberspringen/Untendurchkriechen. - Rhythmusschulung: 3er-, 5er-Rhythmus. Bemerkung: Gleichzeitig hat man so die Halle in 4 Felder eingeteilt: Kleine Spiele in mehreren Feldern; Feldwechsel: Wer ist zuerst im gegenüberliegenden Feld?; Erschwerte Fangisform etc.	
INHALT	Sprungschulung – Rhythmus		
VER-HALTEN	Das Seil nicht berühren!!!		
213	VERZAUBERN	Ein Zauberkreis (= Zauberschnur im Kreis) liegt in der Mitte auf dem Boden. 3 bis 5 Fänger mit Spielband. Vor dem Gefangenwerden kann man sich durch einen Sprung in den Zauberkreis retten, ist dann aber verzaubert und muss im Kreis bleiben. Durch einen Handschlag eines Freien kann man wieder erlöst werden. Wer gefangen wird, löst den Fänger ab.	
INHALT	Schnelligkeit		
VER-HALTEN	Helfen		
214	VARIATION GLUCKE UND GEIER	Aufstellung und Spielgedanke wie im Grundspiel, aber die Spieler halten sich an einer Zauberschnur. - Eine Riesenschlange versucht, sich selbst in den Schwanz zu beissen. - Ein freier Wagen versucht, sich einem "Zug" anzuhängen, der Zug versucht, dies zu verhindern. - Geier jagt den Schwanz der Glucke. Etc.	
INHALT	Schnelligkeit		
VER-HALTEN	Kooperation		
215	KREISFANGIS	4 bis 8 Spieler bilden einen möglichst grossen Kreis und halten mit beiden Händen das Rundseil. Ein Fänger steht in der Mitte des Kreises und versucht, die Seilhaltenden abzuschlagen. Diese dürfen, wenn sie angegriffen werden, das Seil loslassen. Die anderen am Seil sorgen dafür, dass das Seil nie den Boden berührt. Der Fänger wird ausgewechselt, wenn er einen Kreisspieler fängt oder wenn das Seil den Boden berührt.	
INHALT	Schnelligkeit (Aktion/Reaktion)		
VER-HALTEN	Kooperation – Taktik		

1.11 L A U F E N / Malstab

Nr.	Name der Spielform / Ziele / Akzente	Idee / Beschreibung	Hinweise / Organisation
216	MALSTAB-FANGIS	Gewöhnliches Fangis mit 3 bis 5 markierten Fängern. Wer sich an einem Malstab hält, kann nicht gefangen werden (3 bis 5 Malstäbe in der Halle verteilt). Die Malstäbe dürfen höchstens von je einem Schüler besetzt sein. Wenn ein zweiter Schüler den Malstab besetzt, muss der erste weg. - Dito, mit Reifen oder Matten möglich.	
	INHALT Schnelligkeit		
	VER-HALTEN Taktik		
217	FUECHSE UND JAEGER	Zwei gleich grosse Parteien (Füchse und Jäger) stehen sich gegenüber auf den Grundlinien. Im Mittelkreis stehen drei Malstäbe (oder Keulen) als Gans. Die Füchse versuchen, die Gans zu holen (Malstäbe umwerfen). Die Jäger fangen die Füchse (durch berühren) ein. Gefangene Füchse lösen bis Spielende eine Ersatzaufgabe. Wenn alle Malstäbe umgeworfen sind, haben die Füchse gewonnen, sind alle Füchse gefangen, die Jäger.	
	INHALT Schnelligkeit		
	VER-HALTEN Taktik		
218	DRIBBLING GEGEN TORWART	Zwei Parteien stellen sich je hinter einer Slalomstrecke nebeneinander auf. Auf Pfiff starten die beiden vordersten, A als Stürmer mit Ball, B als Torwart ohne Ball. Der Torwart versucht, so schnell zu laufen, dass er noch rechtzeitig das Tor erreicht, um gegen den vom Ende der Slalomstrecke abgeschossenen Ball des Stürmers reagieren zu können. Welche Mannschaft erzielt die meisten Tore? (Fussball, Handball).	
	INHALT Torschuss Schnelligkeit		
	VER-HALTEN Spielnahe Situation üben		
219	ANFAENGER-STAFETTE	A) Lauf um die Gruppe und um den Malstab und den nächsten Läufer mitnehmen. B) Kreuz-Anhängstaffel: Jeweils der hinterste Läufer wird mitgenommen. C) Kreuz-Anhängstaffel mit Langbänken. Form 1: Laufen, bis alle "Wagen" angehängt haben und wieder abgeladen sind. Form 2: A läuft alleine, holt B und hängt ab, während B C mitnimmt (Jeder läuft 2x).	
	INHALT Ausdauer		
	VER-HALTEN Miteinander wetteifern		
220	JAGDFANGIS	Abgesteckte Runde. Bei jedem Malstab startet ein Schüler. Jeder versucht, seinen Vordermann einzuholen und zu fangen und passt auf, dass der Hintermann ihn nicht erwischt. Wer zuerst fängt, ist Sieger. - Dito, es kann auch in kleinen Gruppen gelaufen werden. Welches Team fängt ein anderes?	
	INHALT Schnelligkeit – S-Ausdauer		
	VER-HALTEN Eigene Mannschafts-Taktik erproben		

Nr.	Name der Spielform Ziele / Akzente	Idee / Beschreibung	Hinweise / Organisation
221	TREPPENSTEIGEN	Zwei Kolonnen, jeder Spieler mit einem Ball: Auf Pfiff umlaufen die zwei Vordersten jeden Malstab und kehren immer wieder zur Mittellinie zurück (dribbeln). Welcher schafft die Treppe am schnellsten? - Ausdauer: Die Paare starten kurz hintereinander. Wie viele Duchgänge schafft die Gruppe in 5 Min.? - Verfolgungslauf: Wer holt den Vorderen ein?	
INHALT	Schnelligkeit – Ausdauer		
VER-HALTEN	Fröhlicher Wettstreit		
222	ABZAEHL-LAUF	Ausgestecktes Quadrat: 1. Die ganze Klasse läuft 2 Min. lang im Uhrzeigersinn um die Pfosten und zählt jeden Malstab, an dem er vorbeiläuft. 2. Nach 2 Min. erfolgt ohne Pause Richtungswechsel: Die Schüler laufen 2 Min. im Gegenuhrzeigersinn und zählen alle Pfosten rw ab. Wer läuft so regelmässig, dass er nach diesen 4 Min. wieder bei 0 ankommt (mitzählen)?	
INHALT	Ausdauer		
VER-HALTEN	Tempogefühl		
223	DREIECKSLAEUFE	Ausgestecktes gleichseitiges Dreieck: a) Zeitgefühlsläufe über eine Runde oder von Pfosten zu Pfosten. Tempo steigern. b) Nummernwettkämpfe: Drei durchnumerierte Gruppen hinter je einem Malstab. c) Dreiecksstaffel: Mit übergeben eines Staffelstabes. Erschwerung durch Spannen einer Zauberschnur, die übersprungen werden muss.	
INHALT	Ausdauer		
VER-HALTEN	Zeit- und Tempo-gefühl schulen		
224	EISENBAHNFAHRT	In der Halle stehen ein paar Malstäbe (= Bahnhöfe) verteilt. Die Schüler laufen in "Zügen" (Kolonnen) frei durch die Halle. Jede Gruppe ist untereinander mit einem Springseil verbunden. Wenn jemand müde wird, kann er an einem Bahnhof aussteigen und ausruhen, bis er wieder fit ist, und ein anderer Zug beim Bahnhof vorbeifährt, mit dem er weiterfahren kann.	
INHALT	Ausdauer		
VER-HALTEN	Kooperation		
225	SPRINTER GEGEN LAEUFER	Während Gruppe A als Team 3 Runden läuft (zu 100 bis 200 m), macht Gruppe B eine Umkehrstafette zwischen zwei Malstäben. Wie viele Läufe kann Gruppe B erzielen, während Gruppe A die 3 Runden läuft? Rollenwechsel.	
INHALT	Ausdauer – Schnelligkeit		
VER-HALTEN	Fröhlicher Gruppenwettkampf		

Kapitel 2

Werfen

2.1.1 WERFEN / Bälle (Schnappballformen)

Nr.	Name der Spielform / Ziele / Akzente	Idee / Beschreibung	Hinweise / Organisation
226	SCHNAPPBALL (Grundspiel)	Zwei Parteien versuchen, 10 Pässe hintereinander erzielen zu können, bzw. den Gegner daran zu hindern. Ball- und Rollenwechsel wenn: - Eine 10er-Serie gelungen ist. - Der Ball berührt den Boden. - Der Gegner fängt (evtl. berührt) den Ball. - Var.: Auch in Ueber-und Unterzahl; oder Ball mit Fuss spielen.	
INHALT	Ausdauer		
VER-HALTEN	Taktik		
227	LINIENBALL	Zwei Parteien, ein Ball: Jede Partei versucht, sich den Ball innerhalb der eigenen Mannschaft zuzuspielen und den Ball hinter der gegnerischen Grundlinie auf den Boden zu legen. Mit dem Ball darf weder gelaufen, noch geprellt werden. Welche Mannschaft hat zuerst 5 Tore?	
INHALT	Ausdauer		
VER-HALTEN	Taktik		
228	REIFENEIER-LEGEN	1 bis 3 Reifen mehr, als es Verteidiger hat, liegen verteilt im Feld. Die Angreifer versuchen, den Ball in einen freien Reif zu legen. Die Verteidiger verhindern dies, indem sie den Reif jeweils mit einem Fuss besetzen. Können die Verteidiger den Ball erobern, werden sie zu Angreifern. Kein Laufen oder Prellen mit dem Ball. Nach "Tor"-Erfolg wird direkt weitergespielt.	
INHALT	Ausdauer		
VER-HALTEN	Taktik		
229	KOENIGSSCHNAPP-BALL	Zwei Mannschaften zu 5 bis 8 Spielern. Jede Mannschaft bestimmt einen dem Gegner unbekannten König. Die ballbesitzende Mannschaft spielt sich den Ball zu und versucht, möglichst oft ihren König anzuspielen. Jeder gelungene Pass zum König zählt einen Punkt. Das Spiel dauert so lange, bis der Gegner herausgefunden hat, wer der König ist, bzw. bis eine Gruppe 10 Punkte erreicht hat (Mit werfen oder kicken).	
INHALT	Ausdauer		
VER-HALTEN	Taktik		
230	ZWEI-FELD-SCHNAPPBALL	Zwei Parteien verteilen sich in zwei Spielfeldern, in jedem Feld stehen gleichviele Spieler von Gruppe A wie von Gruppe B. Das eigene Spielfeld darf nicht verlassen werden. Ein Punkt wird erzielt, wenn ein Spieler aus Feld 1 einem Mitspieler in Feld 2 einen Pass geben kann (u.u.). Der Ball darf im eigenen Feld untereinander zugespielt werden (zur Vorbereitung des Passes über die Mittellinie). Manndeckung empfehlenswert.	
INHALT	Ausdauer		
VER-HALTEN	Taktik		

Nr.	Name der Spielform / Ziele / Akzente	Idee / Beschreibung	Hinweise / Organisation
231	KOENIGSBALL	In den beiden Freiwurfkreisen (ca. 10 m vor den Handballtoren) wird je ein kleiner Kasten aufgestellt. Es spielen zwei Mannschaften gegeneinander mit dem Ziel, den König, welcher auf dem Kasten vor dem gegnerischen Goal steht, anzuspielen. Nur der König kann Tore erzielen. Er kann den Ball durch Aufsetzer über die gegnerische Torauslinie werfen (= 1 Punkt) oder direkt ins Tor (= 3 P.). Alle Spieler dürfen in die Torräume und ins Tor stehen, nur die Freiwurfkreise um die beiden Königskästen dürfen nicht betreten werden (auch vom König nicht). Die Treffer des Königs zählen nur dann, wenn der König den Ball vom Kasten aus geworfen hat. Das Zuspiel zum König darf mit allen im Basketball (oder Handball) erlaubten Mitteln verhindert werden.	
INHALT	Genaue und schnelle Pässe		
VER-HALTEN	Gutes Zusammenspiel		
232	NUMMERN-SCHNAPPBALL	Ziel jeder Partei ist es, sich den Ball in der Reihenfolge der numerierten Spieler zuzupassen. Umwege (Spiel zurück zu einer anderen Nummer) sind erlaubt, doch muss der Pass schliesslich doch von der nächstunteren Nummer erfolgen, also 1 spielt zu 2, 2 zu 3 usw. Welcher Partei gelingt es zuerst, alle Nummern ohne Unterbrechung, d.h. ohne dass der Gegner dazwischen am Ball ist, zu erzielen? Die Nummern können dem Gegner je nach Abmachung bekannt sein oder nicht. Erleichterung: Es muss nur die Nummernfolge eingehalten werden. Wer den Pass zur nächsten Nummer gibt, ist gleich. Umwege sind also erlaubt.	
INHALT	Schnelle und genaue Pässe		
VER-HALTEN	Spielübersicht – Zusammenspiel		
233	SCHNAPPBALL MIT 2 BAELLEN AUF ZEIT	Es wird gewöhnliches Schnappball mit 2 Bällen gespielt. Ziel beider Mannschaften ist es, während 5 Min. möglichst lange im Besitz beider Bälle zu sein. Die Zeit, in der eine Partei beide Bälle besitzt, wird gestoppt. - Mit je einer Stoppuhr pro Gruppe. - Mit einer Stoppuhr 2x 5 Min. 3-Schritt- und v.a. 3-Sekunden-Regel beachten!	
INHALT	Freilaufen und sich anbieten		
VER-HALTEN	Spielregeln einhalten		

2.1.1 WERFEN / Bälle (Schnappballformen)

Nr.	Name der Spielform / Ziele / Akzente	Idee / Beschreibung	Hinweise / Organisation
234	REITERSPIEL	Mannschaft A (= Pferde) nimmt Mannschaft B (= Reiter) in den Huckepack. Die Reiterpartei erhält einen Ball (oder ein verknotetes Springseil/Frisbee...) und versucht, diesen Ball möglichst oft von Reiter zu Reiter zu werfen. Die Pferde versuchen, durch geschicktes Ausweichen, das Fangen der Pässe zu verhindern oder zu erschweren. Fällt der Ball zu Boden, werden die Rollen gewechselt. Welche Partei schafft zuerst 10 Zuspiele?	
INHALT	Kraftausdauer		
VER-HALTEN	Taktik		
235	REITERSPIEL AUF ZEIT	- Var.: Wie lange dauert es, bis die Reiter 10 Zuspiele erreicht haben? Hinweis: Die Träger (=Pferde) tragen die Reiter (=Partner) mit möglichst geradem Rücken!	wie Nr. 234
INHALT	Kraftausdauer		
VER-HALTEN	Taktik		
236	REITERSPIEL AUF ZEIT	- Var.: Wie viele gefangene Pässe können die Reiter in 2 Minuten erzielen? - Var.: Welchen 2 Reitern gelingt es, 2 Bälle gleichzeitig zu werfen bzw. zu fangen?	wie Nr. 234 (Hinweis auf korrektes Lasten-Tragen mit geradem Rücken!)
INHALT	Kraftausdauer		
VER-HALTEN	Taktik		
237	SCHNUR-SCHNAPPBALL	Schnappball kombiniert mit Ball über die Schnur. Zwei Parteien auf beiden Seite. Ein Pass zu einem Mitspieler auf der anderen Seite = 1 Punkt. Hinweis: Spieler kennzeichnen (Spielbänder tragen)	
INHALT	Ausdauer		
VER-HALTEN	Taktik		
		Eigene Idee:	
INHALT			
VER-HALTEN			

Nr.	Name der Spielform / Ziele / Akzente	Idee / Beschreibung	Hinweise / Organisation
238	JEDER GEGEN JEDEN	Jeder versucht, mit seinem Tennisball die anderen an den Beinen zu treffen. Getroffene gehen an die Wand und werfen den Ball 10x dagegen, bevor sie wieder mitspielen dürfen. Wer erzielt in 5 Min. am meisten Treffer?	
	INHALT Zielwurf – Schnelligkeit		
	VER-HALTEN Fairness, auch ohne Kontrolle		
239	EINER-TUPFBALL	4er- oder 5er-Gruppen: Ein Spieler wird von den andern gejagt: Die Jäger versuchen, ohne mit dem Ball in der Hand zu laufen, den Hasen abzuschlagen. Der Spieler, der den Hasen abgeschlagen hat, wird zum Hasen.	
	INHALT Schnelligkeits-ausdauer		
	VER-HALTEN Taktik		
240	EINBAHN-JAEGERBALL	Mit Abwerfen: Die Jäger dürfen den Hasen abschiessen, aber sie dürfen den Ball nur in Richtung der zwei Wandseiten ihres Spielfeldes werfen.	Organisation wie Nr. 239/ Treffer nur gegen die Wandseiten! (Pfeil!)
	INHALT Schnelligkeits-Ausdauer		
	VER-HALTEN Treffer nur auf auf die Beine!		
241	ZWEIFELD-ABTUPF-BALL	Zwei Mannschaften verteilen sich auf zwei Felder. In jedem Feld sind gleichviele Spieler beider Parteien. In Feld 1 sind die Spieler von Gruppe A Jäger, diejenigen von Gruppe B sind die Hasen. Im Feld 2 ist es umgekehrt. "Abgetupfte" Hasen wechseln ins andere Feld und helfen dort ihren Jägern beim "Abtupfen" der Gegner. Welche Partei hat zuerst alle Hasen "abgetupft" und damit ihr Feld geleert?	
	INHALT Schnelligkeit		
	VER-HALTEN Kluges Zusammenspiel		
242	INTERVALL – JAEGERBALL	Zwei Parteien: Die Jäger verteilen sich im Feld, die Hasen teilen sich in 2 bis 3 Rudel (z.B. zu 3 Hasen) auf. Jedes Rudel muss 30 Sek. im Feld der Jäger bleiben. (Oder jedes Rudel bleibt solange im Feld, bis der 1. Hase getroffen ist). Welches Rudel erhält in 30 Sek. weniger Treffer? (Oder welches Rudel hält es am längsten bei den Jägern aus, ohne dass ein Hase getroffen wird?).	
	INHALT Schnelligkeits-ausdauer		
	VER-HALTEN Taktik		

2.1.2 WERFEN / Bälle (Jägerballformen)

Nr.	Name der Spielform / Ziele / Akzente	Idee / Beschreibung	Hinweise / Organisation
243	JAEGERBALL VON AUSSEN NACH INNEN	Die Jäger verteilen sich um die Hasen, welche in einem kleinen Feld sind (das die Jäger nicht betreten dürfen). Durch gutes Zusammenspiel versuchen die Jäger, in einer bestimmten Zeit möglichst viele Hasen zu treffen. - Ersatzbälle beim Lehrer. - Weiche Bälle, Schaumstoffbälle nehmen. - Auch mit Schutzhindernis im Feld der Hasen (Pferd, Barren...).	
INHALT	Schnelles Zuspiel		
VER-HALTEN	Taktik		
244	AUSROTTUNG	Ein Jäger beginnt mit einem Ball, die Hasen abzuschiessen. Jeder getroffene Hase holt ein Spielband und wird auch Jäger. Jeder dritte abgeschossene Hase bekommt zusätzlich einen Ball. Der letzte überlebende Hase beginnt wieder als Jäger von vorne. In welcher Zeit können alle Hasen abgeschossen werden?	
INHALT	Schnelligkeit		
VER-HALTEN	Taktik		
245	RETTENDER BALL (Jägerball-Fangis)	Es werden Paare gebildet, die sich an einer Hand halten müssen. Ein (2) Paar(e) ist das Jägerpaar. Es muss versuchen, ein anderes Paar zu fangen. Ein (2) Ball ist im Spiel. Wer den Ball besitzt, kann vom Jägerpaar nicht gefangen werden. Weder beim Fangen noch beim Werfen darf das Paar auseinanderreissen. Gefangene übernehmen die Fängerrolle. Die Hasen versuchen, sich den Ball so zuzuspielen, dass keiner gefangen wird.	
INHALT	Schnelligkeit		
VER-HALTEN	Helfen		
246	HANDICAP-FANGIS	Beide Spieler eines Paares müssen den rechten Arm beim Partner einhaken, so dass der eine vorwärts, der andere rückwärts laufen muss. Dies erschwert das Spiel erheblich.	
INHALT	Koordination		
VER-HALTEN	Helfen		
247	MUTIGER HASE	Alle gegen alle. Wer getroffen wird, muss eine entsprechende, vom Jäger bestimmte Bewegungsaufgabe lösen. Gelingt es jedoch dem Hasen, den Jäger zu berühren, bevor dieser schiessen kann, dann wird der Hase zum Jäger und der Jäger zum flüchtigen Hasen.	
INHALT	Reaktions-Schnelligkeit		
VER-HALTEN	Hase: Mut / Jäger: Fairness		

Nr.	Name der Spielform Ziele / Akzente	Idee / Beschreibung	Hinweise / Organisation
248	BRUDERKRIEG	(= Umkehrung von "Rettender Ball"). Drei Parteien: Gruppe A = Fänger mit Spielband markiert. Gruppe B = Hasen ohne Ball. Gruppe C = Hasen mit je einem Ball. Die Fänger versuchen, die Hasen aus Gruppe A und Gruppe B abzuschlagen. Jeder ballbesitzende Hase versucht, den Ball so schnell wie möglich einem anderen Hasen weiterzugeben, denn nur wer einen Ball besitzt, kann gefangen werden. Wird ein Hase von einem Ball berührt, so muss er ihn annehmen (und seinerseits möglichst rasch weitergeben). Gefangene Hasen lösen die Jäger ab. Oder: Wie viele Hasen können die Jäger in 5 Minuten fangen?	
INHALT	Ausdauer (je nach Spielzeit)		
VER-HALTEN	Sehr gute Spielübersicht		
249	WALDLAUF	Die Jäger verteilen sich im Spielfeld (Wald), die Hasen stellen sich hinter der Grundlinie auf. Die Hasen müssen in freier Reihenfolge zu 5 verschiedenen Malstäben (Bäumen) und zurücklaufen. Sie starten alle gemeinsam, dürfen aber verschiedene Wege gehen. Die Jäger versuchen, möglichst viele Treffer anzubringen. Welche Jägerpartei hat nach Rollenwechsel mehr Treffer erzielt?	
INHALT	Schnell laufen Körpertäuschungen		
VER-HALTEN	Gutes Zusammenspiel der Jäger		
250	MATTENLAUF	Spielgedanke wie "Waldlauf". Die Hasen müssen 5x einen Rundlauf über alle 5 Matten absolvieren, wobei sie den Weg wieder selbst bestimmen dürfen. Auf den Matten kann man nicht getroffen werden. Getroffene Hasen müssen zum Start zurück. Wie viele Treffer gelingen den Jägern? - Oder: Die Jäger zählen die Treffer, die Hasen die Läufe, welche sie in 5 Min. erzielen. Danach Rollenwechsel.	
INHALT	Schnelligkeit und Sprungkraft		
VER-HALTEN	Selber zählen - Fairness üben!		
251	EINER GEGEN ALLE	Die Jäger verteilen sich mit 2 Bällen im Feld, die Hasen stellen sich hinter der Grundlinie auf. Jeder Hase muss einzeln durchs Jägerfeld zur Wand und zurücklaufen. Dabei bestimmen die Hasen selbst, in welcher Reihenfolge sie laufen. Sobald der Hase über der Linie ist, darf der nächste starten. Die Jäger versuchen, möglichst viele Beintreffer zu erzielen. Wechsel. Welche Jäger haben mehr Treffer?	
INHALT	Schnelligkeit für die Hasen		
VER-HALTEN	Zusammenspiel der Jäger, Rücksicht		

2.1.2 WERFEN / Bälle (Jägerballformen)

Nr.	Name der Spielform / Ziele / Akzente	Idee / Beschreibung	Hinweise / Organisation
252	ERLOESEN UND AUSHUNGERN **INHALT** Ausdauer, je nach Spielzeit **VER-HALTEN** Einander helfen Fairness	Zwei Mannschaften spielen in einem begrenzten Feld Jägerball. Die Gruppe, welche in Ballbesitz ist, wird immer zum Jäger. Schussrecht hat nur, wer den Ball gefangen hat. Wer getroffen wird, setzt sich auf die Strafbank (oder führt in Spielfeldnähe eine Strafübung aus, z.B. Lauf ums Feld, Seilspringen). Wer einen Treffer erzielt, erlöst damit einen Mitspieler von der Strafbank (bzw. von der Strafübung). Dieser darf wieder ins Feld und mitspielen. Welche Mannschaft hungert zuerst die andere aus? (So dass alle Gegner auf der Strafbank sitzen). - Oder: Bei welcher Mannschaft sind nach 5 Min. mehr Spieler auf dem Feld?	
253	PUNKTEJAGD **INHALT** Schnelligkeits-Ausdauer **VER-HALTEN** Fairness beim Zählen	Die Jäger verteilen sich im Feld, die Hasen befinden sich hinter der Grundlinie. Die Hasen versuchen (unabhängig voneinander), möglichst viele Läufe zur Wand und zurück zu machen. Ein getroffener Hase muss seinen Lauf neu beginnen. Für jeden gelungenen Lauf dürfen sich die Hasen einen Punkt gutschreiben lassen. Wie lange brauchen die Hasen, bis sie 50 Punkte haben?	
254	WUERFEL-JAGD **INHALT** Schnelligkeits-Ausdauer **VER-HALTEN** Fairness, auch ohne Schiedsrichter	Will man etwas mehr dem Zufall überlassen, so kann nach jedem gelungenen Lauf 1x gewürfelt werden. Die Zahlen werden laufend zusammengezählt. In welcher Zeit erreichen die Hasen genau 100 Pte.? - Var.: Statt dass den Hasen Punkte gutgeschrieben werden, dürfen sie nach jedem gelungenen Lauf ein Spielband an der Sprossenwand eine Sprosse höher hängen. Wie lange brauchen sie, um drei Spielbänder von der untersten bis zur obersten Sprosse zu bringen?	wie Nr. 253
255	HECHTSPRUENGE **INHALT** Allgemeine Koordinationsfähigkeit **VER-HALTEN** Den Hasen eine Chance geben!	Eine (angepasste) Anzahl Jäger versucht, die Mitspieler zu treffen. Wer in Not ist, kann sich mit einem Hechtsprung (Landung auf der Brust und gleiten lassen) retten, muss aber unmittelbar danach wieder aufstehen und weglaufen.	

Nr.	Name der Spielform / Ziele / Akzente	Idee / Beschreibung	Hinweise / Organisation
256	VOELKERBALL NACH PUNKTEN	Das Spielfeld wird in vier Felder aufgeteilt. Zwei Mannschaften stellen sich abwechslungsweise in einem Feld auf. Gespielt wird mit einem Ball (später auch mit zwei oder drei). Aus allen vier Feldern darf abgeschossen werden. Es gibt nach einem Treffer weder ein Ausscheiden noch ein Feldwechsel, sondern jede Partei zählt während 5 Minuten ihre Treffer. Wer hat mehr?	
INHALT	Reaktion		
VER-HALTEN	Taktik		
257	LINIENBALL	Zwei Mannschaften stehen sich in je einer Feldhälfte gegenüber. Jede Gruppe schickt einen Spieler hinter die gegnerische Grundlinie in den "Himmel". Ziel beider Mannschaften ist es, den Ball möglichst oft zum Spieler in den Himmel zu werfen. Jeder dort gehaltene Ball ergibt einen Punkt. - Besonders schwierig mit Frisbee oder Rugbyball. "Himmel-Spieler" häufig wechseln!	
INHALT	Genaues Werfen Sicheres Fangen		
VER-HALTEN	Taktik		
258	BEFREIUNGSLAUF	Gewöhnliches Völkerball. Getroffene müssen in den Himmel. Sie können sich aber befreien, indem sie über eine Langbank in ihr Feld zurücklaufen. Der Gegner versucht, dies durch Abschlagen zu verhindern. Abgeschlagene Spieler müssen in den Himmel zurück und können es später wieder versuchen, sich zu befreien.	
INHALT	Schnelligkeit		
VER-HALTEN	Taktik		
259	KEULENVOELKER-BALL	Jeder Spieler muss nicht sich, sondern seine Keule, die er irgendwo im Feld plaziert, verteidigen. Fällt die Keule um, muss der betreffende Spieler in den Himmel. - Mit den meisten Völkerballformen möglich. - Auch als Sitzballvariation. - Auch mit Fussball spielen. - Mit 2 bis 4 Bällen um etliches intensiver und spannender.	
INHALT	Wurfkraft		
VER-HALTEN	Taktik		
		Eigene Idee:	
INHALT			
VER-HALTEN			

2.1.4 WERFEN / Bälle (andere Kleine Spiele)

Nr.	Name der Spielform / Ziele / Akzente	Idee / Beschreibung	Hinweise / Organisation
260	WILDSCHWEINRENNEN	Der Lehrer läuft langsam vor der Hallenwand hin und her und hält einen Schutzschild (z.B. Matte) vor sich. Die Schüler versuchen von der gegenüberliegenden Wand aus, möglichst viele Treffer auf den Schutzschild anzubringen. - Als Einzelwettkampf. - Als Gruppenwettkampf oder auf Zeit.	
INHALT	Zielwurf		
VER-HALTEN	Erlebnis		
261	SPIESSRUTEN-LAEUFER	Zwei Parteien: Gruppe A versucht, in Form einer Pendelstafette das Schussfeld zu durchlaufen, ohne abgeschossen zu werden. Gruppe B (jeder mit einem Ball) versucht, soviele (Bein-) Treffer wie möglich anzubringen. Welche Gruppe hat nach dem Rollenwechsel mehr Treffer? - Var.: Die Bälle werden gekickt. Nur mit Schaumstoffbällen.	
INHALT	Schnelligkeit Zielwurf		
VER-HALTEN	Nur Beintreffer zählen!		
262	PRELLBALL	Zwei Mannschaften stehen sich in je einer Hallenhälfte gegenüber. Der Ball wird als Prellball (mit Bodenkontakt im eigenen Feld) ins gegnerische Feld geprellt. Kann der Ball nicht gefangen werden, gibt es einen Pluspunkt für die Angreifer, prellt der Ball im Aus auf, erhalten sie einen Strafpunkt. Eigene Zusatzregeln entwickeln lassen!	
INHALT	Flugbahnein-schätzung		
VER-HALTEN	Taktik		
263	ROLLENDE BAELLE	Mannschaft A stellt sich an den Längsseiten der Halle auf, Mannschaft B befindet sich an den Stirnseiten. Gruppe A versucht, die rollenden Bälle von Gruppe B mit kleinen Bällen zu treffen. Welche Mannschaft hat nach Rollenwechsel mehr Treffer?	
INHALT	Wurfkraft		
VER-HALTEN	Ehrlich zählen, jeder für sich		
264	KEULENBALL	Zwei Parteien spielen gegeneinander mit einem Ball. Tore = Keulen, welche hinter den beiden Grundlinien aufgestellt sind. Welche Partei hat zuerst alle gegnerischen Keulen mit dem Ball umgeworfen? Der Torraum hinter der Grundlinie darf nicht betreten werden. - Nach Handballregeln. - Nach Fussballregeln.	
INHALT	Treffsicherheit		
VER-HALTEN	Taktik		

Nr.	Name der Spielform / Ziele / Akzente	Idee / Beschreibung	Hinweise / Organisation
265	DIE KLEINEN GEGEN DEN GROSSEN	Zwei Spieler werfen sich im Feld beliebig einen grossen Ball zu (Medizinball, Basketball, Wasserball...). Die andern versuchen als Gruppe, den Ball durch gutes Zusammenspiel möglichst rasch abzu- schiessen. Sie besitzen 2 bis 5 kleine Bälle (Tennisball, Handball). - Erleichterung: Die Werfer des grossen Balls müssen auf der Stelle bleiben. - Erschwerung: Der grosse Ball wird kleiner.	
INHALT	Treffsicherheit		
VER-HALTEN	Taktik		
266	BALLKRIEG	Das Spielfeld ist durch eine Mittellinie getrennt. In jeder Hälfte steht eine Partei, jeder Spieler besitzt einen Ball. Während einer unbekannten Zeit werden alle erhaschten Bälle ins gegnerische Feld geworfen. Die Partei, welche bei Spielabbruch weniger Bälle im Feld hat, ist Sieger. - Die Grenze ist mit Geräten verstellt. - Die Bälle werden nur gekickt.	
INHALT	Schnelligkeit		
VER-HALTEN	Auf Pfiff wird kein Ball geworfen		
267	ROLLMOPS	Die Medizinbälle liegen auf Langbänken in der Mitte des Feldes. Welche Mannschaft hat innerhalb einer bestimmten Zeit mehr Bälle ins Feld des Gegners "befördert"? - Wurfart vorschreiben (Schlagwurf, Druckwurf...). - Nach jedem Treffer mit der "besseren Hand" muss so lange mit der "schwächeren" geworfen werden, bis diese trifft.	
INHALT	Zielwurf – Wurfkraft		
VER-HALTEN	Den richtigen Zeit- punkt wählen		
268	BALLVERTREIBEN	Zwei Parteien mit je 5 bis 6 Bällen versuchen, einen (zwei) am Boden liegenden Basketball durch gezielte Schüsse über die gegne- rische Torlinie (Erleichterung: Torauslinie) zu treiben. Die Spie- ler beider Parteien dürfen sich auf dem ganzen Spielfeld bewegen. Nach jedem Tor erfolgt Anspiel für die andere Mannschaft. Wird der Basketball mit einem Körperteil gestoppt, erfolgt Freiwurf für die andere Gruppe.	
INHALT	Zielwurf		
VER-HALTEN	Taktik		
269	KOERBE SCHIESSEN	Je nach Anzahl vorhandener Körbe (oder Tore) werden 2 oder 4 Gruppen gebildet. Jede Gruppe versucht, in 3 Min. möglichst viele Körbe (Tore) zu schiessen, wobei innerhalb der Gruppe abwechslungs- weise geworfen wird. Für jeden Fehlwurf muss die ganze Gruppe eine Strafstrecke laufen, bevor der Nächste werfen darf. - Var.: dto. auch mit Schuss aufs Tor (18 m).	
INHALT	Korbwurf – Schnelligkeit		
VER-HALTEN	Rücksicht auf Schwächere nehmen		

2.1.4 WERFEN / Bälle (andere Kleine Spiele)

Nr.	Name der Spielform Ziele / Akzente	Idee / Beschreibung	Hinweise / Organisation
270	SITZBALL MIT STRAFAUFGABEN	Sitzball in zwei Gruppen oder jeder gegen jeden. Getroffene sitzen nicht ab, sondern lösen eine Strafaufgabe, bevor sie wieder mitspielen dürfen. Z.B. 2 Runden laufen, die Kletterstange hochklettern, 5 Handstände gegen die Wand ausführen... - Dito, aber kann eine Mannschaft die andere aushungern?	
INHALT	Zielwurf – Zusammenarbeit		
VER-HALTEN	Die "Strafaufgabe" exakt ausführen		
271	KEGELSITZBALL	Jeder gegen jeden mit einem oder mehreren Bällen: Jeder verteidigt gleichzeitig seinen Kegel und versucht, andere Kegel abzuschiessen. Wessen Kegel umgefallen ist, muss eine Strafaufgabe lösen. - Dito, auch als Gruppenwettkampf: Welche Partei kann zuerst alle Kegel des Gegners umwerfen? - Dito, auch mit Fussball spielen.	
INHALT	Zielwurf		
VER-HALTEN	Taktik		
272	BODENAUF-SITZBALL	Der andere kann nur "bodenauf" getroffen werden, d.h. der Ball muss den andern "via Boden" treffen. Wer so getroffen wird, läuft eine Strafrunde. Wer aber einen andern direkt trifft (nicht "bodenauf"), muss selbst eine Runde laufen. Das bedeutet: Man kann sich verteidigen, indem man in den Wurf hineinspringt und so direkt "getroffen" (bzw. eben nicht) wird. - Var.: Der Ball darf auch indirekt gegen die Wand gespielt werden.	
INHALT	Flugbahneinschätzung		
VER-HALTEN	Genaue Ball- und Gegnerbeobachtung		
273	STRESSBALL	6 bis 10 Spieler bilden einen Kreis und passen sich reihum den Ball zu. Ein Spieler läuft ausserhalb des Kreises und bestimmt mit seinem Lauf Geschwindigkeit und Richtung der Pässe. (Er kann zusätzlich auch Wurfarten bestimmen, z.B. Druckwurf, über Kopf Wurf, indirekter Pass). Wenn der Läufer müde ist, stellt er sich vor einen Spieler, der damit zum neuen Läufer wird. Ziel des Läufers ist es, durch schnelles Laufen und Täuschen den Ball abzuhängen.	
INHALT	Schnelligkeitsausdauer		
VER-HALTEN	Konzentration		
274	STRESSBALL VERKEHRT	Der Ball bestimmt das Tempo und die Laufrichtung des Läufers. Die Werfer versuchen, den Läufer abzuhängen. - Dito, aber mit Zeitbeschränkung	wie Nr. 273
INHALT	Schnelligkeitsausdauer		
VER-HALTEN	Konzentration		

Nr.	Name der Spielform Ziele / Akzente	Idee / Beschreibung	Hinweise / Organisation
275	SCHILD-BALL	Die Spieler werden in 4 bis 6 Werfer und beliebig viele Läufer eingeteilt. Die Läufer halten sich in einem begrenzten Feld auf (z.B. Volleyballfeld), welches die Werfer nicht betreten dürfen. Die Werfer spielen sich untereinander einen (mehrere) Volleybälle zu und versuchen, die Läufer damit abzuwerfen. Jeder Läufer erhält als Schutzschild einen Medizinball (oder auch einen Volleyball) mit dem er den Ball abwehren kann. Ein getroffener Läufer muss seinen Schild abgeben und hinter einem anderen Läufer Schutz suchen. Wird auch dieser (vordere) Spieler getroffen, so stellen sich beide ohne Ball hinter einen Spieler, welcher noch einen Schild besitzt. Das Spiel geht so lange, bis alle Läufer hinter einem einzigen Schild Schutz suchen. - Var.: Andere Abwehrschilder, z.B. Gymnastikstab, Schul- oder Rucksack, je zu viert mit einer Matte... - Im Hallenbad mit Schwimmbrett.	
INHALT	Zielwurf		
VER-HALTEN	Taktik		
276	SCHWANZ ABWERFEN (Grosse Schlange)	Gruppe A bildet eine Schlange und hält sich um den Bauch des Vordermanns. Gruppe B stellt sich um Gruppe A im Kreis auf und versucht, sich einen Ball so zuzuspielen, dass einer von ihnen den hintersten Spieler der Schlange mit dem Ball abwerfen kann. Die Schlange versucht, durch geschicktes Drehen, dem Ball auszuweichen. Wie viele Treffer können die Werfer in 3 Min. erzielen? Bricht die Schlange auseinander, wird den Werfern ein Punkt gutgeschrieben.	
INHALT	Geschicktes Reagieren		
VER-HALTEN	Kooperieren		
277	SCHWANZ ABWERFEN (Kleine Schlange)	Die Schlange wird in mehrere kleine Schlangen aufgeteilt. Sie dürfen sich, wie auch die Werfergruppe, in der ganzen Halle bewegen. - Var.: Gangart der Schlange bestimmen.	wie Nr. 276
INHALT	Schnelligkeits-Ausdauer		
VER-HALTEN	Gute Zusammenarbeit		
278	ZONENBALL	Zwei Parteien: Gruppe A wirft sich einen Ball über die Mittelzone zu. Gruppe B in der Mittelzone versucht, diese Pässe zu unterbinden. Gelingt Gruppe B ein Fang, wechseln beide Parteien möglichst rasch die Felder und Gruppe B versucht nun ihrerseits, den Ball über die Mittelzone zu werfen. Welche Mannschaft hat nach 10 Min. mehr gültige Würfe? - Auch 2 gegen 2. (Auch mit Frisbee möglich).	
INHALT	Genaue und weite Pässe		
VER-HALTEN	Spielübersicht und gutes Reagieren		

2.1.4 WERFEN / Bälle (andere Kleine Spiele)

Nr.	Name der Spielform / Ziele / Akzente	Idee / Beschreibung	Hinweise / Organisation
279	"TUPFBALL"	Zu viert: A, B und C sind Jäger und versuchen, den Hasen D durch schnelles Zuspielen (ohne Prellen) so einzukreisen, dass sie ihn mit dem Ball "abtupfen" können. (Ball bleibt in der Hand). Der Hase darf das Feld nicht verlassen. Kleine Felder! - Var.: In zwei gleich grossen Gruppen: Welche Mannschaft erzielt in 2x 5 Min. mehr Treffer?	
	INHALT: Schnelligkeitsausdauer		
	VER-HALTEN: Taktik		
280	DREI-TORE-BALL	Zwei Mannschaften versuchen, eines der drei Tore zu treffen. Beide Gruppen können bei allen Toren Treffer erzielen und müssen alle Tore verteidigen. Die Tore können von vorn oder hinten erzielt werden, aber der Torschuss muss von einem Mitspieler auf der anderen Seite des Tors gefangen (gestoppt) werden. Als Tore dienen Malstäbe mit ca. 1 m Abstand. Handball- oder Fussballregeln.	
	INHALT: Ausdauer		
	VER-HALTEN: Taktik		
281	MATTENBALL	Spielgedanke wie Dreitoreball. Gespielt wird auf drei an die Wand gelehnte Matten. Wenn möglich, wird um die Matten je ein Halbkreis gezogen, welcher nicht betreten werden darf. Handball- oder Fussballregeln. - Statt Matten können auch Geräte als Tore verwendet werden, z.B. Kästen, Pferd, Sprungbretter...	
	INHALT: Ausdauer		
	VER-HALTEN: Taktik		
282	BEWEGLICHER KORB	Gewöhnliches Basketballspiel, aber als Körbe dienen zwei Gymnastikreifen, die von je einem Spieler jeder Partei in den Freiwurfkreisen (oder im Trapez oder auf der ganzen Hallenbreite hinter der Grundlinie) gehalten werden. Die anderen Spieler dürfen die Korb-Felder nicht betreten. Ein Korb ist dann erzielt, wenn der Ball durch den Reif geworfen wird.	
	INHALT: Ausdauer		
	VER-HALTEN: Taktik		
283	BEWEGLICHER KORB MIT HANDICAP	Wie Spiel 282. Der bewegliche Korb darf sich in der ganzen Spielhälfte bewegen. Der "Korb-Träger" darf sich jedoch nur mit geschlossenen Füssen hüpfend bewegen.	
	INHALT: Träger: Sprungkraft Spieler: Ausdauer		
	VER-HALTEN: Spielübersicht		

Nr.	Name der Spielform / Ziele / Akzente	Idee / Beschreibung	Hinweise / Organisation
284	BALL-ARTIST	Wer kann den Ball nach dem Hochwerfen - in Rückenlage fangen? - im Sitz fangen? - zwischen den Beinen fassen (eine Hand wird von hinten zwischen die Beine geführt zum Auffangen)? - neben dem Knie fangen (die Fanghand wird von innen her unter dem Knie nach aussen geführt)?	
INHALT	Spezielle Ball-Geschicklichkeit		
VER-HALTEN	Anleitung zu selbständigem Tun		
285	PFIFF-BALL AUF EINEN KORB	3 bis 5 Spieler passen sich fortlaufend in freier Reihenfolge einen Ball unter dem Korb zu und sind dabei ständig in Bewegung. Jeder gefangene Ball wird laut gezählt. Zwei Tiger versuchen, die Pässe abzufangen. Bei Pfiff des Lehrers erfolgt ein Wurf auf den Korb durch den ballbesitzenden Spieler. Bei Korberfolg verdoppelt sich die Zahl der bis zum Pfiff erzielten Pässe. Welches Team hat mehr Punkte? Die Tiger werden nach jedem Durchgang ausgewechselt.	
INHALT	Ausdauer, je nach Spielzeit		
VER-HALTEN	Den "Zufall" mitspielen lassen		
286	FELD FREIHALTEN	Gruppe A steht ums Volleyballfeld herum, Gruppe B steht im Feld verteilt. Jeder der Gruppe A darf einen (möglichst schwierig zu fangenden) Ball ins Feld werfen, Gruppe B versucht, die Bälle zu fangen. Welche Mannschaft hat nach dem Wechsel mehr Fänge?	
INHALT	Gezielte Würfe		
VER-HALTEN	Gutes Beobachten		
287	SPIONBALL	Gruppe A und Gruppe B (6 bis 10 Spieler) stehen sich mit je einem Ball in ihren Feldhälften gegenüber. Ein Spieler jeder Gruppe befindet sich als Spion in der gegnerischen Hälfte. Ziel beider Mannschaften ist es, ihrem Spion einen Ball so zuzuspielen, dass der ihn fangen und zum eigenen Mitspieler zurückwerfen kann. Gelingt dies, so wird der Mitspieler zu einem weiteren Spion im gegnerischen Feld.	
INHALT	Genaues Zuspiel		
VER-HALTEN	Zusammenspiel		
		Eigene Idee:	
INHALT			
VER-HALTEN			

2.1.4 WERFEN / Bälle (andere Kleine Spiele)

Nr.	Name der Spielform / Ziele / Akzente	Idee / Beschreibung	Hinweise / Organisation
288	KREISTREFFBALL	1 bis 3 Schüler stehen als Hasen in einem Kreis, in welchem zu zu ihrem Schutz ein Kasten steht. 4 bis 6 Aussenspieler (Jäger) stehen um den Kreis herum und versuchen, durch schnelles Zusammenspiel einen Hasen abzuschiessen (evtl. nur Beintreffer oder mit Schaumstoffball). Welcher Hase muss in 2 Min. am wenigsten Treffer hinnehmen? (Die Klasse sollte in 2 bis 4 solche Kreise aufgeteilt werden; Intensität).	
	INHALT Schnelligkeit		
	VER-HALTEN Taktik		
289	BURGBALL	Die Aussenspieler (6 bis 8) befinden sich ausserhalb des Kreises. Im Kreis drin steht eine Burg (aus drei Keulen) sowie ein Burgwächter, der die Keulen verteidigt. Die Aussenspieler werfen sich den Ball zu und versuchen, die Keulen umzuschiessen. Sind alle drei Keulen vom Ball getroffen oder hat sie der Wächter selbst umgestossen, ist das Spiel zu Ende. Wie lange konnte der Wächter seine Burg halten?	
	INHALT Zielwurf		
	VER-HALTEN Taktik		
290	WANDERBALL	Welche 5er-Gruppe hat zuerst ihren Ball um die ganze Rundbahn (400 m oder sonst eine Strecke) geworfen, ohne dass der Ball je den Boden berührt? Organisation ist Sache jeder Gruppe.	
	INHALT Weitwurf		
	VER-HALTEN Kooperation		
291	GLUECKS-BALL	Nach einer gewissen Strecke (z.B. x Runden) darf mit einem Ball versucht werden, in den in der Platzmitte aufgestellten Kasten zu werfen. Bleibt der Ball im Kasten, so zählt dieser Treffer als Zusatzpunkt. Auch als Gruppenwettbewerb möglich.	
	INHALT Ausdauer S-Ausdauer		
	VER-HALTEN Treffsicherheit + Glück		
292	SQUASH	In einem begrenzten Raum spielen zwei gegeneinander. A versucht, den Ball so an die Wand zu werfen, dass B diesen Ball nach einmaligem Aufprellen auf dem Boden nicht mehr erreichen kann.	
	INHALT Ballgefühl		
	VER-HALTEN Antizipation Spielidee		

Nr.	Name der Spielform / Ziele / Akzente	Idee / Beschreibung	Hinweise / Organisation
293	FREIHAND-TENNIS	Wir versuchen, uns den Ball wie Tennisspieler hin und her zu spielen, jedoch nur mit der flachen Hand (ohne Tennisschläger).	
INHALT	Distanzgefühl		
VER-HALTEN	Miteinander		
294	FREIHAND-TENNIS mit Zusatzaufgaben	Wie 293, jedoch nach jeder Ballberührung muss der jeweilige Spieler eine andere Position einnehmen (z.B. knien, sitzen, in Bauchlage usw.).	
INHALT	Koordinations-fähigkeit		
VER-HALTEN	Miteinander		
295	BAELLE EIN-FANGEN	Wirf dir zwei Bälle gleichzeitig hoch und versuche, diese nach einmaligem Prellen wieder zu fangen. Wem gelingt dies, ohne dass die Bälle nach dem Aufwurf wieder auf den Boden fallen?	
INHALT	Spezielle Ball-Geschicklichkeit		
VER-HALTEN	Sich selbst ein-schätzen lernen		
296	WIE DU MIR SO ICH DIR	A und B bilden eine Mannschaft. A wirft für B und B für A gleichzeitig zwei Bälle hoch. Welcher "Mannschaft" gelingt es, nach denselben Spielregeln wie bei Nr. 295 beide Bälle wieder zu fangen? Welche Zweiergruppe schafft dies als erste?	
INHALT	Ballgefühl		
VER-HALTEN	Kooperieren		
		Eigene (Schüler-) Idee:	
INHALT			
VER-HALTEN			

2.1.5 WERFEN / Bälle (Abwurf/Weitwurf)

Nr.	Name der Spielform / Ziele / Akzente	Idee / Beschreibung	Hinweise / Organisation
297	PRELL-BALL	Der Ball wird aus verschiedenen Positionen (sitzend, liegend, kniend...) auf den Boden geprellt. Wer kann den Ball stehend auffangen, bevor er auf dem Boden wieder aufprellt?	
INHALT	Wurfkraft Ballgeschicklichk.		
VER-HALTEN	Selbsteinschätzung		
298	"SCHARF"-SCHUETZE	Der Ball wird möglichst stark auf den Boden geworfen. Bei wem hüpft der Ball 3-, 4-, 5x? - Var.: Wer kann am häufigsten unter dem hochspringenden Ball durchlaufen?	
INHALT	Wurfkraft		
VER-HALTEN	Selbsteinschätzung üben. Was kann ich?		
299	WAND-AB-BALL	Der Ball wird an die Wand geworfen und wieder gefangen. Nach jedem gelungenen Versuch darf der Schüler einen Schritt zurückgehen. Wer schafft es, den Ball mit der grössten Distanz zur Wand zu werfen und wieder zu fangen, bevor dieser wieder auf den Boden fällt?	
INHALT	Weitwurf Wurfkraft		
VER-HALTEN	Seine eigenen Grenzen kennen lernen		
300	WANDSPIEL ZU ZWEIT	Zu zweit mit einem Ball vor einer Wand: A wirft den Ball gegen die Wand und läuft hinter B durch. B fängt den Ball, wirft ihn gegen die Wand und läuft um A usw. - Auch mit 10-Finger-Pass.	
INHALT	Flugbahnein-schätzung		
VER-HALTEN	Kooperation		
301	"SQUASH" MIT WERFEN	Zu zweit in einem begrenzten Feld vor einer Wand: A wirft den Ball möglichst scharf via Boden an die Wand, so dass es für B schwierig wird, ihn zu fangen. B muss den Ball fangen, bevor er auf den Boden fällt. Anschliessend ist er am Werfen. Pro missglücktem Fang gibt es einen Pluspunkt für den Werfer; geht der Ball ins Aus vor dem Aufprellen, erhält der Werfer einen Strafpunkt.	
INHALT	Reaktions-schnelligkeit		
VER-HALTEN	Wie du mir.... So ich dir....		

Nr.	Name der Spielform / Ziele / Akzente	Idee / Beschreibung	Hinweise / Organisation
302	BILATERAL - TEST	Wer hat die kleinste Differenz zwischen dem Wurf mit der linken Hand und dem mit der rechten Hand? - Var.: Auch gegen die Wand: Wer kann von der grössten Distanz aus den Ball sowohl links, wie auch rechts werfen und fangen?	
INHALT	Wurfkraft - Koordination		
VER-HALTEN	Seine "schwache" Seite entdecken		
303	DREIBALL-WURF	Wer kann drei (vier) Bälle so schnell nacheinander werfen, dass gleichzeitig 3, (4) Bälle in der Luft sind? Kann ein Mitspieler alle drei Bälle auffangen?	
INHALT	Wurfkraft - Schnelligkeit		
VER-HALTEN	Kooperation Koordination		
304	TREIBBALL	Zu zweit in einem begrenzten Feld: A beginnt und wirft den (Medizin-) Ball Richtung B. B fängt den Ball und wirft den Ball vom Fangort aus möglichst weit zu A zurück, etc. Wer treibt den andern zuerst über die Ziellinie? - Var.: Auch als Gruppenspiel in kleinen Gruppen oder mit mehreren Bällen. - Var.: Auch mit dem Frisbee.	
INHALT	Wurfkraft - Weitwurf		
VER-HALTEN	Wenn nötig spielt einer mit Handicap		
305	DIFFERENZLER	Jeder mit einem Ball hinter der Grundlinie: Standweitwurf, dem Ball nachlaufen und aufnehmen. Die Reststrecke muss auf einem Bein, rückwärts, auf allen vieren... zurückgelegt werden. Wer ist zuerst im Ziel?	
INHALT	Wurfkraft - Schnelligkeit		
VER-HALTEN	Fairness, auch ohne Schiedsrichter		
306	BALL TREFFEN	Zu zweit, jeder mit einem Ball. A wirft den Ball in die Höhe. B versucht, mit seinem Ball den Ball von A zu treffen. Wechsel nach 10 Versuchen.	
INHALT	Zielwurf		
VER-HALTEN	Kooperation		

2.1.6 WERFEN / Bälle (Werfen–Laufen–Fangen)

Nr.	Name der Spielform / Ziele / Akzente	Idee / Beschreibung	Hinweise / Organisation
307	BALL-ARTISTEN	Zu zweit gegenüber: A wirft zwei verschieden grosse Bälle zu B, B versucht, beide zu fangen.	
	INHALT: Koordination		
	VER-HALTEN: Kooperation		
308	KOLONNEN-WETTKAMPF	Kolonnen zu 4 bis 6 Spieler, vor ihnen steht je ein Werfer mit Ball: Auf ein Zeichen hin spielt der Werfer dem Vordersten den Ball zu, der wirft ihn zurück und setzt sich nieder. Dann erhält der Zweite den Ball, er spielt ihn ebenfalls zurück und setzt sich. Erhält der Letzte den Ball, ersetzt er den Werfer, während die anderen in der Kolonne wieder aufstehen. Bei welcher Gruppe war zuerst jeder 1x Werfer?	
	INHALT: Schnelligkeit		
	VER-HALTEN: Miteinander wetteifern		
309	FARBEN-TEST	B steht hinter A mit einem Ball. Er wirft A Bälle zu und ruft verschiedene Farben. A darf sich nur bei "Rot!" und "Blau!" drehen und den Ball fangen, bei "Gelb!" darf er nicht reagieren.	
	INHALT: Reaktion auf verbales Signal		
	VER-HALTEN: Konzentration		
310	DREIECKS-LAUF	Zu viert in einem Dreieck, bei einer Ecke stehen zwei Schüler, dort befindet sich auch der Ball: - Den Ball im Dreieck zupassen und dem eigenen Ball nachlaufen. - Der Ball wird in die eine Ecke geworfen, der Werfer läuft in die andere Ecke. Als Stafette: Welches Team hat zuerst 20 Pässe? Verschiedene Wurfarten, verschiedene Bälle.	
	INHALT: Ausdauer		
	VER-HALTEN: Konzentration		
311	WERFER GEGEN SPRINTER	Wer ist schneller: der Ball, welcher von Werfer zu Werfer gepasst wird oder der Sprinter, welcher die gleiche Strecke wie der Ball zurücklegen muss? Jeder Werfer wird 1x zum Sprinter. Wer schafft es, die Werfer zu schlagen? Evtl. auch mit Vorgabe für den Läufer oder für die Werfer. Nicht zu grosse Werfergruppen!	
	INHALT: Schnelligkeit		
	VER-HALTEN: Kooperation		

Nr.	Name der Spielform / Ziele / Akzente	Idee / Beschreibung	Hinweise / Organisation
312	SPRINGENDER WECHSEL	A und B stehen sich in ca. 8 m gegenüber: A wirft den Ball zu B und wechselt auf den Platz von B. B übergrätscht den aufprellenden Ball und läuft auf die Position von A. A fängt den (selbst geworfenen) Ball nach dem zweiten Aufprellen auf.	
INHALT	Schnelligkeit – Flugbahneinschätz.		
VER-HALTEN	Kooperieren		
313	PLATZWECHSEL	A und B stehen sich in 10 bis 15 m gegenüber: A wirft den Ball zu B, läuft hinterher, um B herum und zurück auf seinen Platz. B wirft den Ball zu A und läuft um A etc. Welches Paar hat zuerst 20 Durchgänge?	
INHALT	Schnelligkeits-ausdauer		
VER-HALTEN	Spielregeln genau einhalten		
314	TIGERBALL	3 bis 6 Spieler werfen sich einen Ball rasch im Kreis zu. Ein oder mehrere Tiger versuchen, den Ball zu berühren oder zu fangen. Wer einen Fehlwurf macht, löst den Tiger in der Mitte ab.	
INHALT	Schnelligkeit		
VER-HALTEN	Taktik		
315	HOL DEN BALL!	Zwei Parteien stehen sich an der Mittellinie gegenüber, mit dem Rücken zueinander: Auf Signal werfen alle ihren Ball möglichst weit nach vorn. Danach muss Gruppe A alle Bälle von Gruppe B einsammeln und umgekehrt. Welche Gruppe steht zuerst wieder mit den Bällen auf der Mittellinie? - Dito, aber nur 1 gegen 1.	
INHALT	Weitwurf – Schnelligkeit		
VER-HALTEN	Vorsicht beim Weglaufen!		
316	PERIPHERER SEHTEST	Zu zweit gegenüber: A wirft B einen Ball zu (in verschiedenen Wurfarten) und streckt mit der Hand eine Zahl auf. B muss, bevor er den Ball fängt und zurückspielt, die Zahl rufen. - Var.: Mit 10-Finger-Pass: Beide müssen vor dem Zurückspielen die Zahl des anderen rufen.	
INHALT	Peripheres Sehen		
VER-HALTEN	Konzentration		

2.1.7 WERFEN / Bälle (andere Formen)

Nr.	Name der Spielform / Ziele / Akzente	Idee / Beschreibung	Hinweise / Organisation
317	FUSS-SPICKEN	A in Rückenlage, B steht mit dem Ball vor ihm: B wirft den Ball zu A, A versucht, den Ball mit den Fussohlen zum Partner zurückzustossen.	
INHALT	Kraft (Bauch) – Ballgeschicklichk.		
VER-HALTEN	Kooperation		
318	FUSS-FANG	A und B im Langsitz gegenüber, A hält einen Ball zwischen den Füssen: A lässt den Ball zu Boden prellen, B versucht, den Ball mit den Füssen vor dem nächsten Aufprellen wieder zu fangen. - Dito, aber A "wirft" den Ball mit den Füssen zu B, B versucht ihn aufzufangen und zurückzuwerfen (mit den Füssen natürlich).	
INHALT	Kraft (Bauch) – Ballgeschicklichk.		
VER-HALTEN	Gemeinsam etwas erproben		
319	FUSS-WURF	Zu zweit im Langsitz gegenüber (2 bis 3 m Abstand): A hält den Ball zwischen den Füssen, schaukelt etwas rückwärts, zieht die Knie an und stösst im Vorschaukeln den (Medizin-) Ball zu B. B fängt den Ball mit den Händen und stösst ihn ebenso zurück.	
INHALT	Kraft – Ballgeschicklichk.		
VER-HALTEN	Kooperation		
320	WER KANN?	Grätschstellung, (Medizin-)Ball in beiden Händen. Mit Schwung den Ball zwischen den Beinen hindurch rückwärts hochwerfen, sich mit einer halben Drehung sofort aufrichten und den Ball wieder fangen.	
INHALT	Beweglichkeit – Raumorientierung		
VER-HALTEN	Selbsteinschätzung Erfolgserlebnisse		
321	BALLSCHULE	Der Ball wird an die Wand geworfen und wieder aufgefangen. Dazwischen sind unterschiedliche Aufgaben zu lösen. Z.B.: - 1/1-Drehung ausführen. - 1,2,3 Liegestützen. - Absitzen und wieder aufstehen. - Vor dem Bauch und hinter dem Rücken in die Hände klatschen. - Ueberspringen des aufprellenden Balls, etc.	
INHALT	Ballgeschicklichk. Koordination		
VER-HALTEN	Eigene Regeln einhalten		

Nr.	Name der Spielform / Ziele / Akzente	Idee / Beschreibung	Hinweise / Organisation
322	BANDENSPIEL	In einer Turnhallenecke; Wer kann den Ball nach zweimaliger Wand-berührung wieder fangen? - Auch zu zweit: A wirft den Ball, B muss ihn fangen und umgekehrt (etwa wie Squash).	
INHALT	Schnelligkeit – Flugbahneinschätz.		
VER-HALTEN	Konzentration		
323	BALLWURF VERKEHRT	Zu zweit im Grätschsitz gegenüber: Den Ball hinter dem Rücken fassen und über den Kopf nach vorn zum Partner werfen. Wer findet noch weitere Möglichkeiten? Zeigt sie vor!	
INHALT	Beweglichkeit – Ballgeschicklichk.		
VER-HALTEN	Fröhliches Turnen zu zweit		
324	BALLWURF RUECK-WAERTS	Zu zweit hintereinander, der Vordere mit einem Ball: A wirft den Ball im Kniestand (oder in einer anderen Stellung) rückwärts über den Kopf zu B. B fängt den Ball, läuft mit ihm vor A und wirft den Ball ebenso rückwärts zu A (Endloskette).	
INHALT	Kraft – Ballgeschicklichk.		
VER-HALTEN	Miteinander!		
325	BALLWECHSEL	A und B gegenüber in verschiedenen Stellungen jeder mit einem Ball: - Beide rollen den Ball gleichzeitig zum Partner. - Beide rollen den Ball im Sitzen zuerst in einem grossen Bogen um die Füsse, dann zum Partner. - Beide rollen den Ball in einer Grätschstellung in der 8 um die Füsse und dann zum Partner. - Beide prellen sich den Ball in einem indirekten Zuspiel zu. - Beide werfen sich den Ball zu (ein- und beidhändig). - Vor dem Fangen in die Hände klatschen. - Vor dem Fangen 1/1-Drehung ausführen. - Vor dem Fangen die Wand, den Boden berühren. - Mit überkreuzten Händen fangen oder werfen. - Unter einem Bein durchwerfen. - Im Hockstand um die Beine herumwerfen. - Ball über Rücken und Kopf zum Partner werfen.	z.B.
INHALT	Ballgeschicklich-keit		
VER-HALTEN	Bewegungserfahrung		

2.2 WERFEN / Gymnastikstab

Nr.	Name der Spielform / Ziele / Akzente	Idee / Beschreibung	Hinweise / Organisation
326	STAB-ARTIST	Jeder mit einem Stab: Den Stab aufwärts oder leicht vorwärts werfen und ihn wieder auffangen, ohne den Fall abrupt abzubremsen. Das Tempo des fallenden Stabes soll beim Fangen genau übernommen werden und der Stab ganz sanft gebremst werden. - Auch zu zweit mit gegenseitigem Zuwerfen des Stabes.	
	INHALT Koordination		
	VER-HALTEN Konzentration		
327	STAB-WURF	Jeder mit einem Stab: Stab senkrecht einhändig in der Mitte gefasst: Gehen, Laufen, Hüpfen und den Stab senkrecht hochwerfen. Wessen Stab bleibt schön senkrecht in der Luft? - Dito, aber bei der Begegnung mit einem Partner die Stäbe durch leichtes Zuwerfen tauschen. - Wer kann dieses Werfen und Fangen mit Balancieren verbinden?	
	INHALT Stabgeschicklichkeit		
	VER-HALTEN Begegnung		
328	STABWURF-VARIANTEN	Zu zweit mit je einem Stab: Zuwerfen und Fangen der Stäbe. - Beidhändig, Stab waagrecht oder senkrecht. - Einhändig, Stab waagrecht oder senkrecht. - Im Sitzen, Knien... - Im Takt zur Musik.	
	INHALT Stabgeschicklichkeit		
	VER-HALTEN Begegnung		
329	WER KANN?	Stab waagrecht in Tiefhalte vorne: Stab hochwerfen und ihn nach Handklatschen über dem Kopf, unter dem Knie, etc., in der Hocke fangen?	
	INHALT Stabgeschicklichk. Koordination		
	VER-HALTEN Selbsteinschätzung		
330	STAB-JONGLEUR	Stab auf der Fussspitze balancieren, hochwerfen und mit der flachen Hand auffangen und weiterbalancieren.	
	INHALT Koordination		
	VER-HALTEN Konzentration		

Nr.	Name der Spielform / Ziele / Akzente	Idee / Beschreibung	Hinweise / Organisation
331	KANONENBALL	Zwei Parteien stehen sich hinter den Grundlinien des Volleyball-feldes gegenüber. Jeder Schüler hat einen Ball. Auf der Mittel-linie stehen zwei Langbänke, auf denen Medizinbälle (oder Kegel) liegen. Auf Zeichen versuchen beide Parteien, die Medizinbälle mit ihren (Hand-) Bällen herunterzuschiessen. Sieger ist diejenige Mannschaft, in deren Feld bei Spielabbruch weniger Medizinbälle liegen (Im Volleyball auch mit Smash).	
INHALT	Wurfkraft - Zielwurf		
VER-HALTEN	Gegenseitig Rück-sicht nehmen		
332	BOMBARDEMENT	Zu zweit gegenüber auf einer Langbank: Ein Medizinball wird hin und her geworfen. Jeder versucht, den Ball so stark zu werfen, dass der andere beim Fangen aus dem Gleichgewicht gerät und von der Bank steigen muss. - Auch mit Stand auf der Schmalkante.	
INHALT	Wurfkraft - Gleichgewicht		
VER-HALTEN	Rücksicht, je nach Partner(Stärke)!		
333	WELCHE GRUPPE SITZT ZUERST?	Stafette: Die Gruppen verteilen sich gegenüber auf Langbänken. Je einer der vordersten jeder Gruppe hat einen Ball und beginnt mit dem Zuwerfen. Wer geworfen hat, setzt sich. Welche Gruppe sitzt zuerst (steht wieder)?	
INHALT	Schnelligkeit		
VER-HALTEN	Konzentration		
334	BANK-KEULEN-VOELKERBALL	Im mittleren Teil der Felder jeder Partei steht je eine Langbank. Darauf stehen je 3 bis 5 Spieler mit Keule. Diese Keule gilt es zu beschützen. Ansonsten wird das Spiel wie Völkerball ausgeführt.	
INHALT	Wurfkraft		
VER-HALTEN	Taktik		
335	SPRUNGWURF	Anlauf im 3-Schritt-Rhythmus. Nach dem 3. Schritt über die Bank springen und den Ball werfen. - Var.: Wurf gegen die Wand, leichter Wurf zum Partner, Wurf auf ein Ziel, Wurf gegen Torwart.	
INHALT	Koordination - Wurfkraft		
VER-HALTEN	Gegenseitig Rück-sicht nehmen		

2.4 WERFEN / Geräte

Nr.	Name der Spielform / Ziele / Akzente	Idee / Beschreibung	Hinweise / Organisation
336	TIGERBALL MIT GERAETEN	Beliebige Geräte im Kreis aufgestellt. Darauf stehen (sitzen) einzeln oder zu mehreren die Spieler. Im Kreis befindet sich ein "Tiger". Er muss versuchen, einen Ball, den sich die Kreisspieler von den Geräten aus zuwerfen, zu berühren oder zu fangen. Gelingt ihm dies oder fällt der Ball zu Boden, müssen alle Spieler ihr Gerät wechseln. Auch der Tiger versucht, einen Platz zu erwischen. Wer keinen Platz mehr findet, wird neuer Tiger.	
	INHALT — Schnelligkeit		
	VER-HALTEN — Taktik		
337	BOCKBALL	Zwei Parteien spielen gegeneinander Fussball oder Handball. In jedem Freiwurfkreis steht ein Pferd. Der Kreis darf nicht betreten werden. Ein Tor ist erzielt, wenn der Ball zwischen den Beinen des "Bockes" hindurchgeschossen werden kann.	
	INHALT — Ausdauer		
	VER-HALTEN — Taktik		
338	TREFFERBALL	Medizinbälle liegen auf den in der Halle stehenden Kästen und Langbänken. Gruppe A versucht, möglichst viele Medizinbälle von den Geräten zu schiessen. Gruppe B verteidigt die Bälle. Abstand zu den Geräten mindestens 1 m. Welche Gruppe hat nach dem Rollenwechsel mehr Bälle von den Geräten geschossen? - Mit einem oder mehreren Bällen.	
	INHALT — Verteidigung		
	VER-HALTEN — Taktik		
339	BALL IN DEN KASTEN	Zwei Parteien stehen sich in der durch ein Volleyballnetz (oder Leine) getrennten Halle gegenüber. Jeder besitzt einen Ball. Die Spieler stehen hinter der 3-m-Linie und versuchen, ihren Ball über das Netz in den auf den 3-m-Linien stehenden, offenen Kasten zu werfen. Der Kasten darf nicht verteidigt werden. Welche Partei hat nach 1 Min. mehr Bälle im gegnerischen Kasten? - Auch mit 10-Finger-Pass oder Smash; Wurfarten vorschreiben.	
	INHALT — Zielgenauigkeit		
	VER-HALTEN — Konzentration		
340	KASTENBALL MIT ABBAU	Spielregeln wie Handball, aber als Tor dient ein Kasten, welcher getroffen werden muss und der im Freiwurfkreis steht. Der Kreis darf nicht betreten werden, es gibt auch keinen Torhüter. Nach jedem erzielten Tor wird der entsprechende Kasten um ein Element abgebaut. Welche Mannschaft hat zuerst den ganzen Kasten abgetragen? (Das Erzielen eines Tores wird durch die kleiner werdende Trefferfläche immer schwieriger).	
	INHALT — Ausdauer		
	VER-HALTEN — Taktik		

Nr.	Name der Spielform / Ziele / Akzente	Idee / Beschreibung	Hinweise / Organisation
341	KOENIGSKOPFBALL	In jedem Freiwurfkreis steht ein Kasten für den König. An jeder Hällenlängsseite werden zwei Matten als Tore aufgestellt. Von jeder der beiden Parteien steht ein König auf einem Kasten. Ziel ist es, mit einem Kopfball-Spiel eine Matte (egal auf welcher Hallenseite) zu treffen. Der Kopfball darf aber nur auf Zuwurf des eigenen Königs erfolgen. Die Parteien versuchen also, dem König auf dem Kasten den Ball zuzuspielen und sich gleichzeitig in eine günstige Kopfballposition zu stellen. (Evtl. muss um die Matte ein Halbkreis gezogen werden, der nicht betreten werden darf. Ebenso muss auch das Betreten des Freiwurfkreises um den Kasten herum verboten werden). Weitere Spielregeln mit den Schülern gemeinsam erarbeiten!	
INHALT	Schulung Kopfball		
VER-HALTEN	Freilaufen und sich anbieten		
342	KNIEHANGWURF	Zuspiel aus dem Schwingen.	
INHALT	Orientierungs-fähigkeit		
VER-HALTEN	Gutes Timing beim Zuwerfen		
343	BALLARTIST	Sprunghohe Ringe. Zuspiel: Ball zwischen die Füsse einklemmen und schwingend abwerfen (evtl. auch fangen). - Dito, aus dem Stütz am Barrenende.	
INHALT	Koordinations-fähigkeit		
VER-HALTEN	Kooperation - Koordination		
344	GERAETEGARTEN	Verschiedenste Geräte sind in der ganzen Halle verteilt. A spurtet und springt auf irgendein Gerät. B verfolgt A prellend (oder wartet am Ort) und spielt B den Ball zu. Nun läuft B weg und A wirft zu. - Var.: Zuspiel nur mittels Bodenpass. Zuspiel nur mit der schwächeren Wurfhand.	
INHALT	Geschicklichkeit		
VER-HALTEN	Gegenseitig Rücksicht nehmen		

2.5 WERFEN / Zauberschnur

Nr.	Name der Spielform Ziele / Akzente	Idee / Beschreibung	Hinweise / Organisation
345	BALL UNTER DIE SCHNUR	Ueber die Mittellinie (oder längs durch die Halle) wird eine Zauberschnur auf 1 m Höhe gespannt. Gruppen zu 3 bis 4 Spielern stehen sich gegenüber. Der Ball soll unter der Leine durch ins gegnerische Feld geworfen oder gerollt werden, so dass er die gegnerische Grundlinie oder eine Seitenlinie überquert (= 1 Punkt). Drei Zuspiele im eigenen Feld erlaubt. Welche Gruppe hat zuerst 15 Pte? (Auch mit 2 Medizinbällen möglich?)	
	INHALT · Wurfkraft		
	VER-HALTEN · Taktik		
346	WURFFENSTER	Zwei Zauberschnüre werden quer durch die Halle gespannt, so dass ein 1 m breites "Wurffenster" entsteht. (Das Wurffenster kann nochmals in kleinere Felder unterteilt werden). Zielwürfe durch die "Fenster". Auch als Gruppen- oder Einzelwettkampf. Wer hat zuerst 10 Würfe durch sein Fenster erzielt? (Es wird immer von der gleichen Seite her geworfen, danach Ball holen). Wer trifft noch aus der grössten Distanz?	
	INHALT · Wurfkraft – Zielwurf		
	VER-HALTEN · Ehrlich zählen! Ohne Kontrolle!		
347	HALTET DAS FELD FREI!	Durch zwei Zauberschnüre wird die Halle in 4 Felder unterteilt. 4 Gruppen, jeder Schüler mit einem Ball. Auf Signal werfen alle die sich im eigenen Feld befindlichen Bälle immer wieder in ein gegnerisches Feld. Welche Gruppe hat nach x Sek. weniger Bälle im eigenen Feld? Nach dem Pfiff darf nicht mehr geworfen werden! – Dito, aber mit zwei Gruppen, die je zwei Felder verteidigen müssen.	
	INHALT · Wurfkraft – Schnelligkeit		
	VER-HALTEN · Nach dem Pfiff ist Schluss (für alle)		
348	BANDBASKETBALL	Je eine Zauberschnur (oder ein Absperrband) wird in 3 m Höhe 50 bis 80 cm von der Längswand entfernt gespannt. Diese Bandgassen (ganze Hallenlänge oder beschränkte Gebiete davon) stellen den Korb dar. Durch diesen vergrösserten Zielbereich kann der Korbwurf für die Anfänger wesentlich erleichtert werden. Z.B. Minibasketball 3 gegen 3 in 3 Feldern.	
	INHALT · Basketball		
	VER-HALTEN · Taktik		
349	BANDGASSEN-BASKETBALL	Zwei Zauberschnüre werden im Abstand von 50 bis 80 cm durch die Hallenmitte gespannt und in ca. 3 m Höhe an den Basketballbrettern befestigt. Regeln wie beim Basketball, als Korb gilt ein Wurf durch die Gasse (evtl. eingeschränkte Zonen). Der Korbwurf kann von beiden Seiten der Gasse erfolgen. Pässe über die Bandgasse sind nicht erlaubt. Wird der Ball erobert, kann der Angriff erst erfolgen, nachdem der Ball gegen eine Wand gespielt worden ist.	
	INHALT · Basketball		
	VER-HALTEN · Taktik		

Eine Art RUGBY (ca. 1860). . . Ob sich die Spieler wohl auch aufgewärmt hatten? (Aus „Mathys, Die Ballspiele, Harenberg 1983")

Kapitel 3

Springen

3.1 SPRINGEN / ohne Material

Nr.	Name der Spielform / Ziele / Akzente	Idee / Beschreibung	Hinweise / Organisation
350	TREPPENFANGIS	- Treppenfangis auf einer grossen Treppe. Wer auf dem gleichen Tritt steht wie der Fänger, ist gefangen und wird zum Fänger. - Stafette an der Treppe mit verschiedenen Gangarten, z.B.: 3 Stufen aufwärtslaufen, 2 Stufen zurück. Wer ist zuerst ganz oben? Dito , abwärts, aber rw laufen. - Stafette mit Würfel: Es müssen soviele Stufen hochgestiegen werden, wie man gewürfelt hat.	
	INHALT Kraftausdauer Schnelligkeit		
	VER-HALTEN Fairness		
351	SPRUNGKONKURRENZ	Wer springt am weitesten? - bei vorgegebener Sprungart (Einhupf). - bei vorgegebener Anzahl Sprünge (Mehrsprung). - bei verschiedenen Sprungkombinationen. (z.B. li,li,re,li,li, re).	
	INHALT Sprungkraft Koordination		
	VER-HALTEN Gegenseitig Schiedsrichtern		
352	GRUPPENWEITSPRUNG	Welche Gruppe braucht am wenigsten Sprünge, um den Platz zu überqueren? Der nächste springt dort ab, wo der andere gelandet ist.	wie Nr. 351
	INHALT Sprungkraft		
	VER-HALTEN Fairness zu zweit		
353	UNREGELMAESSIGE SPRUNGFOLGE	Jeder Schüler zeigt eine unregelmässige Sprungfolge vor (z.B. re - re - li - re - beide). Die andern beobachten und machen die gleiche Kombination fehlerfrei nach.	
	INHALT Koordination		
	VER-HALTEN Konzentration		
354	WANDERSPRINGEN	Eine Strecke muss von zwei Schülern durchsprungen werden, wobei immer nur einer am Springen ist. Wechsel nach Gutdünken. Welches Paar braucht am wenigsten Sprünge?	
	INHALT Sprungkraft		
	VER-HALTEN Kooperation		

Nr.	Name der Spielform	Idee / Beschreibung	Hinweise / Organisation
	Ziele / Akzente		
355	UNTERSCHENKEL-ZIEHKAMPF	A und B stehen sich gegenüber und haken die re (li) Unterschenkel ineinander. - Wer kann so seinen Gegner rw über eine Linie ziehen? - Wer kann den Gegner sw bis zu einer Linie ziehen?	
INHALT	Kraft		
VER-HALTEN	Taktik		
356	BOECKCHENSPRINGEN	A stellt sich als Boeckchen hin, B übergrätscht ihn und stellt sich danach für A als Boeckchen hin (Endloskette, auch als grössere Schlange möglich).	
INHALT	Ausdauer		
VER-HALTEN	Gute Spannung beim Böckchen		
357	HINDERNISSPRINGEN	Statt eines Böckchens macht A irgend ein anderes Hindernis (z.B. ein Bein waagrecht hochhalten). B muss selbst entscheiden, wie er das Hindernis überquert.	
INHALT	Ausdauer		
VER-HALTEN	Phantasie		
358	HINKFANGIS	Zwei Mannschaften, jeder ist Fänger und Verfolgter zugleich (Gr. A fängt Gr. B und umgekehrt). Fortbewegung nur auf einem Bein, das andere wird mit einer Hand gehalten. Wer gefangen wird, setzt aus und kann von einem freien Gruppenmitglied durch Handschlag erlöst werden. Welche Mannschaft kann die andere ausschalten, d.h. alle zum Sitzen bringen?	
INHALT	Kraftausdauer		
VER-HALTEN	Taktik		
359	HINKRENNEN	A und B stehen Rücken an Rücken und erfassen je ein Fussgelenk des Partners. Aufstellung paarweise auf der Grundlinie. Welches Paar hat, ohne loszulassen, zuerst eine bestimmte Strecke zurückgelegt?	
INHALT	Kraftausdauer		
VER-HALTEN	Kooperation		

3.2 SPRINGEN / Bälle

Nr.	Name der Spielform / Ziele / Akzente	Idee / Beschreibung	Hinweise / Organisation
360	RHYTHMUSSPRINGEN	Zu zweit mit einem Ball: A prellt einen Ball in verschiedenen Rhythmen. B versucht, genau so zu hüpfen, wie der Ball prellt, d.h.: im gleichen Rhythmus wie der Ball hochspringt.	
	INHALT: Rhythmus		
	VER-HALTEN: Konzentration		
361	RHYTHMUSSPRINGEN VERKEHRT	A prellt einen Ball möglichst stark auf den Boden. Jedes Mal, wenn der Ball wieder am Boden aufprellt, muss sich A in der Luft befinden. Die Sprünge folgen in immer kürzeren Abständen, bis der Ball "abstirbt".	
	INHALT: Rhythmus		
	VER-HALTEN: Konzentration		
362	ROLL-SPRUNG-BALL	Zu dritt mit einem Ball: A rollt den Ball zu B und C überspringt den rollenden Ball. Dann rollt B den Ball zu C und A überspringt ihn, etc.	
	INHALT: Koordination		
	VER-HALTEN: Konzentration – Begegnung		
363	KLEMMBALL	Wer springt am weitesten mit dem eingeklemmten Ball, ohne diesen zu verlieren? Var.: Wähle deine Distanz zur Ziellinie selbst. Kannst du genau auf die Linie springen? gelingt dies auch mit geschlossenen Augen?	
	INHALT: Sprunggeschicklich-keit		
	VER-HALTEN: Körper- und Distanzgefühl		
364	TIMING-SPRUENGE	- Wer kann den Ball im höchsten Punkt fangen? - Wer kann so hochspringen, dass er den Ball erst kurz vor der Landung fangen kann? - Wer findet eigene Sprung-/Wurfkombinationen?	
	INHALT: Absprung-Timing		
	VER-HALTEN: Zum Mitdenken animieren		

Nr.	Name der Spielform / Ziele / Akzente	Idee / Beschreibung	Hinweise / Organisation
365	WILDER WESTEN	Einhändiges Kreisen des Seils über dem Boden und in Schluss-sprüngen beidbeinig darüberspringen. Auch im Wechsel mit Kreisen des Seils über dem Kopf. Eigene Varianten?	
INHALT	Koordination		
VER-HALTEN	Rücksicht auf andere nehmen!		
366	LASSO-SPRINGEN	Zu zweit: A lässt im Hockstand das Seil unter den Füssen des Springenden B kreisen, während B sein Seil über dem Kopf von A kreisen lässt. - Ist es auch abwechslungsweise möglich (d.h.: abwechslungsweise hochspringen und in die Hocke gehen)?	
INHALT	Koordination		
VER-HALTEN	Kooperation		
367	KREIS-LASSO	Zu dritt: A steht zwischen B und C und schwingt das gestreckte Seil im Kreis herum. B und C müssen jeweils im richtigen Augenblick darüber-springen. - Dito, auch in einer grösseren Gruppe mit zwei zusammengeknoteten Seilen möglich. Wer das Seil berührt, wird zum neuen Seil-schwinger.	
INHALT	Absprung-Timing		
VER-HALTEN	Kooperation		
368	SPRUNGGARTEN	Die Hälfte der Klasse hält in Zweiergruppen die Seile waagrecht über dem Boden, die andere Hälfte springt in verschiedenen Sprung-arten drüber. - Dito, aber die "Seilhalter" hüpfen an Ort. - Dito, in Stafettenformen	
INHALT	Ausdauer – Koordination		
VER-HALTEN	Das Seil ruhig halten (Fairness!)		
369	HUEPFEN ZU ZWEIT	A und B stehen dicht nebeneinander, die inneren Hände gefasst, das Seil wird mit den äusseren Armen geschwungen: a) Beide hüpfen gleichzeitig im Seil. b) Dito, mit Drehungen	
INHALT	Sprungkraft		
VER-HALTEN	Kooperation		

3.3 SPRINGEN / Springseil

Nr.	Name der Spielform / Ziele / Akzente	Idee / Beschreibung	Hinweise / Organisation
370	SEIL-GRABEN	Die Seile liegen parallel hintereinander (oder gefächert) am Boden. Wer erreicht das letzte Seil....... - mit Einbeinsprüngen? - mit Laufsprüngen? - mit Froschhüpfen?	
	INHALT Sprungkraft – Rhythmus		
	VER-HALTEN Selbsteinschätzung	Distanzen variieren, z.B.: die Abstände werden immer grösser von Seil zu Seil.	
371	SPRINGENDE REIHE	Die Uebenden stehen in einer Kolonne, der erste hat das Seil. Auf Zeichen erfasst der zweite das andere Ende des Seils, und beide laufen nun beidseits der Kolonne nach hinten, indem sie das Seil dicht über dem Boden halten. Die Uebenden in der Kolonne müssen nacheinander das Seil überspringen. Am Ende angekommen, lässt der erste das Seil los und reiht sich am Ende ein, während der andere mit dem Seil nach vorne läuft und mit dem dritten das gleiche macht.	
	INHALT Koordination		
	VER-HALTEN Bitte keine Spielverderber!		
372	POLONAISEN	In 4er- bis 8er-Gruppen je zu zweit mit einem Seil: - Erfindet Polonaise - Formen mit überspringen, unten durchkriechen, Slalom etc. Sucht interessante Laufwege, nutzt die ganze Halle aus!	
	INHALT Ausdauer		
	VER-HALTEN Phantasie		
373	FIGUREN SPRINGEN	Versucht, im vw-Springen mit dem Seil eine vom Lehrer vorgestellte Figur zu laufen, z.B. Buchstaben, ganze Wörter, geometrische Figuren. - Auch als Ratespiel zu zweit: A springt voraus, B hintendrein. B muss herausfinden, welchen Buchstaben A meint.	
	INHALT Ausdauer		
	VER-HALTEN Gestalten		
374	KUNSTSTUECKCHEN	e) Wer kann in Schrittwechselsprüngen hüpfen? f) Wer kann im Kreuzstand hüpfen? (Beine wechselweise voreinander überkreuzen). g) Wer kann Doppelhüpfen mit Seildurchzügen sw? h) Wer kann in der Hocke hüpfen? (Mit normalem Seil und den Armen in Seithalte oder mit verkürztem Seil). i) Wer kann ein Viereck hüpfen (vw-sw-rw-sw)?	Wer eine weitere Sprung-möglichkeit "erfunden" hat, darf diese demonstrieren!
	INHALT Kraftausdauer der Fuss- und Beinmusk.		
	VER-HALTEN Selbsteinschätzung Phantasie		

Nr.	Name der Spielform / Ziele / Akzente	Idee / Beschreibung	Hinweise / Organisation
375	SYNCHRON-SPRINGEN 1	Zu zweit je mit einem Seil: A springt mit seinem Seil und verändert immer wieder seine Geschwindigkeit. B springt mit seinem Seil und versucht, sich dem Tempo von A möglichst gut anzupassen. - Welches Paar kann die Rollen tauschen, ohne den Seilschwung zu unterbrechen?	
	INHALT: Rhythmus		
	VER-HALTEN: Kooperation		
376	SYNCHRON-SPRINGEN 2	A und B zusammen mit einem Seil nebeneinander, je ein Seilende mit der inneren Hand gefasst: 1. Seil schwingen (rund herum): A führt $\frac{1}{2}$-Drehung aus, springt über das Seil und dreht zurück auf seinen Ausgangsplatz. 2. Dann B ebenso. 3. Beide machen $\frac{1}{2}$-Drehung zueinander und springen gleichzeitig. 4. Weiterdrehen und das Seil in die andere Hand übergeben.	
	INHALT: Koordination		
	VER-HALTEN: Kooperation		
377	KREISSPRINGEN	A und B stehen nebeneinander, beide halten das Seilende in der re Hand: Während A an Ort stehen bleibt (als Kreiszentrum) und das Seil kreist, dreht B springend eine Runde um A herum. Danach fliegender Rollenwechsel, A umkreist B. - Mit Seildurchschlägen vw oder rw.	
	INHALT: Koordination		
	VER-HALTEN: Kooperation		
378	ALLEIN - ZU ZWEIT - ALLEIN	Zu zweit mit einem Seil gegenüber: A springt im Seil, B wartet einen günstigen Moment ab (ausserhalb des Seils), bis er unter dem Seil durchlaufen kann und vor A mit ihm springen kann. Beide springen zusammen, bis B das Seil wieder (rw) verlässt.	
	INHALT: Koordination		
	VER-HALTEN: Kooperation		
379	KOMBINATION	- Dito, aber A übergibt das Seil an B. - Dito, aber vor Seilübergabe macht B $\frac{1}{2}$-Drehung im Seil. - B springt hinter A ins Seil, so dass sie hintereinander springen.	wie bei Nr. 378
	INHALT: Koordination		
	VER-HALTEN: Kooperation		

3.3 SPRINGEN / Springseil

Nr.	Name der Spielform / Ziele / Akzente	Idee / Beschreibung	Hinweise / Organisation
380	ENGLISCH-SEILSPRINGEN	A und B stehen sich gegenüber und schwingen mit beiden Händen zwei Seile nacheinander nach aussen (Rhythmus!). C versucht, durch Unterlaufen oder Ueberspringen der Seile auf die andere Seite zu gelangen. - Dito, aber C versucht, in die Seile hineinzuspringen und an Ort in beiden Seilen zu hüpfen (bzw. es wird mehr zum Laufen mit hohem Knieheben).	
	INHALT Rhythmus		
	VER-HALTEN Kooperation		
381	SCHWUNGSEIL	Zwei Schüler schwingen das Schwungseil (oder zwei zusammengeknüpfte Springseile) möglichst regelmässig. Die andern lösen folgende Aufgaben: - Von beiden Seiten her untendurchlaufen. - Von beiden Seiten her ins Seil hineinspringen und darin einige Male hüpfen. - Dito, aber dem Springenden wird ein Ball zugeworfen, welchen er fängt und zurückwirft. - Dito, aber zwei springen miteinander im Seil und werfen sich einen Ball hin und her. - Wer kann mit seinem Springseil unter dem Schwungseil durchlaufen, ohne das Schwungseil zu stören? - Dito, wer kann mit dem Springseil im Schwungseil seilspringen? Auch: Das Springseil macht zwei Durchzüge während das Schwungseil einen macht. - Zwei Schwungseile gekreuzt: Die Seile müssen so geschwungen werden, dass sie gemeinsam oben und unten sind. Wer kann darin springen?	
	INHALT Koordination		
	VER-HALTEN Als Seilhalter durch geschicktes Schwingen den Springern helfen		
382	SEIL-ARTIST	a) Wer kann in einem Sprung zwei (drei) Durchzüge machen? b) Wer kann von einer Erhöhung niederspringen und vor dem Landen drei Durchzüge machen? Auch mit Minitramp oder Trampolin. c) Wer kann mit gekreuzten Armen hüpfen? d) Wer kann mit wechselnden Rhythmen (aber im gleichen Takt) hüpfen? Z.B. in der gleichen Zeit 2 kurze oder 1 langer Durchzug.	z.B.
	INHALT Koordination - Ausdauer		
	VER-HALTEN Selbsteinschätzung		

Nr.	Name der Spielform / Ziele / Akzente	Idee / Beschreibung	Hinweise / Organisation
383	ZWEIER-REIFEN-SPRINGEN	Zu zweit im Abstand von ca. 5 m auseinander, vor jedem liegt ein Reif: In den eigenen Reif hinein- und hinaushüpfen, zum Reif des Partners laufen und wieder hüpfen. Welches Paar findet einen interessanten Raumweg und einen gemeinsamen Rhythmus? Welches Paar kann abwechselnd in den gleichen Reif springen?	RAUMWEG, RHYTHMUS RHYTHMUS
INHALT	Gestalten Rhythmus		
VER-HALTEN	Kooperation		
384	REIFEN-HOCHSPRUNG	Wer kann Schersprünge über den rollenden Reif mit Absprung re oder li springen? - Dito, aber nur mit einem Zwischenschritt, fortgesetzte Sprünge.	
INHALT	Koordination		
VER-HALTEN	Spielregeln einhalten		
385	SPRUNG-VARIATIONEN	Reifen im Raum verteilt: Jeder Schüler versucht, auf möglichst viele verschiedene Arten in seinen Reifen hinein- und hinauszuspringen. Z.B.: Mit einem Bein, beidbeinig, vom einen aufs andere Bein, vw,rw,sw,(vergleiche mit Gummitwist). Interessante Sprünge oder Sprungfolgen werden von allen wiederholt.	
INHALT	Ausdauer		
VER-HALTEN	Phantasie		
386	PAAR-REIFEN-SPRINGEN	Gleich viele Reifen wie Schüler werden ohne Zwischenräume ausgelegt. Je zwei Schüler geben sich die Hand. Sie müssen sich - neben den anderen Paaren - einen Weg durch die Reifen suchen, wobei sie einbeinig hüpfen und jeweils zusammen nur einen Reifen besetzen. - Als Wettkampf: Welches Paar macht in 2 Min. am meisten Sprünge von Reif zur Reif?	
INHALT	Kraftausdauer		
VER-HALTEN	Kooperation		
387	SPRUNG-COMPUTER	Die Reifen sind frei im Raum verteilt: A und B bilden eine "Computer-Gruppe". A springt eine beliebige Anzahl Sprünge nach freier Wahl. B (der Computer!) merkt sich die Sprungfolge. Danach versucht der "Computer B", genau die gleiche Sprungkombination zu springen. A kontrolliert. - Immer schwierigere und längere Kombinationen wählen!	
INHALT	Sprungkraft		
VER-HALTEN	Phantasie und Selbsteinschätzung		

Nr.	Name der Spielform / Ziele / Akzente	Idee / Beschreibung	Hinweise / Organisation
388	REIFEN-SPRUNG-KOMBINATION	Die Reifen liegen in einer Doppelreihe: Jeder zeigt eine Sprungkombination vor, welche alle nachmachen, z.B. li-li-re-beide. - Jedes Paar springt eine Kombination synchron (zur Musik?!).	
	INHALT — Ausdauer – Koordination		
	VER-HALTEN — Andere Ideen akzeptieren		
389	KLEEBLATT-SPRINGEN	- Jedes Paar erstellt mit vier Reifen eine eigene Sprungfolge. - Dito, aber A zeigt eine Folge vor, die B nachher genau kopieren muss.	
	INHALT — Koordination		
	VER-HALTEN — Gestalten		
390	GUMMITWIST MIT REIF	Zu zweit, A hält den Reif, B springt: Wie beim Gummitwist werden auch hier verschiedene Formen gesucht, in und über den Reif zu springen. Der Reif kann auf verschiedene Höhen gehalten werden. a) B zeigt eine Folge vor, die A nachher genau nachmachen muss. b) Wechsel, wenn der Reif mit einem Körperteil berührt wird. Andere Regeln erfinden!	
	INHALT — Ausdauer		
	VER-HALTEN — Phantasie		
391	HUEPF-SPIEL	Guppenweise werden die Reifen in verschiedene Figuren ausgelegt, z.B. im Zick-Zack, im Kreis. Jede der Gruppen versucht, die Figur auf eine andere Art (von Reif zu Reif) zu durchhüpfen.	z.B.
	INHALT — Allg. Sprungkraft-schulung		
	VER-HALTEN — Phantasie		
392	EINFANGEN	Fänger und Gejagte hüpfen auf einem Bein (auf Pfiff erfolgt jeweils Beinwechsel). Die Fänger versuchen, jemanden mit dem Reif einzufangen, d.h.: jemandem den Reif über den Körper streifen. Gefangene übernehmen die Reifen.	
	INHALT — Kraftausdauer		
	VER-HALTEN — Vorsicht		

Nr.	Name der Spielform / Ziele / Akzente	Idee / Beschreibung	Hinweise / Organisation
393	STAB-HOCH-SPRINGEN	A und B stehen gegenüber. A hält einen Stab waagrecht auf Kniehöhe (evtl. Hüfthöhe: B überspringt den Stab in verschiedenen Formen, z.B.: Scherensprung, Hocke, Grätsche, Rösselsprung ... - Dito, aber A beschreibt mit dem Stab einen Kreis und B überspringt den Stab.	
	INHALT Sprungkraft - Koordination		
	VER-HALTEN Den Stab ruhig halten		
394	STABREIHE	Die Stäbe werden parallel in eine Reihe gelegt: Sprungschulung über die Stäbe in verschiedenster Form. Z.B.: - Einbeinsprünge - Doppelsprünge sw - Froschhüpfen - Sprungkombinationen, z.B. li-li-re, li-li-re - Laufsprünge li-re-li-re - Einbein-Slalomhüpfen um die Stäbe etc.	
	INHALT Sprungschulung - Rhythmus		
	VER-HALTEN Fröhliches Sprung-kraft-Training		
395	HINDERNISSPRINGEN	Zu zweit, zwei Stäbe liegen parallel nebeneinander auf dem Boden (ca. 70 cm Abstand): Zeigt einander Hüpfformen über und zwischen den beiden Stäben! (Vergleich Gummitwist). Alle Stäbe liegen in einer Doppelreihe: Sucht Hüpfformen durch die Gasse. Auch rhythmisch zu Musik! Auch A hinter B: B macht alles nach, was A vorspringt.	
	INHALT Gestalten Rhythmus		
	VER-HALTEN Kooperation zu zweit		
396	INDISCHER BAMBUSTANZ	Mit Stäben, besser mit etwas längeren Bambusrohren oder Besenstielen: A und B fassen die Stäbe und klopfen: 2x auf den Boden klopfen, 1x Stäbe gegeneinanderschlagen. C versucht, in diesen Stäben zu hüpfen, ohne eingeklemmt zu werden; z.B. 2x drinnen, 1x übergrätschen. - Auch mit 4 gekreuzten Stäben: In der Mitte zu springen ist besonders schwierig!	
	INHALT Sprungkraft - Reaktion		
	VER-HALTEN Kooperation		
397	SPRUNG-STAB	Die Uebenden laufen in einer Kolonne rund um das Feld und haben den Stab re gefasst. Auf ein Zeichen, welches später immer in kürzeren Abständen folgt, fasst der vorderste den Stab waagrecht an einem Ende und läuft in die entgegengesetzte Richtung, den Stab so haltend, dass ihn alle anderen in der Kolonne überspringen müssen. Dito, aber es werden zwei Stäbe parallel über dem Boden gehalten, über die gesprungen wird.	
	INHALT Ausdauer		
	VER-HALTEN Sei fair!		

3.6 SPRINGEN / Langbank

Nr.	Name der Spielform / Ziele / Akzente	Idee / Beschreibung	Hinweise / Organisation
398	HUERDEN-LAUF	Mehrere Langbänke in verschiedener Anordnung: - Ueberspringen der Bankreihe mit einem bestimmten Schrittrhythmus (3-Schritt, 5-Schritt). Landung auf dem Schwungbein oder auf dem Sprungbein oder auf beiden Beinen. - Steigsprünge über die Bänke (ein Fuss setzt zum Absprung auf der Bank auf).	
INHALT	Ausdauer		
VER-HALTEN	Gestellte Aufgabe exakt ausführen		
399	LANGBANK-RHYTHMUS-SCHULUNG	Z.B. als Gruppenarbeit: Zeichnet verschiedene Möglichkeiten auf, wie die Langbänke aufgestellt werden könnten und erprobt an einer Aufstellung verschiedene Sprungkombinationen und Laufwege! Danach führen die Gruppen ihre Ergebnis vor und alle andern turnen nach.	
INHALT	Rhythmus		
VER-HALTEN	Gestalten		
400	DOPPELBANK	Zwei Bänke werden kreuzweise aufeinandergestellt (obere Bank mit Sitzfläche nach unten). Verschiedene Formen von Ueberspringen: - Re abspringen und li landen. - Re abspringen und auf beiden Beinen landen. - Re abspringen und re landen. - Beidbeinig abspringen und landen etc.	
INHALT	Sprungschulung		
VER-HALTEN	Anregung zu eigenen Formen		
401	HOCKSTAND-SPRUENGE	Springt aus dem Hockstand am Boden mit einer Streckung des gesamten Körpers in den Hockstand auf die Langbank und von dort wieder mit mit einem Strecksprung in den Hockstand am Boden!	
INHALT	Sprungkraft - Koordination		
VER-HALTEN	Bewegungsqualität		
402	GRABEN-SPRINGEN	- Wer kann aus der Hocke auf der Langbank den weitesten "Graben" am Boden überspringen? (Landung auf der Matte, welche immer weiter von der Bank weggeschoben wird).	Absprung wie bei Nr. 401. Vorsicht: An beiden Enden der Langbank sitzt je ein Teilnehmer (Fixierung der Langbank!).
INHALT	Sprungkraft - Koordination		
VER-HALTEN	Vorsicht beim Absprung!		

Nr.	Name der Spielform / Ziele / Akzente	Idee / Beschreibung	Hinweise / Organisation
403	SPRUNGGARTEN	Viele Kastenteile (oder andere Hindernisse) in der Halle verteilt: - Wer überspringt in 2 Min. die meisten Kastenteile? - Dito, als Gruppenwettkampf (z.B. in Dreiergruppen hintereinander). - Dito, Uebersprigen eines liegenden Kastenteiles = 1 Punkt , aufgestellter Teil = 2 Punkte.	
INHALT	Kraftausdauer		
VER-HALTEN	Ehrlich zählen!		
404	SPRUNG-KONKURRENZ	Kästen mit verschieden vielen Elementen: - Auf welchen Kasten kannst du gerade noch springen? - Welchen Kasten kannst du noch überspringen? (Evtl. Landung auf einer Matte).	
INHALT	Sprungkraft		
VER-HALTEN	Mut		
405	NIEDERSPRUENGE	Springen von einem Kasten hinunter. Wie hoch kannst Du sofort auf einen anderen Kasten hochspringen? Auf 1, 2 ... Elemente? Kannst du auch niederspringen und direkt über ein Element weiterspringen? (Achtung Wirbelsäule! Kastenhöhe dem Alter und dem Trainingsstand anpassen.)	
INHALT	Sprungkraft - Koordination		
VER-HALTEN	Hinweis auf weiche Landung		
406	EINBEINRENNEN	Die Paare stehen hinter der Grundlinie, halten eine Matte und legen ein Bein darauf. Welches Paar ist so hüpfend zuerst am Ziel? Beispiele: Kleiner Parcours, Slaom, eine Länge mit Beinwechsel usw. - Dito, auch in der Dreier- oder Vierergruppe.	
INHALT	Kraftausdauer		
VER-HALTEN	Kooperation		
407	ANHAENGER	Wer lässt sich nicht abhängen? A und B ziehen die Matte. C steht mit einem Fuss auf der Matte, mit dem andern dahinter. Los gehts!	A+B C
INHALT	Gleichgewichts-fähigkeit		
VER-HALTEN	Miteinander		

3.8 SPRINGEN / Zauberschnur

Nr.	Name der Spielform / Ziele / Akzente	Idee / Beschreibung	Hinweise / Organisation
408	SPINNENNETZ	- Freies Laufen im Spinnennetz: Das Netz darf beim Uebersteigen, Untendurchkriechen und Ueberspringen nie berührt werden. - Verfolgungsläufe durchs "Labyrinth", z.B. mit Start vor den gegenüberliegenden Seiten. Anregung: Spinnenetz von den Schülern "spinnen" lassen!	
INHALT	Ausdauer		2 Z.SCHNÜRE + BARREN 4 SCHNÜRE 4 SCHNÜRE + SPRINGSEILE
VER-HALTEN	Seil nicht berühren!		
409	SPINNENFANGIS 1	Die Spinne versucht, die Fliege zu fangen. Hinweis: Möglichst schwere Ständer oder vorhandene Einrichtungen wie Reckstangen-Ständer, Haken an der Wand usw. verwenden!	
INHALT	Schnelligkeit		
VER-HALTEN	Berührt = gefangen!		
410	SPINNENFANGIS 2	Schwarzer Mann: Fliegen aussen, Spinne innen. Die Spinne versucht, die nach innen stürmenden Fliegen abzufangen, etc.	Zauberschnur gut befestigen!
INHALT	Ausdauer		
VER-HALTEN	Rücksicht auf Mitspieler		
411	SPRUNGSCHULE	- Schersprünge mit schrägem Anlauf über die Schnüre, einmal re, einmal li. - Jeder Pfosten muss 1x umkreist werden. Die Schnüre können dabei übersprungen oder durchkrochen werden. - Ausdauerschulung, Organschulung mit entsprechend vielen Durchgängen und niedrigerem Tempo.	Sprunggarten vor der Sportstunde einrichten und selber ausprobieren!
INHALT	Sprungschulung		
VER-HALTEN	Rücksicht auf die Anlage!		
412	RUNDLAUF	- Schersprüngen von beiden Seiten. - Hock- und Grätschsprünge. - Mit Matten: Wälzersprünge, Hechtrollen. - Stafette: Start bei der Wand: Wer hat zuerst 20 Sprünge? (Immer wieder zur Wand zurückkehren).	
INHALT	Je nach Sprungform		
VER-HALTEN	Fröhliches Gruppentraining		

Nr.	Name der Spielform / Ziele / Akzente	Idee / Beschreibung	Hinweise / Organisation
413	ZONENSPRINGEN	In die Weite oder in die Höhe: Wer seine Weite/Höhe geschafft hat, probiert es 1 m weiter re. Im Freien in die Sandgrube, in der Halle v.a.bei den Weitsprüngen auf die Weichmatte.	
	INHALT Sprungkraft		
	VER-HALTEN Selbsteinschätzung		
414	SPIRALE	Die Zauberschnur wird in einer Spirale ausgelegt: Sucht verschiedene Sprungformen über das Seil! Ein- und beidbeinig. - Dito, mit Schlangenform, Zickzack...	
	INHALT Ausdauer		
	VER-HALTEN Phantasie		
415	WILDE SCHLANGE	A hält ein Seilende fest, B gibt dem Seil durch Aufwärts-/Abwärts- oder sw -Bewegungen Schwung. (Das Seil schlängelt). Die Schüler springen in verschiedensten Formen über dieses unruhige Seil, ohne es zu berühren.	
	INHALT Koordination		
	VER-HALTEN Bitte keine Spielverderber!		
416	SPRUNGFENSTER	Zwei stehende Schüler bilden mit zwei Zauberschnüren ein "Fenster": Eine Schnur wird in Reichhöhe, die andere in Hüfthöhe gehalten. Die Schüler springen durchs "Fenster", ohne eines der beiden Seile zu berühren. - Verschiedene Absprungarten vorschreiben. - Verschiedene Landungen, z.B. auf dem Schwungbein, auf dem Sprung- bein, beidbeinig ...	
	INHALT Sprungschulung		
	VER-HALTEN Kooperation		
417	FANGSEIL	2 Schüler laufen mit dem gespannten Seil in der Halle umher und ver- suchen, jemanden mit dem Seil zu berühren. Die anderen entkommen der Berührung, indem sie immer wieder über das nahende Seil springen. Wer vom Seil berührt wird, löst seinen "Fänger" ab.	
	INHALT Koordination		
	VER-HALTEN Fänger: Seil tief halten!		

3.8 SPRINGEN / Zauberschnur

Nr.	Name der Spielform / Ziele / Akzente	Idee / Beschreibung	Hinweise / Organisation
418	GUMMITWIST	Das bei den Kindern äusserst beliebte Gummitwist eignet sich ausgezeichnet zur Förderung von Sprungkraft und Gewandtheit! Verschiedene Sprungarten auf verschiedenen Höhen (Knöchel, Knie, Hüfte, Achsel) und in verschiedenen Abständen (hüftbreit, Füsse geschlossen, weiter Grätschstand, Einbein). Wer einen Fehler macht, löst ab!	
INHALT	Kraftausdauer – Koordination		
VER-HALTEN	Kooperation		
419	ZAUBERFANGIS	2 bis 4 Fänger fangen die frei im Feld herumlaufenden Hasen. Diese können sich durch einen Sprung über die Zauberschnur retten. Im "Bau" (= hinter der Zauberschnur) dürfen aber höchstens zwei Hasen sein. (Zauberschnur ca. auf Hüfthöhe). - Im Freien kann man sich durch einen Sprung auf die Hochsprungmatte retten.	
INHALT	Ausdauer – Schnelligkeit		
VER-HALTEN	Risiko eingehen		
420	SCHRAEGE LEINE (hängend)	Wer kann die Leine noch mit dem Kopf berühren? Verschiedene Sprungtechniken, Absprungtechniken, Anlauflängen usw. vorgeben!	
INHALT	Sprungkraft		
VER-HALTEN	Selbsteinschätzung		
421	SCHRAEGE LEINE (liegend)	Die Zauberschnur ist z.B. in einer Sandgrube schräg gespannt. Es werden verschiedene Sprungarten vorgegeben, z.B.: Abspringen mit einem Bein, mit beiden Beinen, mit oder ohne Anlauf usw. Dabei soll der Schüler immer vor dem jeweiligen Sprung wahrsagen, auf welcher Breite er gerade noch den Graben überspringen mag.	Distanz vom Absprung zur Leine den Voraussetzungen anpassen:
INHALT	Sprungkraft		
VER-HALTEN	Selbsteinschätzung		
		Eigene Idee:	
INHALT			
VER-HALTEN			

Kapitel 4

Kräftigen

4.1.1 KRÄFTIGEN / ohne Material (Beine)

Nr.	Name der Spielform / Ziele / Akzente	Idee / Beschreibung	Hinweise / Organisation
422	STORCH IM SUMPF	Der Storch (Fänger) stolziert (hüpft) auf einem Bein herum (Bein darf gewechselt werden). Die Frösche im Sumpf fliehen vor ihm (mit Froschhüpfen), aber immer nach 5 Hüpfen müssen sie 5x quaken. Wen der Storch erwischt, der wird zum Storch. - Die Gefangenen lösen die Störche ab. - Die Gefangenen helfen den Störchen, bis es keine Frösche mehr gibt.	
	INHALT Beine – Kraftausdauer		
	VER-HALTEN Spielregeln einhalten!		
423	FLOHZIRKUS	Jeder Floh - mit einer Ausnahme - hat sein Podestchen (Reif, Matte ...). Nur ein Floh hüpft allein durch den Zirkus. Wenn er ruft: "Achtung Feinde" müssen alle anderen Flöhe sofort hüpfend die Plätze tauschen. Wer kein Podestchen mehr erwischt, hält als nächster nach dem Feind Ausschau.	
	INHALT Beine Schnelligkeit		
	VER-HALTEN Fairness		
424	STOSSPRESSE	A und B in Rückenlage gegenüber, Fussohlen gegeneinander, Beine angehockt: A streckt die Beine gegen den Widerstand von B und umgekehrt. - Gelingt es, dass der eine den anderen langsam von sich wegschieben kann? - Gelingt es, dass sich beide gleichmässig voneinander wegschieben?	
	INHALT Beine		
	VER-HALTEN Begegnung		
425	Beinpresse	B in Rücklage, Nackenhalte, das li (re) Bein streckt er in die Luft. A stützt sich mit der Brust auf die li Fussohle und B hält sich am Fussgelenk fest. B beugt und streckt sein li Bein. - Wenn es einbeinig (noch) nicht geht, dann mit beiden Fussohlen aufstützen! Vorsicht: Nicht zu tief (zu grosse Belastung der Kniegelenke!)	
	INHALT Beine		
	VER-HALTEN Begegnung		
426	ZIEH- UND SCHIEB-WETTKAEMPFE 1	A und B stehen Rücken an Rücken, jeder fasst mit der re Hand den li Fuss des anderen: Wer kann den Partner bis zu einem Mal ziehen? - Dito, aber die Partner stehen voreinander und geben dem andern je ein Bein zum Halten.	
	INHALT Beine		
	VER-HALTEN Begegnung		

Nr.	Name der Spielform Ziele / Akzente	Idee / Beschreibung	Hinweise / Organisation
427	ZIEH- UND SCHIEBE-WETTKAEMPFE 2	- Dito, wie oben, aber es werden die re Unterschenkel ineinander gehakt und der andere so mit dem Bein rw gezogen. - Dito, aber die Partner geben sich je die li Hand und halten mit der re Hand ihren eigenen re Unterschenkel. Jeder versucht, den anderen zum Lösen der re Hand zu zwingen.	
	INHALT Beine		
	VER-HALTEN Begegnung		
428	PRELLKAMPF	A und B einander in der Hocke gegenüber: Rücken gegen Rücken: Durch Prellen mit dem Gesäss versucht jeder, den andern zur Bodenberührung mit einem anderen Körperteil als mit den Füssen zu zwingen.	
	INHALT Beine		
	VER-HALTEN Begegnung		
429	BEINSCHERENKAMPF	A und B im Langsitz gegenüber, Beine leicht angehoben. A versucht, die Beine von B zusammenzudrücken, B seinerseits drückt die Beine von A auseinander. Kann A so stark drücken, dass sich die Füsse von B berühren?	
	INHALT Innere und äussere Oberschenkelmuskul.		
	VER-HALTEN Kooperation		
430	BEINHAKENKAMPF	A und B in Rücklage nebeneinander, A hält seinen Kopf dort, wo B die Füsse hat. Beide geben sich die re (innere) Hand. Auf Zeichen heben beide ihr re (inneres) Bein, haken es ein und versuchen durch Ziehen mit dem Bein, den andern auf die Seite zu drehen.	
	INHALT Beine – Rumpf		
	VER-HALTEN Begegnung		
431	BEINPRESSKAMPF	Ausgangslage wie beim Beinhakenkampf. Beide heben das innere Bein senkrecht an, stemmen es mit den Kniekehlen gegeneinander und versuchen, das Bein des Partners nach hinten wegzudrücken.	
	INHALT Beine – Rumpf		
	VER-HALTEN Begegnung		

4.1.1 KRÄFTIGEN / ohne Material (Beine)

Nr.	Name der Spielform / Ziele / Akzente	Idee / Beschreibung	Hinweise / Organisation
432	WEGSTOSSEN **INHALT** Beine – Rumpf **VER-HALTEN** Fairer Wettkampf	A und B sitzen Rücken an Rücken und versuchen, sich gegenseitig bis zu einer bestimmten Marke (Linie) zu stossen. Allfällige "Zusatzregeln" gegenseitig besprechen!	
433	KNIEBEUGEN IN VARIATIONEN **INHALT** Beine – Gleichgewicht **VER-HALTEN** Der Bessere passt sich an!	Grundstellung, Gesicht zueinander, Arme in Vorhalte mit Handfassung. Gleichzeitiges Kniebeugen und Aufrichten. - Dito, aber im Wechsel: A beugen, B strecken. - Dito, aber senken bis in die Rücklage mit angehockten Beinen; auch wechselseitig - Dito, einbeinig, anderes Bein vorstrecken. - Dito, aber das freie Bein dem Partner in die Hand geben	A B
434	HOCKE **INHALT** Beine (Kraftausdauer) **VER-HALTEN** Begegnung	A und B stehen Rücken an Rücken, jeder verschränkt seine Arme vor der Brust. Langsames Kniebeugen bis zum rechten Winkel, verharren und wieder aufrichten. - Wer von beiden hält es länger aus? - Auch als Stosskampf in der Hocke gegeneinander: Welcher stösst den andern zuerst über die Marke?	A B
435	VONEINANDER - ZUEINANDER **INHALT** Beine, Oberschenkel Hüfte **VER-HALTEN** Spass zu zweit	A und B im Kniestand gegenüber, Arme angewinkelt: Sich gegenseitig rw wegstossen, den gestreckten Rumpf rw senken, abbremsen und wieder aufrichten.	A B
436	FUSS-BREMSE **INHALT** Beine, Oberschenkel Hüfte vorne/hinten **VER-HALTEN** Zug dosieren	A in Bauchlage, B fasst den re Fuss von A: A beugt und streckt gegen den Widerstand von B das re Knie. - Auch beide Beine gleichzeitig. - Auch in Rückenlage: A zieht das Knie gegen Widerstand von B Richtung Brust und streckt es ebenso (gegen Widerstand von B) wieder.	B A

Nr.	Name der Spielform / Ziele / Akzente	Idee / Beschreibung	Hinweise / Organisation
437	FALL NICHT HIN	A im Kniestand, Arme in Nackenhalte. B drückt die Füsse von A auf den Boden. A senkt und hebt den Oberkörper mit möglichst viel Vorlage. - Auch mit Rumpfdrehen nach li und re nach dem Senken vw. - Auch den Oberkörper möglichst flach über den Boden legen und weit nach vorn strecken, ohne den Boden zu berühren.	
INHALT	Beine, Rücken (Kraftausdauer)		
VER-HALTEN	Vertrauen		
438	BEINHEBEN	Grätschsitz gegenüber, Fussohle an Fussohle: Zuerst heben beide nur ein Bein leicht vom Boden ab, danach versuchen sie, beide Beine zusammen zu heben. - mit Aufstützen der Hände hinter dem Körper. - ohne Aufstützen, Arme verschränkt.	
INHALT	Beine		
VER-HALTEN	Kooperation		
439	SCHWANKENDER KNIESTAND	Arme am Körper angelegt: Langsam rw senken, ohne in den Hüften zu brechen, und wieder aufrichten. Nur soweit senken, dass man sich wieder hochdrücken vermag. - Dito, aber beim Senken den Oberkörper einmal nach re und einmal nach li drehen und wieder aufrichten.	
INHALT	Beine, Rumpf (Kraftausdauer)		
VER-HALTEN	Gleichgewicht spüren!		
440	4-FUESSLER RUECKLINGS	Abwechslungsweise das re und das li Bein nach vorn ausstrecken. - Dito, aber in rascher Folge. Das re Bein verlässt den Boden, bevor das linke aufsetzt. - Einbeiniger 4-Füssler rücklings: Heben und Senken der Hüfte bei vorgestrecktem Bein. - Dito, aber mit Aufstützen auf den Schultern (statt auf den Händen)	
INHALT	Beine, Hüfte hinten Rücken		
VER-HALTEN	Spielregel einhalten!		
441	PALME IM WIND	Auf beiden Füssen stehen und den Schwerpunkt vw und rw bis an die Grenzen verschieben. Die Füsse sind fest verwurzelt. - Gewicht verlagern auf Aussen-/ Innenkanten der Füsse; auf Fussballen und Fersen.	
INHALT	Beine, Rumpf, Füsse		
VER-HALTEN	Gleichgewichts-fähigkeit		

4.1.1 KRÄFTIGEN / ohne Material (Beine)

Nr.	Name der Spielform / Ziele / Akzente	Idee / Beschreibung	Hinweise / Organisation
442	ZEHENKOORDINATION	Zuerst den ganzen Fuss samt Zehen anziehen, danach den Fuss strecken, aber die Zehen angezogen lassen, dann auch die Zehen strecken. Wiederholen und Bein wechseln.	
INHALT	Beine - Füsse	- Im Sitzen auch mit beiden Füssen gleichzeitig (oder um einen Takt verschoben).	
VER-HALTEN	Koordination	- Dito, aber ganze Uebung in umgekehrter Reihenfolge.	
443	WURMGANG	Sich mit den Zehen vw ziehen (oder rw schieben). Sich mit Fussballen und Fersen seitwärts verschieben durch entsprechendes Oeffnen und Schliessen der Füsse.	
INHALT	Koordination - Beweglichkeit	Bemerkung: Natürlich ... alle Fussgymnastik barfuss ausführen.	Dreh-punkte
VER-HALTEN	Die eigenen Füsse entdecken!		
444	ZEHEN-KLAVIER-SPIEL	Fuss und Zehen anziehen, dann jede Zehe einzeln strecken (mit der kleinen Zehe beginnen) und zurück.	
INHALT	Koordination - Beweglichkeit	- Wer kann es mit beiden Füssen? - Wer kann gleichzeitig dasselbe mit den entsprechenden Fingern ausführen?	
VER-HALTEN	Körpererlebnis		
445	IM WARTSAAL	Wir sitzen an der Wand (gerader Rücken). Wer kann es auch einbeinig?	
INHALT	Kraftausdauer		
VER-HALTEN	Spannung spüren!		
446	LASS NICHT LOS	A und B halten sich gegenseitig an den Händen. Langsam tief gehen und wieder aufstehen. Wer kann es auch einbeinig?	
INHALT	Kraft der Beine		
VER-HALTEN	Vertrauen		

Nr.	Name der Spielform / Ziele / Akzente	Idee / Beschreibung	Hinweise / Organisation
447	WALZE	Rückenlage, Arme in Hochhalte gespannt über dem Boden, Beine in die Länge gezogen, 5 cm ab Boden: Wechsel von der Rücken zur Bauchlage (evtl. mit Zwischenhalt in der Seitenlage). Arme und Beine bleiben immer gespannt über dem Boden. Erschwerung: In der Rückenlage sowie in der Seitenlage Zwischenhalt und Knie zur Brust ziehen und wieder strecken.	
	INHALT Rumpf - Koordination		
	VER-HALTEN Körperspannung spüren		
448	WER KANN?	Aus dem Langsitz mit leicht abgehobenen Beinen vom Langsitz zur Bauchlage und wieder zum Langsitz wechseln, ohne dass Hände oder Füsse den Boden berühren. - Wer kann es ganz schnell? - Wer kann es ganz langsam? Was ist schwieriger?	
	INHALT Rumpf - Koordination		
	VER-HALTEN Spannung erleben		
449	ICH FALL NICHT UM	A im Grätschsitz. B versucht, durch Schubsen und Stossen A umzuwerfen. A verhindert dies durch eine gespannte Haltung. Mit oder ohne Zuhilfenahme der Hände.	
	INHALT Rumpf		
	VER-HALTEN Begegnung - Dosierung		
450	EIDECHSE	Rückenlage, Beine leicht angehockt. Beide Knie nach re-sw-abwärts legen: Oberkörper abheben, Kinn auf Brust drücken, Blick zur Hüfte. Senken und Beine nach li zur Seite schwenken, Oberkörper heben.	
	INHALT Bauch		
	VER-HALTEN Konzentration		
451	"SIT-UP" ZU ZWEIT	A und B in Rückenlage voreinander, Beine beieinander verhakt. Beide richten den Oberkörper auf, bis sich ihre Hände berühren (Arme gestreckt). Abliegen, entspannen und Uebung wiederholen.	
	INHALT Bauch		
	VER-HALTEN Begegnung		

143

4.1.2 KRÄFTIGEN / ohne Material (Rumpf)

Nr.	Name der Spielform / Ziele / Akzente	Idee / Beschreibung	Hinweise / Organisation
452	GUTEN MORGEN	Rückenlage: Kopf abheben und langsam 10x den Kopf nach re und nach li drehen. Langsam wieder ablegen und Uebung 5-10 x wiederholen. - Dito, aber Kopf abheben und Kinn während 3 Sek. stark zur Brust ziehen (ohne Hände). - Dito, mit Kopfkreisen nach re und li. Atmen nicht vergessen!	
	INHALT Bauch, Hals, Beweglichkeit (Nacken)		
	VER-HALTEN Körperbewusstsein		
453	WIE DER BLITZ	Durchgespannte Seitenlage re, Arme in Hochhalte: Rasches Drehen, Aufsitzen und sich zu einem Päckchen zusammenziehen. Senken zur Seitenlage li und sich vor dem erneuten Aufrichten langmachen!	
	INHALT Bauch Körperspannung		
	VER-HALTEN Körper-beherrschung		
454	RAUPE	Langsitz, Arme stützen hinter dem Körper: Beine gestreckt anheben, Hüfte nach re ausdrehen und Beine langsam re sw zur re Hand führen; dann zur andern Seite (li Hand), Beine immer 10 cm ab Boden.	
	INHALT Rumpf - Hüfte hinten		
	VER-HALTEN Gleichgewicht spüren		
455	KAMPF UM DEN SITZ	A und B liegen auf dem Rücken nebeneinander, so dass A die Füsse dort hat, wo B den Kopf hat. Auf Zeichen versucht jeder, sich aufzusetzen bzw. das Aufrichten des Partners (durch Zurückstossen) zu verhindern.	
	INHALT Rumpf		
	VER-HALTEN Fairness		
456	BAUCH WEG	Arme vor Brust verschränkt, Rückenlage, Ferse fest auf den Boden pressen: Kopf und Schulter anheben (Kinn zu Brust ziehen) und in dieser Stellung 3 Sek. verharren. Darauf achten, dass die Füsse immer gegen den Boden pressen. - Auch diagonales Heben, d.h. mit li Ellenbogen zu re Knie zielen und umgekehrt.	
	INHALT Bauch		
	VER-HALTEN Körperbewusstsein		

Nr.	Name der Spielform / Ziele / Akzente	Idee / Beschreibung	Hinweise / Organisation
457	SCHERE	A in Rückenlage, hält sich an einem Fuss von B und hebt die Beine zur Senkrechten. B (zieht das re Bein nach hinten) und stösst das li Bein kräftig zum Boden. A muss das Bein abbremsen, bevor sein Fuss auf dem Boden aufschlägt. Dito, auch beide Beine zusammen, evtl. muss B den Oberkörper von A mit einem Fuss belasten.	
	INHALT Hüfte vorne		
	VER-HALTEN Kooperation		
458	UNBEQUEMER LIEGESTUHL	Zu zweit: A in Rückenlage (Beine vom Boden abgehoben). B erfasst die Füsse von A. A hebt seinen Rumpf und senkt ihn möglichst langsam wieder zurück. Je höher B die Füsse von A hält, desto schwieriger wird die Uebung. Wie hocht gehts?	
	INHALT Bauch		
	VER-HALTEN Begegnung		
459	ICH LASS DIR KEINE RUHE	Zu zweit im Schwebesitz gegenüber (ohne Aufstützen der Hände), Fussohle gegeneinander: Wer kann den anderen zuerst rw oder zur Seite umwerfen bzw. zum Aufstützen mit den Händen zwingen? (Durch Fusstritte den Partner aus dem Gleichgewicht bringen).	
	INHALT Bauch – Gleichgewicht		
	VER-HALTEN Begegnung		
460	MARIONETTE	Rückenlage, Knie- und Hüftwinkel bei 90° fixiert: Versuche, dein Becken anzuheben und zu senken, als ob ein unsichtbarer Faden deine Knie ganz wenig in die Höhe ziehen würde (es geht nur einige cm!). Var.: Der Uebende hält sich an den Fesseln des hinter ihm stehenden Partners. Beim langsamen Senken können die Beine als zusätzliche Erschwerung gestreckt werden.	
	INHALT Bauch		
	VER-HALTEN Spannung bewusst erleben		
461	SCHEIBENWISCHER	Zu zweit: A in Rücklage, Beine senkrecht in der Luft. B fixiert von hinten die Schultern von A: Beine sw senken und heben. Erschwerung: Das Gesäss wird mit den Beinen angehoben und soll den Boden nie berühren. Oder: Die Beine werden auf den Seiten jeweils nicht abgelegt, sondern direkt wieder hochgeführt.	
	INHALT Bauch, Hüfte hinten		
	VER-HALTEN Vertrauen		

4.1.2 KRÄFTIGEN / ohne Material (Rumpf)

Nr.	Name der Spielform Ziele / Akzente	Idee / Beschreibung	Hinweise / Organisation
462	HUEFTE-LIFT	Rückenlage mit leicht angewinkelten Beinen, Fussohlen ganz aufsetzen, die Arme liegen neben dem Körper, Handflächen auf dem Boden: Den Rumpf während des Einatmens in die kleine Brücke heben, dann wieder Wirbel um Wirbel auf den Boden senken. In der Brücke die Schultern fest auf dem Boden spüren.	
INHALT	Rücken – Hüfte hinten		
VER-HALTEN	Körperbewusstsein		
463	HUB-STAPLER	Liegestütz rücklings, auf den Unterarmen aufgestützt: Becken anheben, dann ein Bein vom Boden abheben, ohne in der Hüfte die Spannung zu verlieren, d.h., ohne in der Hüfte einzufallen.	
INHALT	Rücken – Hüfte hinten		
VER-HALTEN	Spannung spüren		
464	PLASTIK FORMEN	Rückenlage: Kreuz gegen den Boden drücken; langsam von den Füssen bis zum Oberkörper spannen. Becken leicht vom Boden abheben, Arme vom Boden in die Vorhalte heben, ohne dabei das Becken zu senken.	
INHALT	Rücken, Hüfte hinten, Körper-spannung		
VER-HALTEN	Muskelspannung spüren		
465	BETONIEREN	Sitzen mit eng angezogenen Beinen: Hände langsam loslassen, ohne in der Wirbelsäule zusammenzufallen.	
INHALT	Rumpf		
VER-HALTEN	Körperbewusstsein – Haltungsgefühl		
466	LANGSAMER WANDKONTAKT	Stand, mit dem Rücken gegen eine Wand gelehnt, Füsse ca. 20 cm von der Wand entfernt: Rumpf vorbeugen, Arme und Kopf entspannt hängen lassen. Langsames Aufrichten, dabei Wirbel um Wirbel gegen die Wand drücken. Beim Aufrichten einatmen, beim Senken ausatmen.	
INHALT	Rücken		
VER-HALTEN	Körperbewusstsein		

Nr.	Name der Spielform / Ziele / Akzente	Idee / Beschreibung	Hinweise / Organisation
467	BUEFFEL	Zu zweit: A in Bankstellung: B drückt den Kopf von A gegen dessen Widerstand langsam nach unten. - Dito, umgekehrt: A hat den Kopf auf die Brust gedrückt und versucht, ihn gegen Widerstand von B hochzuheben. - Dito, auch mit zur Seite gedrehtem Kopf.	
	INHALT: Rücken – Nacken		
	VER-HALTEN: Begegnung		
468	ICH LASS DICH NICHT HOCH	Zu zweit, A in Bauchlage, B drückt auf die Schulterblätter von A. A versucht, den Oberkörper gegen Widerstand zu heben.	
	INHALT: Rücken		
	VER-HALTEN: Begegnung		
469	BLEIB STARK	Zu zweit, A im Grätschwinkelstand, Arme im Nacken, B drückt die Ellenbogen von A abwärts: A versucht, den Rumpf gegen Widerstand langsam aufzurichten.	
	INHALT: Rücken		
	VER-HALTEN: Begegnung		
470	WER KANN DAS?	Zu zweit: A in Rückenlage, Hüft- und Kniewinkel bei 90° fixiert; B hält die Füsse von A in der Luft: Oberkörper anheben (auch diagonal) und Fersen gleichzeitig nach unten drücken (B gibt aber nicht nach). Die Lendenwirbelsäule bleibt auf dem Boden. Regelmässig atmen!	
	INHALT: Bauch		
	VER-HALTEN: Richtig dosiert helfen		
471	FALL NICHT HIN	Fersensitz, Arme nach hinten gestreckt, Kopf am Boden: Oberkörper mit gestrecktem Rücken abheben und weit nach vorne ziehen.	
	INHALT: Rücken		
	VER-HALTEN: Gleichgewicht spüren		

4.1.3 KRÄFTIGEN / ohne Material (Arme, Schultern)

Nr.	Name der Spielform / Ziele / Akzente	Idee / Beschreibung	Hinweise / Organisation
472	SITZLEDER	A und B im Hocksitz gegenüber, Füsse gegeneinandergestellt, Hände gefasst und ziehen: Wer das Gesäss vom Boden hebt, hat verloren.	
INHALT	Schultergürtel – Arme		
VER-HALTEN	Fröhlicher, fairer Wettstreit		
473	CHINESISCH BOXEN	A und B in der Grätschstellung gegenüber, Handfläche senkrecht gegeneinander gehalten. Auf Zeichen versucht jeder, den anderen durch (ruckartiges) Ziehen und Schieben aus dem Gleichgewicht zu bringen, so dass beide Füsse den Bodenkontakt verlieren.	
INHALT	Arme		
VER-HALTEN	Fair kämpfen		
474	ARMDRUECKEN	A und B in der Bauchlage gegenüber, beide halten den re Arm auf dem Ellenbogen aufgestützt und geben sich die re Hand; die li Hände liegen auf dem Boden (oder Handfassung): Wer kann den Unterarm des Gegners sw ablegen? Var.: A in Bauchlage, re Arm rechtwinklig aufgestützt, B erfasst von vorn die Hand: A versucht, den Arm gegen Widerstand von B zu strecken oder den gestreckten Arm zu beugen.	
INHALT	Arme		
VER-HALTEN	Begegnung		
475	FLUEGELSCHLAGEN	Grätschstellung, Arme in Seithalte gespannt: - Schnelle, kleine Armkreise vw und rw, - Schnelles Auf- und Abwippen der Arme, Handflächen zeigen einmal nach oben, dann nach unten, - Schnelles Vor- und Zurückwippen der Arme, - Dito, mit Armen in Vorhalte, Bewegungsumfang der Arme höchstens 20 cm! Aufrechte Haltung, nicht Bauch herausstrecken!	
INHALT	Schultergürtel – Brust vorne		
VER-HALTEN	Belastung spüren		
476	VOGELSTAND	In der Hocke die Arme zwischen den Knien vor sich auf den Boden stützen, das Gesäss anheben und die Knie an den Oberarmen entlang hochdrücken, wobei die Füsse den Boden verlassen. Wer kann so die Balance halten?	
INHALT	Arme, Schultern		
VER-HALTEN	Gleichgewicht suchen, spüren		

Nr.	Name der Spielform / Ziele / Akzente	Idee / Beschreibung	Hinweise / Organisation
477	ZUR SEITE DREHEN	A und B im Grätschsitz, Rücken an Rücken, Arme eingehakt: Wer kann den andern zuerst auf die Seite drehen?	
INHALT	Schultergürtel — Rumpf		
VER-HALTEN	Begegnung		
478	ELLENBOGENKAMPF	A und B gegenüber, Hände hinter dem Kopf verschränkt, Ellenbogen nach vorn: A versucht, die Ellenbogen von B auseinanderzudrücken, B versucht seinerseits, die Ellenbogen von A zusammenzudrücken.	
INHALT	Schultergürtel — Arme		
VER-HALTEN	Für beide gleiche Regeln		
479	DURCHSCHLUEPFEN	A und B im Stand gegenüber, Hände gefasst: Jeder versucht gegen den Widerstand des andern, mit dem Kopf unter dessen Armen durchzuschlüpfen.	
INHALT	Schultergürtel — Arme		
VER-HALTEN	Geschickte Körpertäuschung		
480	GEGENEINANDER MITEINANDER	A und B stehen Rücken an Rücken, Handrücken in Hochhalte aufeinandergelegt. Beide drücken mit den Armen nach hinten. - Dito, aber beide ziehen mit den Armen nach vorn.	
INHALT	Schultergürtel — Brust		
VER-HALTEN	Partner spüren		
481	STEH-AUF-MAENNCHEN	Zu zweit: A im Strecksitz am Boden, li Bein angehockt, re Fuss des vor ihm stehenden B gestemmt: B versucht, A über das gestreckte Bein in den Stand zu ziehen (mit geradem Rücken). - Bein- und Platzwechsel.	
INHALT	Arme		
VER-HALTEN	Kooperation		

4.1.4 KRÄFTIGEN / ohne Material (Ganzkörperübungen)

Nr.	Name der Spielform / Ziele / Akzente	Idee / Beschreibung	Hinweise / Organisation
482	WER HAT ANGST VOR DEM RHINOZEROS?	(= Variation von "Schwarzer Mann"). Spielablauf wie "Schwarzer Mann" . Beginn mit 2 bis 3 Fängern. Gefangen ist, wer vom Boden abgehoben werden kann. (Die Fänger heben gemeinsam einen Spieler vom Boden ab und zählen bis 3). Der gefangene Spieler hilft in der nächsten Runde beim Fangen.	
INHALT	Ganzer Körper		
VER-HALTEN	Taktik Kooperation		
483	HAMPELMANN ZU ZWEIT	A sitzt auf dem Boden, hebt die Beine leicht ab und öffnet und schliesst diese rhythmisch. B führt Grätschhüpfen zwischen den Beinen von A aus (Grätschen - Schliessen). - Dito, B muss beim Springen bis in die tiefe Hocke und wieder hochschnellen.	
INHALT	Ganzer Körper Koordination		
VER-HALTEN	Kooperation		
484	RISIKO	Zu dritt: A und B in Rückenlage, Fussohlen gegeneinander, C steht seitlich daneben. A und B heben die Beine etwas an und schwingen sie gleichmässig nach re und li, wobei C jeweils über die Füsse springt. - Dito, aber A und B grätschen und schliessen die Beine. C springt in die gegrätschten Beine hinein und wieder heraus.	
INHALT	Ganzer Körper		
VER-HALTEN	Kooperation		
485	HANDSTANDFANGIS	Wie gewöhnliches Fangis, aber wer mit den Beinen in der Luft ist, kann nicht gefangen werden und der Fänger muss einen andern Spieler verfolgen. - Auch: Wer den Handstand 3 Sek. steht, kann nicht mehr gefangen werden.	
INHALT	Handstand		
VER-HALTEN	Spielregeln einhalten		
486	KARUSSELL	Zu zweit: B umfasst A von hinten unter den Armen im Flechtgriff vor der Brust und dreht sich im Kreis. A hebt die Beine an und lässt sich drehen.	
INHALT	Ganzer Körper		
VER-HALTEN	Vertrauen		

Nr.	Name der Spielform / Ziele / Akzente	Idee / Beschreibung	Hinweise / Organisation
487	ELEFANTEN - RUESSEL	Zu zweit: A in Liegestütz vorlings und umschliesst mit den Beinen die Hüfte von B. B hält A an den Oberschenkeln. A hebt den Oberkörper vom Boden ab bis zur Waagrechten, zählt bis drei und senkt den Oberkörper wieder langsam zum Boden. Arme in Hoch- oder Nackenhalte.	
	INHALT Ganzer Körper – Rücken, Hüfte		
	VER-HALTEN Vertrauen		
488	BALLETT	Zu zweit: A liegt in der Rückenlage, Beine gehockt und aufgestellt. B steht hinter ihm und ergreift seine Hände. B zieht A hoch, A drückt sich mit der Hüfte voran durch die Spannbeuge zum Stand. Dito, aber einbeinig, das andere Bein vorstrecken.	
	INHALT Ganzer Körper		
	VER-HALTEN Vertrauen		
489	VERKEHRTE WELT	Zu zweit: A und B stehen hintereinander: B macht einen Handstand gegen den Rücken von A und hängt seine Unterschenkel über dessen Schultern. A fixiert die Füsse von B: B hebt und senkt seinen Oberkörper langsam (Rumpfheben vw).	
	INHALT Ganzer Körper – Bauch		
	VER-HALTEN Vertrauen		
490	SAENFTE - TRAGEN	Zu dritt als Wettkampf: A und B nebeneinander, C wird in Schulterstütz getragen. Welche Gruppe schafft in 2 Min. am meisten Läufe? (Mit häufigem Rollentausch, so dass jeder getragen wird).	
	INHALT Ganzer Körper		
	VER-HALTEN Kooperation		
491	KEINE ANGST	Zu zweit: A sprintet vw und schiebt B. B lehnt gegen die Hände von A zurück und lässt sich mit leichtem Widerstand vw-stossen.	
	INHALT Ganzer Körper – Beine		
	VER-HALTEN Begegnung – Vertrauen		

4.1.4 KRÄFTIGEN / ohne Material (Ganzkörperübungen)

Nr.	Name der Spielform / Ziele / Akzente	Idee / Beschreibung	Hinweise / Organisation
492	WINKELSTUETZ-STAFETTE	Gruppe von 4 bis 6 Schülern sitzen nebeneinander im Winkelstütz rücklings. Der hinterste jeder Gruppe kriecht unter den erhobenen Gesässen seiner Kameraden durch und schliesst an der Spitze wieder an. Welche Gruppe hat zuerst 3 Durchgänge?	
INHALT	Ganzer Körper → Arme		
VER-HALTEN	Kooperation		
493	PACK OEFFNE DICH	Sitz in Päckchenhaltung: Langsam zurückrollen und - bevor der Rücken den Boden berührt - Beine und Arme energisch ausstrecken und ganzen Körper spannen. Kopf und Füsse müssen in der Luft bleiben. Wiederholen. - Dito, aber beim Oeffnen eine Vierteldrehung zur Seitenlage ausführen. Auch in der Seitenlage versuchen, Arme und Beine (möglichst gestreckt) in der Luft zu lassen!	
INHALT	Körperspannung		
VER-HALTEN	Timing		
494	BEINPRESSE	A in Rückenlage, Arme und Beine senkrecht hochstrecken. B legt sich mit dem Bauch auf die Füsse von A und gibt A die Hände. Während A die Beine beugt und streckt, macht B sich ganz steif (Gesäss und Bauch anspannen, Füsse strecken).	
INHALT	Ganzer Körper → Körperspannung		
VER-HALTEN	Kooperation → Vertrauen		
495	IM LIFT	A im Liegestütz rücklings auf dem Boden, Hände auswärtsgedreht. B hebt die Beine von A an. Dabei muss sich A spannen, so dass sich von den Schultern bis zu den Füssen eine Gerade ergibt (Gesäss hoch!). In unregelmässigen Abständen lässt B nun das eine oder andere Bein von A los. A muss so gut spannen, dass das losgelassene Bein nicht absackt und zu Boden fällt. - Zusätzlich kann B A leicht vw und rw schieben.	
INHALT	Körperspannung		
VER-HALTEN	Spannung bewusst erleben		
496	WIE DU MIR, SO ICH DIR	A und B stehen sich gegenüber, die Arme in Vorhalte, so dass sich die Hände gerade noch fassen können. Körpergewichtsverlagerung nach vorn, ohne dass sich die Füsse verschieben, und Arme langsam über die Seithalte in die Hochhalte führen. Spannen, Bauch einziehen!	
INHALT	Körperspannung		
VER-HALTEN	Vertrauen		

Nr.	Name der Spielform / Ziele / Akzente	Idee / Beschreibung	Hinweise / Organisation
497	TOTER MANN	Zu dritt (zwei "Träger", ein "toter Mann"): - C liegt gespannt in der Rückenlage, Arme am Körper angelegt; spannen! A und B heben C an Gesäss und Rücken zum Stand und legen ihn zur Bauchlage ab (Griff unter Schulter und Hüfte). Langsam! - Dito, aber C in Seitenlage.	
INHALT	Ganzer Körper - Körperspannung		
VER-HALTEN	Vertrauen		
498	PALME IM WIND	C steht mit angelegten Armen und gespannt da und lässt sich von A und B hin und her schieben. Die Füsse bleiben immer am selben Ort, Hüfte nicht entspannen. Auch mit leichter Flugphase (aber mit sanftem Auffangen!) und mit geschlossenen Augen.	
INHALT	Ganzer Körper - Körperspannung		
VER-HALTEN	Vertrauen		
499	PALME IM WIND IM HANDSTAND	Vorsicht! C liegt in Bauchlage, Arme in Hochhalte. A und B heben ihn langsam in den Handstand und senken ihn zur Rückenlage. Im Handstand muss C seine Hände auswärtsdrehen, um abgelegt werden zu können.	
INHALT	Ganzer Körper - Körperspannung		
VER-HALTEN	Vertrauen		
500	HANDSTANDPROBE	A macht gegen B einen Handstand und spannt so fest er kann (Beine zusammenpressen). B versucht, die gespannten Beine von A zu öffnen.(sw auseinander-ziehen oder vw-rw stossen/ziehen).	
INHALT	Körperspannung - Schultergürtel		
VER-HALTEN	Spannung bewusst machen		
501	HANDSTAND - WANDERUNG	A schwingt gegen B in den Handstand. Wer kann im Handstand die grösste Distanz gehen? - Vw und rw - Die Spannung muss immer beibehalten werden! (Bauch einziehen, Gesäss zusammenklemmen).	
INHALT	Schultergürtel - Arme		
VER-HALTEN	Vertrauen		

153

4.1.4 KRÄFTIGEN / ohne Material (Ganzkörperübungen)

Nr.	Name der Spielform Ziele / Akzente	Idee / Beschreibung	Hinweise / Organisation
502	HAHNENKAMPF	Beide Partner stehen auf einem Bein, die Arme sind auf dem Rücken verschränkt. Wer kann durch Rempeln und Anspringen den anderen aus dem Gleichgewicht bringen (= Abstehen mit dem anderen Bein)?	
	INHALT Ganzer Körper – Beine		
	VER-HALTEN Körpertäuschung		
503	AUS DEM KREIS	Ca. 10 Schüler befinden sich in einem markierten Kreis. Jeder gegen jeden: Wer kann die anderen aus dem Kreis stossen, zerren, tragen...? - Auch in zwei Mannschaften: Welche Partei hat das Schlachtfeld zuerst geräumt? Bemerkung: Für gewisse Klassen sind - um "Tote" zu vermeiden - Einschränkungen nötig.	
	INHALT Ganzer Körper		
	VER-HALTEN Taktik, Fairness		
504	AUSWEICHEN	Die Partner stehen sich mit Handfassung re (li) gegenüber: Jeder versucht, den anderen so zu sich heranzuziehen, dass er ihm mit der li (re) Hand auf das Gesäss (auf den Rücken) schlagen kann. - Dito, aber auf die Füsse treten. - Dito, aber Schlag auf die Unterschenkel des "Gegners".	
	INHALT Ganzer Körper		
	VER-HALTEN Körperbeherrschung		
505	UEBER DIE LINIE ZIEHEN	Handfassung re, Stand nebeneinander in Grätschstand, die re Füsse gegeneinandergestemmt: Jeder versucht den Gegner zu sich heranzuziehen, so dass dieser das li Bein vom Boden lösen muss. Dito, durch Stossen, bis der Gegner den rechten Fuss lösen muss.	
	INHALT Ganzer Körper, Arme		
	VER-HALTEN Taktik		
506	SCHULTERSTOSSEN	Die Partner sind einander gegenüber, und zwar auf allen vieren. Die beiden re (li) Schultern werden gegeneinandergestemmt: Wer hat den Gegner zuerst über die gegnerische Linie gestossen? - Dito, im Stand, Hände auf den Schultern des Gegners.	
	INHALT Ganzer Körper		
	VER-HALTEN Begegnung		

Nr.	Name der Spielform / Ziele / Akzente	Idee / Beschreibung	Hinweise / Organisation
507	HOCKSTOSSKAMPF	Die Partner sind einander gegenüber im Hockstand, Handflächen gegeneinander gepresst. Wer bringt den Partner zuerst aus dem Gleichgewicht? - Dito, im Kniestand mit Handfassung.	
	INHALT Ganzer Körper – Gleichgewicht		
	VER-HALTEN Fairer Wettkampf		
508	BANKHEBEKAMPF	A in Bankstellung, B kriecht unter ihn und versucht, A aufzuheben, indem er aufwärts drückt. B leistet Widerstand und versucht mit aller Kraft, auf dem Boden zu bleiben.	
	INHALT Ganzer Körper		
	VER-HALTEN Begegnung		
509	AUF DEM BODEN BLEIBEN	B steht hinter A und versucht, A hochzuheben. A versucht, mit den Füssen und/oder Händen in Bodenkontakt zu bleiben.	A auch im Kniestand möglich!
	INHALT Ganzer Körper		
	VER-HALTEN Spielregeln einhalten		
510	HOCHZIEHKAMPF	Jeder versucht in der Hocke, den anderen über eine festgelegte Strecke zu ziehen. Dabei darf das Gesäss den Boden nicht berühren.	
	INHALT Ganzer Körper		
	VER-HALTEN Gleichgewichtssinn		
511	AUF DEN RUECKEN DREHEN	Zu zweit: A liegt möglichst steif auf dem Bauch (Beine und Arme gespreizt). B versucht, ihn mit aller Kraft auf den Rücken zu drehen.	
	INHALT Ganzer Körper – Körperspannung		
	VER-HALTEN Begegnung		

4.1.4 KRÄFTIGEN / ohne Material (Ganzkörperübungen)

Nr.	Name der Spielform / Ziele / Akzente	Idee / Beschreibung	Hinweise / Organisation
512	ZUR SEITE DREHEN	Zu zweit: Grätschsitz, Rücken an Rücken, Arme eingehakt: Wer kann den Partner zuerst auf die Seite drehen? Wer kann dies ganz langsam (= der Starke) oder ganz plötzlich (= der Schnelle)?	
INHALT	Ganzer Körper		
VER-HALTEN	Begegnung		
513	SEILZIEHEN OHNE SEIL	Zwei Paare stehen sich gegenüber. Jeweils der hintere jeden Paares fasst seinen Vordermann um die Hüfte, die beiden Vorderen reichen sich die Hände: Welches Paar kann die anderen über die Linie oder bis zu einem festgelegten Mal ziehen?	
INHALT	Ganzer Körper		
VER-HALTEN	Fairness		
514	SCHWINGER - KOENIG	B versucht, A aus der breiten Knieliegestützstellung zu bringen. Die Knie von B müssen immer auf dem Boden bleiben! Wie lange braucht B? Wer kann von (fast) niemandem aus dem Gleichgewicht gebracht werden (= Schwingerkönig)?	
INHALT	Arme/Beine		
VER-HALTEN	Fairness		
515	KRANKEN-TRANSPORT	Wer kann seinen Partner auf dem Rücken transportieren, ohne dass dieser hinunterfällt? Der "Kranke" darf sich an den Hüften des "Krankenwagens" halten. Geht es auch, ohne zu halten?	
INHALT	Dosierung der Kraft		
VER-HALTEN	Gleichgewicht und Körpergefühl		
516	HARTES GESAESS	A liegt in Bauchlage mit völlig gespannter Gesässmuskulatur. B versucht (vorsichtig!), auf das Gesäss von A zu stehen. Wie lange kann B stehen? Gelingt es A, durch Veränderung der Muskelspannung im Gesäss den Partner B "abzuwerfen"?	
INHALT	Spannung im Gesäss		
VER-HALTEN	Gleichgewicht Vertrauen		

Liegestützvariationen

Die "Liegestütz" ist eine der bekanntesten und wirksamsten Uebungen überhaupt.
Sie kann von praktisch jedem überall und ohne Hilfsmittel geturnt werden,
und die Variationsmöglichkeiten sind unzählig.
Mit "Liegestütz" meint man landläufig "Kräftigung der Arme", vergisst aber,
dass das reine Halten der Liegestützstellung fast den ganzen Körper beansprucht.
So tragen die Beine einen schönen Teil des Körpergewichts (Das merkt man
besonders gut, wenn man versucht, "Liegestütz" ohne Beine, d.h. im Handstand
durchzuführen).
Auch die gesamte Rumpfmuskulatur wird zur Stabilisation des Beckens benötigt,
die Brustmuskulatur wird je nach Armhaltung mehr oder weniger beansprucht.
Was die Bauchmuskeln bei der Liegestütz leisten, spürt man am besten, wenn man vor
dem Ausführen der "Liegestütz" eine Serie Bauchmuskelübungen turnt;
die "Liegestützen" fallen einem danach recht schwer!

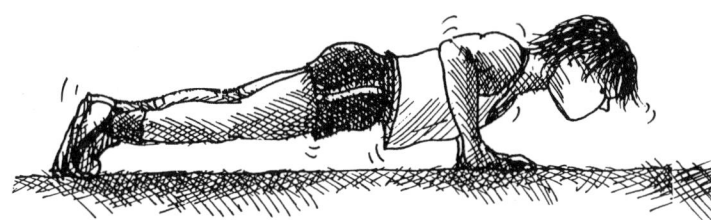

Und noch eine!
Und noch ei...
Und noch .....
Und no........
Und ....
U...........
............!

4.1.5 KRÄFTIGEN / ohne Material (Liegestützenvariationen)

Nr.	Name der Spielform / Ziele / Akzente	Idee / Beschreibung	Hinweise / Organisation
517	LIEGESTUETZ IM KREIS HERUM	In Liegestützstellung: - Kreisen mit den Armen um die Füsse herum. - Kreisen mit den Füssen um die Arme (= Zentrum) herum. - Auch als Wettbewerb: Wer hat zuerst eine "Runde" zurückgelegt? - Zu zweit: Sucht eigene Wettbewerbsformen in der Liegestützstellung!	
INHALT	Ganzer Körper – Arme – Körperspannung		
VERHALTEN	Durchhalten		
518	EINFACHE LIEGESTUETZ-VARIATIONEN	- Liegestütz mit den Händen in doppelter Schulterbreite (Brustmuskel) - Liegestütz auf den Fäusten, Fingerspitzen. - Einbeinliegestütz: Abwechslungsweise wird beim Senken das re oder li Bein angehoben. - Einarmiger Liegestütz: Beine gegrätscht, freier Arm auf dem Rücken. - Liegestütz mit Hochschnellen: Wer kann in der Luft 1-, 2-, 3x klatschen? - Liegestütz auf den Unterarmen: zuerst den einen, dann den andern Arm strecken und wieder nacheinander auf die Unterarme senken. - Liegestützwechsel: Wechsel von der Liegestützstellung rücklings durch Drehung um die Längsachse zur Liegestützstellung vorlings; fortgesetzt! Bei sehr gutem Trainingszustand können die Füsse auch leicht erhöht aufgesetzt werden (z.B. an der Sprossenwand oder auf einem Kastenelement).	z.B. z.B.
INHALT	Ganzer Körper – Arme		
VERHALTEN	Spannung beibehalten können		
519	SEIT - LIEGE-STUETZ	Seitenlage, den bodennahen Unterarm direkt unter der Schulter aufsetzen, Beine bei gespanntem Körper fest übereinanderhalten: Langsam den Oberkörper sw anheben und den freien Arm zur Hochhalte mit maximaler Streckung führen - senken.	
INHALT	Arme – Körperspannung		
VERHALTEN	Körper kontrollieren		

Nr.	Name der Spielform / Ziele / Akzente	Idee / Beschreibung	Hinweise / Organisation
520	RUNDLAUF	A und B im Liegestütz sw gegenüber, re Hand (evtl. in einem Reif, Seil) aufgestützt, li Hand in die Hüfte gestemmt: Auf Kommando laufen beide so schnell wie möglich um ihre Stützhand und versuchen, sich gegenseitig einzuholen, bzw. den Gegner in der Höhe der Hüfte abzuschlagen.	
	INHALT: Ganzer Körper – Arme, Koordination		
	VER-HALTEN: Regeln einhalten		
521	NACKENZIEHKAMPF	A und B im Liegestütz gegenüber, mit der re Hand fassen sie den Nacken des andern: Wer zwingt den andern zuerst auf den Bauch? - Dito, auch mit Handfassung. - Dito, im Liegestütz gegenüber ohne Fassung: Den Partner durch Wegziehen einer Hand aus dem Gleichgewicht bringen.	
	INHALT: Ganzer Körper – Arme,		
	VER-HALTEN: Begegnung, Fairness		
522	JEDER GEGEN JEDEN	Ganze Klasse in beschränktem Raum im Liegestütz: Jeder versucht, die anderen zur Aufgabe der Liegestützstellung zu zwingen. Wer "tötet" zuerst 5 (10) andere?	
	INHALT: Ganzer Körper – Arme, Kraftausdauer		
	VER-HALTEN: Fairness		
523	SCHULTERKAMPF	A und B im Liegestütz gegenüber, li Schultern aneinandergestemmt: Jeder versucht, den anderen mit der Schulter über eine Linie zu schieben oder zur Aufgabe der Liegestützstellung zu zwingen.	
	INHALT: Ganzer Körper		
	VER-HALTEN: Begegnung, Fairness		
524	AUF DIE HAENDE SCHLAGEN	A und B im Liegestütz gegenüber: Jeder versucht, dem andern möglichst oft auf die Handrücken zu schlagen. Wer trifft in 1 Min. häufiger? - Auch andere Spieler gegeneinander.	
	INHALT: Ganzer Körper – Arme, Reaktionsf.		
	VER-HALTEN: Fröhlicher Wettstreit		

4.1.5 KRÄFTIGEN / ohne Material (Liegestützenvariationen)

Nr.	Name der Spielform / Ziele / Akzente	Idee / Beschreibung	Hinweise / Organisation
525	DOPPELDECKER	A in Rückenlage, Arme in Vorhalte, Hände fassen die Fussknöchel von B. B in Liegestütz auf den Unterschenkeln von A: Beide beugen und strecken die Arme (gleichzeitig oder wechselweise).	
	INHALT Ganzer Körper		
	VER-HALTEN Kooperation – Vertrauen		
526	SCHUBKARREN	A in Liegestütz, B steht hinter ihm und hebt die Beine von A: Während A die Arme beugt und streckt, macht B Kniebeugen (miteinander oder gegengleich).	
	INHALT Ganzer Körper		
	VER-HALTEN Kooperation		
527	SCHUBKARREN DEFEKT	- Ausgangsstellung wie oben: Kann A einen Arm in die Luft strecken und sich einarmig hochstossen bzw. in den Beugestütz senken? - Ausgangsstellung wie oben: Liegestütz rücklings. Auch mit Drehen um die Längsachse und abwechslungsweise vorlings / rücklings.	wie Nr. 526
	INHALT Ganzer Körper		
	VER-HALTEN Kooperation		
528	DOPPELLIEGESTUETZ	A in Rücklage, Arme in Hochhalte, B steht hinter ihm und stützt sich auf die Arme von A: Gleichzeitiges Beugen und Strecken der Arme.	
	INHALT Ganzer Körper		
	VER-HALTEN Spannungsgefühl		
529	DOPPELLIEGESTUETZ-LAUF	A in Bankstellung, B macht Bankstellung auf A, indem er seine Füsse bei den Schultern von A einhakt und sich mit den Händen auf die Knöchel von A stützt; Welches Paar kann so am weitesten "laufen", ohne auseinanderzubrechen? - evtl. auch als Stafette.	
	INHALT Ganzer Körper		
	VER-HALTEN Kooperation, Spass		

Nr.	Name der Spielform Ziele / Akzente	Idee / Beschreibung	Hinweise / Organisation
530	LIEGESTUETZ MIT "TOTEM MANN"	A in Rückenlage, Arme in Vorhalte, B liegt rücklings mit gegrätschten Beinen über A: A stützt B an den Schultern und beugt und streckt die Arme.	
INHALT	Ganzer Körper – Arme		
VER-HALTEN	Begegnung		
531	IM LIEGESTUHL	B liegt in umgekehrter Richtung (Kopf über Kopf), Arme in Hochhalte, und macht sich steif. A beugt und streckt die Arme.	
INHALT	Ganzer Körper – Arme		
VER-HALTEN	Begegnung		
532	LIEGESTUETZ - TWIST	Der Rumpf beschreibt möglichst grosse Kreise nach re und nach li. - Dito, mit Liegestütz rücklings, - Dito, in Bankstellung, - Dito, im Vierfüsslerstand,	
INHALT	Ganzer Körper – Arme, Beweglichkeit		
VER-HALTEN	Körperbeherrschung		
533	LIEGESTUETZ - SPRUENGE	Versuche im Liegestütz von einer Hand auf die andere zu hüpfen! Var.: - Wer kann mit beiden Händen wegstossen und in der Luft 1x, (2x, 3x) klatschen? - Wer kann mit Händen und Füssen gleichzeitig vom Boden wegspringen?	
INHALT	Schnellkraft der Arme, Koordination		
VER-HALTEN	Mut zum Risiko		
534	LIEGESTUETZTANGO	Nach vorgegebenen Melodien sollen die entsprechenden "Tanzschritte" mit den Händen getanzt werden. Geht es auch zu zweit oder sogar in der Gruppe?	
INHALT	Arme, je nach Melodie!		
VER-HALTEN	Schulung des Musikgehörs!		

4.2.1 KRÄFTIGEN / Bälle (Beine)

Nr.	Name der Spielform / Ziele / Akzente	Idee / Beschreibung	Hinweise / Organisation
535	AUS DEM FELD	A und B in Kauerstellung gegenüber, jeder hält einen (Medizin-) Ball vor der Brust. Wer kann den andern mit dem Ball zuerst aus einem kleinen Feld (über eine Linie, aus dem Gleichgewicht) stossen?	
INHALT	Oberschenkel – Gleichgewicht		
VER-HALTEN	Gleiche Spiel-regeln		
536	WECHSEL-SPRUENGE	Versuche, von einem Bein in einem hohen Sprung seitwärts auf das andere Bein zu springen. Gleichzeitig mit der Landung musst du den Ball 1x prellen.	
INHALT	Sprungkraft – Koordination		
VER-HALTEN	Timing bewusst erleben		
537	ROLL-SPRUNG-BALL	Rolle dir den Ball leicht vorwärts und springe, hüpfe in verschiedenen Formen links und rechts über den Ball, ohne diesen zu berühren.	
INHALT	Sprungkraft		
VER-HALTEN	Phantasie – Kreativität		
538	BALL-ARTIST	Springe wechselseitig von einem Fuss auf den andern und versuche durch leichtes Antippen mit den Fussohlen, den Ball in eine gewünschte Richtung zu treiben. Var.: Als Wettbewerb	
INHALT	Ballgefühl, Koordinationsfähigkeit		
VER-HALTEN	Vergleich: links/rechts		
539	DER SCHIEFE TURM	Schneidersitz, jeder mit einem Medizinball in Hochhalte: Aufrichten der Wirbelsäule und den Oberkörper so weit wie möglich vorneigen, der Rücken bleibt dabei gerade.	
INHALT	Rücken – Schultergürtel		
VER-HALTEN	Körpersteuerung bewusst machen		

Nr.	Name der Spielform / Ziele / Akzente	Idee / Beschreibung	Hinweise / Organisation
540	MAL LINKS MAL RECHTS	Zu zweit: A im Kniestand, den Medizinball über dem Kopf. B fixiert die Fussgelenke von A. Nun versucht A, den Boden mit dem rechten Ellenbogen vor dem linken Knie (und umgekehrt) zu berühren. Gelingt dies? Wer kann es auch weiter vorne?	
INHALT	Rücken und Schultergürtel		
VER-HALTEN	Miteinander trainieren		
541	BRUECKENBAU	Jeder mit einem Medizinball im Kniestand: Den Oberkörper vorneigen bis in die Horizontale und den Ball in der Hochhalte weit nach vorne strecken und so (wenn es geht!?) einige Sekunden "verweilen". - Dito, aber den Ball schnell auf- und abwärtsfedern. - Dito, aber den Ball weit vor dem Körper auf den Boden legen und wieder aufheben. Dasselbe auch im Stand!	Rücken gerade
INHALT	Rücken, Schulter-gürtel und Arme		
VER-HALTEN	Gleichgewichts-gefühl		
542	SCHIEB- und ZIEHKAMPF	Zu zweit in Bauchlage an einer Linie gegenüber. Der Ball liegt auf der Linie. Nun versucht jeder, den Ball zum anderen zu schieben. Linie zu stossen. - Dito, aber jeder versucht (umgekehrt) dem Partner den Ball aus den Händen zu reissen.	
INHALT	Rücken und Schultergürtel		
VER-HALTEN	Spiel fair!		
543	TREFFBALL	4 - 6 Spieler bilden in Bauchlage einen Kreis und rollen sich einen Medizinball in rascher Folge zu. 1 - 2 Spieler stehen in der Kreismitte und versuchen, dem Ball "geschickt" auszuweichen. - Dito, aber mit 2 Bällen - Dito, aber der Ball darf in verschiedenen Arten bis auf Knie-höhe geworfen werden.	
INHALT	Rücken/Schultern - Reaktion		
VER-HALTEN	Miteinander		
544	FLIPPER	Spielgedanke wie "Treffball/Nr.543" , aber die Spieler stehen in einem Aussenstirnkreis mit gegrätschten Beinen, Fuss an Fuss. Nun wird der Ball rw durch die gegrätschten Beine gerollt. Wer wird in der Mitte (nicht) getroffen?	
INHALT	Schultergürtel - Beweglichkeit		
VER-HALTEN	Versucht, die Beine zu strecken!		

4.2.2 KRÄFTIGEN / Bälle (Rumpf)

Nr.	Name der Spielform / Ziele / Akzente	Idee / Beschreibung	Hinweise / Organisation
545	WER KANN DAS?	Jeder mit einem Medizinball in Rückenlage, den Ball mit den Füssen gefasst: Beine mit dem Ball heben, über die flüchtige Kerze über den Kopf bringen, dort mit dem Ball kleine Kreise (vertikal) beschreiben.	
INHALT	Rücken, Beine – Beweglichkeit		
VER-HALTEN	Ueben, auch wenns nicht klappt		
546	KRAFTPROTZ	Jeder mit einem Medizinball in Bauchlage, Ball in der Hochhalte, Füsse bleiben am Boden: - Den Ball mehrmals leicht vom Boden abheben. - Den Ball abheben und den Oberkörper nach re und nach li ausdrehen. - Dito, aus der Seitlage versuchen.	
INHALT	Rücken, Schulter-gürtel, Arme		
VER-HALTEN	Spannung spüren		
547	DAS IST SCHWIERIG	Jeder mit einem Medizinball zwischen den Füssen in Rückenlage: Versuchen, sich fortwährend von der Rücken- in die Bauchlage und zurückzudrehen, ohne den Ball zu verlieren oder am Boden abzusetzen.	
INHALT	Rumpf – Koordination		
VER-HALTEN	Schaffen wir das alle?		
548	WEM GEHOERT DER BALL?	A und B in Rückenlage gegenüber, mit den Füssen halten sie beide den Ball fest: Jeder versucht, dem anderen den Ball zu entreissen. - Dito, aber im Sitzen, mit oder ohne Aufstützen der Arme.	
INHALT	Bauch, Hüfte vorn – Beine		
VER-HALTEN	Begegnung		
549	SPIEGELBILD	A und B in Rückenlage gegenüber, Kopf an Kopf, Hände in Seithalte gefasst, beide haben je einen Ball zwischen die Füsse geklemmt: Ball und Beine zur Senkrechten heben und den Ball in einer Scheibenwischerbewegung sw nach re und nach li senken.	
INHALT	Bauch, Hüfte		
VER-HALTEN	Begegnung		

Nr.	Name der Spielform / Ziele / Akzente	Idee / Beschreibung	Hinweise / Organisation
550	BALL-KREISEN	Zu zweit im Langsitz gegenüber, jeder hält einen (Medizin-)Ball zwischen den Füssen: Jeder kreist seine Füsse um diejenigen des anderen.	
INHALT	Bauch, Hüfte vorne, Gleichgewicht		
VER-HALTEN	Kooperation		
551	DU ODER ICH?	Jeder im Langsitz mit einem Medizinball zwischen den Füssen: Füsse leicht vom Boden abheben. Wer kann den Ball länger über dem Boden halten? - Dito, aber A hält den Ball mit den Beinen hoch, B versucht, A den Ball durch Schläge mit der flachen Hand aus den Beinen zu schlagen.	
INHALT	Bauch, Hüfte vorne		
VER-HALTEN	Fairness		
552	WAELZER	Jeder liegt mit einem Ball zwischen den Füssen in Rückenlage auf dem Boden: Balldrehen nach re und li, so dass abwechslungsweise das re und das li Bein oben ist. Der Rücken bleibt dabei auf dem Boden.	
INHALT	Bauch, Hüfte vorne		
VER-HALTEN	Jeder sucht eigene Schwierigkeit		
553	BEIN - WURF	Zu zweit; A in Rückenlage, B steht hinter ihm: A hält einen (Medizin-)Ball zwischen den Füssen und wirft diesen durch Zurückschwingen der Beine zu seinem Partner. Dito, aber B steht vor A: A hält den Ball in der Kerze zwischen den Füssen und wirft ihn durch einen kräftigen Kippschlag zum Partner.	
INHALT	Bauch, Hüfte vorne		
VER-HALTEN	Kooperation		
554	DER KREISENDE BALL	Jeder in Rückenlage mit einem Ball, Hüft- und Kniewinkel bei 90° gehalten: Versuchen, den Ball durch leichtes Anheben des Oberkörpers, um die Unterschenkel zu kreisen.	
INHALT	Bauch, Hüfte vorne		
VER-HALTEN	Gleichgewicht spüren		

4.2.2 KRÄFTIGEN / Bälle (Rumpf)

Nr.	Name der Spielform / Ziele / Akzente	Idee / Beschreibung	Hinweise / Organisation
555	ETWAS SCHWERER	Dito, aber wechselweise ein Bein hochspreizen und den Ball zwischen den Beinen durch in die andere Hand übergeben (Dabei sollen beide Beine immer über Boden bleiben).	
INHALT	Bauch, Hüfte vorne		
VER-HALTEN	Gleichgewicht suchen		
556	WER KOMMT AM HOECHSTEN?	Bauchlage, Ball in Hochhalte: Oberkörper anheben und den Ball möglichst weit unter den Körper rollen, ohne mit der Brust den Ball zu berühren. Dann den Ball zurück- und möglichst weit nach vorn in die Hochhalte rollen bis zur totalen Streckung des ganzen Körpers. Dann den Oberkörper wieder möglichst langsam senken.	
INHALT	Rücken und Schultergürtel		
VER-HALTEN	Langsam heben!		
557	FLIEGER	Wie Nummer 556 aber der Ball wird in der Seithalte vom einen Arm in den anderen unter dem Oberkörper durchgerollt.	
INHALT	Rücken und Schultergürtel		
VER-HALTEN	So langsam wie möglich!		
558	VOM FUSS ZUM KINN	Rückenlage: Lege den Ball auf die Füsse, die Hände auf die Oberschenkel: Hebe die Beine langsam an, so dass der Ball über die Beine gegen die Hüfte bis zum Kinn rollt. Dann hebst Du den Oberkörper, damit der Ball wieder zu den Füssen rollt.	
INHALT	Körperspannung – Ballgefühl		
VER-HALTEN	Fein dosieren beim Heben und Senken		
		Eigene Idee:	
INHALT			
VER-HALTEN			

Nr.	Name der Spielform / Ziele / Akzente	Idee / Beschreibung	Hinweise / Organisation
559	KUGELSTOSSEN VERKEHRT	Zu zweit im Kauersitz gegenüber, mit dem Rücken zueinander, Abstand ca. 5 m: Leicht in sich zusammensinken und anschliessend den Medizinball rw über den Kopf zum Partner werfen.	
INHALT	Schultergürtel, Arme, Rücken,		
VER-HALTEN	Rücksicht auf andere!		
560	BALL TREFFEN	Zu viert mit zwei Medizinbällen: A und B stossen sich einen Medizinball zu (hin und her). C und D versuchen ebenfalls durch Zustossen eines Medizinballes, den Ball von A und B im Flug zu treffen. Wechsel nach 10 Versuchen.	
INHALT	Arme (Stosskraft)		
VER-HALTEN	Flugbahnein-schätzung		
561	BALL ENTREISSEN	A und B halten gemeinsam einen Medizinball fest und versuchen, sich den Ball gegenseitig zu entreissen. - Dito, aber der Ball darf mit den Armen umklammert werden.	
INHALT	Arme, ganzer Körper		
VER-HALTEN	Fairness		
562	SCHATTENBOXEN MIT DEM BALL	A und B halten je einen (Medizin-)Ball und stehen sich gegenüber: Jeder versucht durch verschiedene Schlagbewegungen mit seinem Ball, dem anderen den Ball aus den Händen zu schlagen.	
INHALT	Arme, ganzer Körper		
VER-HALTEN	Fairness		
563	HAND - WECHSEL - PRELLEN	Halte in Liegestützstellung den Ball in einer Hand, Versuche nun, einhändig zu prellen! Wer kann es auch wechselseitig?	
INHALT	Koordination, spez. Ballgeschicklichk.		
VER-HALTEN	Selbsteinschätzung		

4.2.4 KRÄFTIGEN / Bälle (Ganzkörperübungen)

Nr.	Name der Spielform / Ziele / Akzente	Idee / Beschreibung	Hinweise / Organisation
564	ROLLBALL	Zwei Parteien, Fortbewegung nur als "Schubkarren" zu zweit (der eine im Liegestütz, der andere hält ihn an den Beinen): Durch geschicktes Ballrollen versuchen beide Parteien, beim Gegner ein Tor zu schiessen. - Als Tore dienen Matten, Langbänke, Handballtore oder die ganze Hallenstirnseite. - Kleines Spielfeld! - Erst am Ende des Einlaufens!	
	INHALT Ganzer Körper, Arme		
	VER-HALTEN Kooperation		
565	SCHNAPPBALL	2 Parteien; gewöhnliches Schnappball, aber mit dem Medizinball gespielt. Welche Mannschaft erzielt zuerst 10 Pässe hintereinander? - Auch in Form von Tigerball zu dritt oder zu viert: A und B (und C) spielen sich den Ball zu, D versucht, den Ball zu erhaschen bzw. zu berühren. - Wurfarten vorschreiben, auch mit den Füssen möglich.	
	INHALT Ganzer Körper,		
	VER-HALTEN Taktik		
566	BALLKRIEG	Zwei Parteien, durch eine Mittellinie oder durch Langbänke getrennt, versuchen, möglichst viele Medizinbälle ins gegnerische Feld zu rollen (oder zu werfen). Zugerollte Bälle dürfen sofort wieder zurückgerollt werden. Bei Spielabbruch wird gezählt, in welcher Spielhälfte mehr Bälle liegen.	
	INHALT Ganzer Körper, Arme, Schnelligkeit		
	VER-HALTEN Pfiff = Stop!		
567	LIEGESTUETZKAMPF	Jeder Spieler im Liegestütz mit einem Ball zwischen die Füsse geklemmt: Jeder versucht, dem anderen den Ball mit den Händen wegzuschlagen. Wer den Ball verliert, läuft eine Strafrunde. - Dito, aber der Ball darf nur noch mit den Füssen weggekickt werden. - Spielfeld einschränken!	
	INHALT Ganzer Körper, Arme		
	VER-HALTEN Spielregeln einhalten!		
568	ZIEHKAMPF	Zu zweit gegenüber mit Handfassung, in der Mitte des Paares liegt ein Ball: Jeder versucht, den anderen in den Ball hineinzuziehen.	
	INHALT Ganzer Körper, Arme		
	VER-HALTEN Begegnung Fairness		

Nr.	Name der Spielform / Ziele / Akzente	Idee / Beschreibung	Hinweise / Organisation
569	"JONGLIEREN" IM LIEGESTUETZ	Einarmige Liegestützposition: Der Ball wird mit der einen Hand hochgeworfen und mit der anderen gefangen. Wer hat in einer Minute am meisten Fänge?	
INHALT	Ganzer Körper, Arme Kordination		
VER-HALTEN	Zuerst üben!		
570	RAD DREHEN	Zu zweit mit einem Ball: A im Liegestütz, Hände auf einen Ball gestützt, B hält A an den Beinen. A rollt den Ball vw, d.h. er stützelt auf dem Ball vw. - Auch als Stafette mit Rollentausch. - Nicht zu lange Distanzen, lieber 2 x Rollenwechsel.	
INHALT	Ganzer Körper		
VER-HALTEN	Kooperation		
571	KREISWANDERUNG	Jeder mit einem Ball im Liegestütz, Füsse auf dem Ball: Mit den Armen im Kreis um den Ball (= Zentrum) herumstützeln. - Dito, rücklings - Dito, mit den Händen auf dem Ball: Mit den Füssen um den Ball herumwandern.	
INHALT	Ganzer Körper, Arme		
VER-HALTEN	Vorsichtig!		
572	WIRF GENAU	Zu zweit im Liegestütz gegenüber, Abstand 5 bis 10 m: Sich den Ball mit der li und der re Hand zuwerfen. - Auch mit 2 Bällen probieren. - Dito, aber A rollt den Ball zu B. B schnellt, sobald der Ball kommt, vom Boden hoch, so dass er in Liegestützposition auf dem Ball "landet". - evtl. zuerst mit ruhendem Ball üben (Vorsicht/Verletzungsgefahr!)	
INHALT	Ganzer Körper, Arme, Ballgeschick		
VER-HALTEN	Kooperation		
573	HANDSTAND-WUERFE	Zu zweit gegenüber mit einem Ball: A rollt den Ball beim Aufschwingen in den Flüchtigen Handstand rw zu B. - Dito, aber den Ball vw zu B stossen / rollen. - A schwingt in den flüchtigen Handstand. B wirft den Ball so gegen den Rücken von A, dass A den Ball während dem Aufschwingen mit dem Rücken zurückspielen kann.	
INHALT	Ganzer Körper, Arme Ballgeschick		
VER-HALTEN	Mut zum Risiko		

4.3 KRÄFTIGEN / Springseil

Nr.	Name der Spielform / Ziele / Akzente	Idee / Beschreibung	Hinweise / Organisation
574	ZWEISPAENNER	Zwei Schüler nebeneinander ziehen mit dem Seil um den Hüften einen Dritten. Der hintere leistet Widerstand.	
	INHALT: Beine		
	VER-HALTEN: Kooperation		
575	WER ZIEHT DEN ANDEREN?	A und B im Grätschwinkelstand gegenüber, Springseile ineinander eingehängt (kreuzweise): Beide ziehen mit gestrecktem Rücken ihr Seil leicht nach hinten. (3 bis 7 Sek. spannen, dann wieder lösen). Wer kann so den anderen aus dem Gleichgewicht bringen? - Dito, auch in Bauchlage: Wer ist schwerer?	
	INHALT: Obere Rücken-muskulatur		
	VER-HALTEN: Spass zu zweit		
576	STOERRISCHER ESEL	Zu zweit: A kreist ein Seil dem Boden nach; B in Liegestütz: B versucht, mit den Beinen jedes Mal, wenn das Seil kommt, hochzuschnellen, so dass das Seil ohne Berührung weiterkreisen kann. - Dito, aber mit den Händen hochschnellen. - Dito, aber mit dem ganzen Körper hochschnellen (d.h. Hände und Füsse sind kurz in der Luft).	
	INHALT: Ganzer Körper – Koordination		
	VER-HALTEN: Miteinander wetteifern		
577	SEILZIEHEN	Zu zweit, jeder hält ein Seilende, die Seilmitte befindet sich über einer Linie: Wer kann den anderen über die Linie ziehen? Verschiedene Körperstellungen ausprobieren!	
	INHALT: Ganzer Körper		
	VER-HALTEN: Begegnung – Wettkampf		
578	SEILZIEHEN UEBERS KREUZ	Zwei Springseile werden in der Mitte überkreuzt und im Kreuz ausgelegt. An jedem Ende zieht ein Schüler (also vier Schüler). Vier Malstäbe (oder andere Zeichen, z.B. Bändel) werden hinter den Ziehenden im Viereck aufgestellt. Wer kann die anderen so zu sich ziehen, dass er seinen Malstab berühren kann? - Auch mit zwei überkreuzten Ziehtauen, an denen vier Gruppen ziehen.	
	INHALT: Arme und Oberkörper		
	VER-HALTEN: Alle gemeinsam beginnen!		

Nr.	Name der Spielform / Ziele / Akzente	Idee / Beschreibung	Hinweise / Organisation
579	SEILTANZEN	Barfuss: Die Schüler versuchen, vw und rw auf dem am Boden liegenden Reifen zu balancieren. - Dito, auch blind. - Viele Reifen liegen am Boden nebeneinander: Die Schüler suchen sich auf den Reifen balancierend einen Weg durch die Reifenbahn.	
	INHALT Füsse, Gleichgewicht		
	VER-HALTEN Körpergefühl		
580	NEST-HOCKER	Jeder sitzt in einem Reifen: Abwechslungsweise mit den Zehen den Boden ausserhalb des Reifens berühren, mit den Fersen innerhalb. - Mit beiden Füssen gleichzeitig. - Mit beiden Füssen gegengleich. - Ohne Abstützen der Hände (gerader Rücken!)	
	INHALT Rumpf		
	VER-HALTEN Gleichgewicht spüren!		
581	HEILIGENSCHEIN	Reifen waagrecht, mit Aussengriff gefasst: Drehen vom Schwebesitz über die Bauchlage zum Schwebesitz. Der Reifen soll dabei in der Horizontalen bleiben. - Wer kann es auch mit senkrecht gehaltenem Reifen?	
	INHALT Rumpf Koordination		
	VER-HALTEN Orientierungs-fähigkeit		
582	KREISEN	Sitz im Reifen: Beine anheben und mit den Zehen dem Reifen entlang nach rechts und nach links wandern. Wer ist am schnellsten wieder beim Ausgangspunkt?	
	INHALT Rumpf		
	VER-HALTEN Konzentration		
583	GEDRAENGE	Kreis mit 3 bis 8 Spielern, Handfassung: Jeder versucht, mit einem Fuss in den Reifen, welcher in der Kreismitte liegt, zu stehen bzw. durch Schieben und Ziehen zu verhindern, dass dies einem anderen gelingt. Var.: Wie oben, aber umgekehrt: Jeder versucht, den anderen in den Reifen zu ziehen bzw. zu verhindern, selbst den Reifen berühren zu müssen.	
	INHALT Ganzer Körper		
	VER-HALTEN Begegnung		

Nr.	Name der Spielform / Ziele / Akzente	Idee / Beschreibung	Hinweise / Organisation
584	GEDRAENGE MIT FLUCHT	Spielgedanke wie oben: Sobald ein Spieler den Reifen unfreiwillig betreten hat, löst sich der Kreis auf und alle flüchten zu einem Freimal (oder zur Hallenwand). Der fehlbare Spieler versucht, einen anderen abzuschlagen. Gelingt ihm dies, erhält der Gefangene den Strafpunkt, welchen sonst der "Schuldige" erhalten hätte.	
INHALT	Ganzer Körper, Schnelligkeit		
VER-HALTEN	Begegnung		
585	HERR IM HAUS	A und B stehen im Reifen: Jeder versucht, den anderen aus dem Haus zu drängen. - Dito, aber ohne Hände (Nur mit Rempeln). aber auf einem Bein, die re Hand hält den freien Fuss.	
INHALT	Ganzer Körper Beine		
VER-HALTEN	Begegnung		
586	ZIEH- UND SCHIEBE-KAEMPFE	Viele, der im Kapitel "Kraft ohne Material" beschriebenen Zieh-, Stoss- und Gleichgewichtskämpfe können auch mit Reifen durchgeführt werden, z.B.: - In den Reifen ziehen: Zu zweit mit Handfassung: Jeder versucht, den anderen in den Reifen zu ziehen. - Ueber die Linie ziehen oder schieben. - Hockstand: aus dem Gleichgewicht bringen.	
INHALT	Ganzer Körper		
VER-HALTEN	Begegnung		

587	REIFEN- HANDSTAND	Reifen am Boden, Hände im Reifen aufgestützt:
		Wer kommt mit einer Hockwende oder einem Rad auf die andere Seite?
		- Auch viele Reifen in der Halle verstreut:
		  Freies Laufen und bei jedem Reifen eine Hockwende
		  oder ein Rad ausführen.	

INHALT	Rad/Hockwende Schultergürtel		
VER-HALTEN	Körperbeherrschung		
588	REIFEN-HOCHSPRUNG	Dreiergruppen: A und B halten den Reifen hüfthoch (und laufen evtl. vw). C stützt sich auf die Schultern von A und B und springt in den Reifen hinein und wieder hinaus, oder schlüpft unter dem Reifen durch. - Diese Uebungen können auch in einer Kolonne mit mehreren Dreiergruppen (Träger und Läufer) geturnt werden.	
INHALT	Arme		
VER-HALTEN	Kooperation		

Nr.	Name der Spielform / Ziele / Akzente	Idee / Beschreibung	Hinweise / Organisation
589	ZIEH- UND SCHIEBEKAEMPFE	Viele der im Kapitel "Kraft ohne Material" gezeigten Zieh-, Schiebe- und Gleichgewichtskämpfe können auch mit Stab ausgeführt werden und erhalten dadurch einen besonderen Reiz. Z.B.: - Ueber die Linie ziehen. - Ueber die Linie stossen. - Aus dem Gleichgewicht bringen, im Hockstand.	
INHALT	Ganzer Körper,		
VER-HALTEN	Begegnung		
590	ZEHENSPITZ-GEFUEHL	Im Sitzen den Stab mit den Fussohlen hin- und herrollen: - Mit jedem Fuss einzeln. - Mit beiden Füssen zusammen. - Stab mit beiden Füssen und mit gestreckten Beinen so hoch wie möglich heben.	
INHALT	Füsse, Bauch, Hüfte vorne,		
VER-HALTEN	Fuss-Sensibilität		
591	SCHAUKEL	Zu zweit im Kniestand gegenüber, Stab gemeinsam in Vorhalte gefasst: Langsam vw und rw "schaukeln", ohne in den Hüften einzusacken.	
INHALT	Rumpf, Hüfte, Oberschenkel		
VER-HALTEN	Kooperation		
592	KNIEBEUGE	Zu zweit im Hocksitz gegenüber, beide halten den Stab waagrecht in der Vorhalte: - Abwechslungsweise aufrichten und setzen (d.h. A im Sitz, B im Stand). - Beide Partner gleichzeitig aufrichten und setzen.	
INHALT	Beine		
VER-HALTEN	Koordination		
593	IMMER MIT DER RUHE	A und B im Hockstand gegenüber, A mit vorgestelltem li Bein, B mit rückgestelltem re Bein. Jeder hält ein Stabende in Vorhalte: Abwechselnd Vor- und Zurückschieben des Rumpfes (Die Füsse bleiben dabei auf der Stelle). Nach der Verschiebung kommt B in die Stellung von A und umgekehrt).	
INHALT	Beine		
VER-HALTEN	Kooperation		

4.5 KRÄFTIGEN / Gymnastikstab

Nr.	Name der Spielform / Ziele / Akzente	Idee / Beschreibung	Hinweise / Organisation
594	FROSCHHUEPFEN MIT STAB	Zu zweit, A in Kauerstellung, Stab in Vorhalte, B steht vor A und fasst den Stab ebenfalls: Fortgesetztes Froschhüpfen, wobei B durch Ziehen am Stab Hilfe leistet.	
INHALT	Beine		
VER-HALTEN	Kooperation		
595	SPRINTEN MIT STAB	Gleiche Ausgangsstellung wie oben, aber A versucht mit hohem Knieheben, gegen den Widerstand von B vw zu sprinten.	
INHALT	Ganzer Körper, Beine,		
VER-HALTEN	Kooperation		
596	BEINE HOCH	Zu zweit gegenüber mit 1 m Abstand, Rücken an Rücken. Langsitz, Stäbe waagrecht neben den Schultern gefasst: Versucht, gemeinsam eines oder gar beide Beine vom Boden leicht abzuheben! Mehrmals wiederholen.	
INHALT	Hüfte vorne, Beine,		
VER-HALTEN	Kooperation		
597	STAB ENTREISSEN	Zu zweit im Sitzen gegenüber, ein Stab liegt zwischen den Partnern auf dem Boden: Beide versuchen, sich mit den Zehen an den Stab zu krallen und diesen dem Partner wegzuziehen. Mit oder ohne Aufstützen der Hände (aber sicher barfuss!).	
INHALT	Füsse, Rumpf,		
VER-HALTEN	Begegnung		
598	STABTRANSPORT	Im Stehen oder Sitzen versuchen, den liegenden Stab mit den Zehen zu fassen und ein Stück mit dem Fuss durch die Halle zu transportieren. - Auch als Stafette. - Auch mit Uebergeben des Stabes an einen Partner.	
INHALT	Füsse		
VER-HALTEN	Kooperation		

Nr.	Name der Spielform Ziele / Akzente	Idee / Beschreibung	Hinweise / Organisation
599	SCHWERER STAB	Aus der Hochhalte den Stab auf die Schulterblätter und weiter in die Tiefhalte im Rücken senken, dann den Stab wieder in die Hochhalte zurückführen. - Dito, im Schneidersitz mit geradem Rücken. - Dito, in Bauchlage mit gleichzeitigem Aufbäumen. - Dito, auch gegen leichten Widerstand des Partners.	
INHALT	Rücken, Schultergürtel, Arme		
VER-HALTEN	Fairness		
600	DER ROLLENDE STAB	Neigehaltung, Stab auf den Handflächen: Den Stab über Arme und Rücken rollen lassen und wieder zurück, bis der Stab in den Händen liegt. Dabei den Rücken gerade halten.	
INHALT	Rücken, Schultergürtel,		
VER-HALTEN	Taktischer Körpersinn		
601	WAESCHE FALTEN	Zu zweit in der Grätschstellung gegenüber, je einen Stab in der Tiefhalte gefasst: Rumpfsenken und die Stäbe dabei in die Seithalte heben, danach Rumpf wieder heben und die Stäbe in die Ausgangsstellung senken. Dabei immer den Rücken gerade halten, (keinen "Buckel" beim Senken!)	
INHALT	Rücken, Schultergürtel,		
VER-HALTEN	Kooperation		
602	GERADER RUECKEN	A im aufrechten Kniesitz, Rücken gegen den von B senkrecht gehaltenen Stab: Beim Ausatmen das Becken aufrichten und mit der Lendenwirbelsäule den Stab fühlen (d.h. ganzen Rücken gegen den Stab drücken). Beim Einatmen das Becken kippen und die Lendenwirbelsäule vom Stab lösen (Hohlkreuz).	
INHALT	Rücken, Hüfte,		
VER-HALTEN	Körperbewusstsein		
603	SCHAUKEL	Zu zweit in Rückenlage gegenüber, Kopf gegen Kopf, beide halten den Stab in der Hochhalte: Beide heben gleichzeitig die Beine, so dass sie mit den Füssen den Stab berühren können und senken die gestreckten, gespannten Beine wieder, wobei das Gesäss möglichst lange in der Luft bleiben soll (= Hüfte strecken).	
INHALT	Bauch, Hüfte, Beweglichkeit		
VER-HALTEN	Kooperation		

4.5 KRÄFTIGEN / Gymnastikstab

Nr.	Name der Spielform / Ziele / Akzente	Idee / Beschreibung	Hinweise / Organisation
604	OBEN UND UNTEN	Zu zweit gegenüber mit den Rücken zueinander, beide halten auf jeder Seite einen Stab in der Seithalte: Stab senken zur Tiefhalte und heben in die Hochhalte. - Schnelle Ausführung ohne Widerstand. - Langsame Ausführung, Partner gibt Widerstand.	
	INHALT — Rücken, Schultergürtel, Arme		
	VER-HALTEN — Kooperation		
605	DOPPELLIEGE-STUETZ MIT STAB	Zu zweit: A in Rückenlage, hält einen Stab in Vorhalte, B hinter A in Liegestütz auf dem Stab: - A beugt, B streckt die Arme. - A und B beugen und strecken die Arme gleichzeitig. - Auch in der anderen Position möglich, z.B.: B stützt mit den Händen auf den Beinen von A.	B ... A
	INHALT — Ganzer Körper, Arme		
	VER-HALTEN — Koordination		
606	SCHUBKARREN	Zu zweit: A in Liegestütz, den Stab unter seinen Füssen auf dem Boden; B hebt die Beine von A mit dem Stab auf (gerader Rücken!!): Schubkarrenfahren über eine bestimmte Strecke. - Kein Durchhängen, Gesäss und Bauch spannen! - Jeder gegen jeden: Die Paare versuchen, sich gegenseitig die Stützhand wegzuziehen.	B ... A
	INHALT — Ganzer Körper, Arme		
	VER-HALTEN — Kooperation		
607	DAS BEWEGLICHE RECK	A in Rückenlage, Stab in der Vorhalte waagrecht gefasst; B steht hinter ihm: A zieht und drückt die gestreckten Arme gegen den Widerstand von B vor und zurück. Dabei soll immer ca. die gleich grosse Kraft wirken, d.h., bei den Wendepunkten werden keine Pausen gemacht, sondern die Bewegungsrichtung unverzüglich geändert.	B ... A
	INHALT — Brust, Schultergürtel		
	VER-HALTEN — Kooperation		
608	DIE LEBENDIGE RECKSTANGE	- Felgaufzug, Felgabschwung - Knieauf-, -abschwung - Kniehangpendel, "Glockenabsprung" (Napoleon) - Hockwende, Uebersprünge - "Treppensteigen" mit Helfer auf den Stäben sowie "Seiltanzen" - Unter- und Umschwünge etc.	
	INHALT — Ganzer Körper		
	VER-HALTEN — Kooperation		

Nr.	Name der Spielform / Ziele / Akzente	Idee / Beschreibung	Hinweise / Organisation
609	BUEFFELSCHWANZ-JAGD	Paare im Huckepack, der Obere hat einen "Büffelschwanz" (= Spielband) im Hosenbund. Jedes Paar, v.a. aber der Obere, muss versuchen, möglichst viele Bänder zu erbeuten. Gestohlene Schwänze werden als Trophäen umgehängt. Das Spiel dauert maximal 2 Min., danach erfolgt Rollentausch. Erbeutetes Band = 1 Punkt; bis zum Schluss verteidigter Schwanz = 2 Punkte	
INHALT	Ganzer Körper		
VER-HALTEN	Kooperation		
610	BUEFFELSCHWANZ-FANGIS	Paare im Huckepack: der Obere hat einen "Schwanz" im Hosenbund. 2 - 4 Fängerpaare haben keinen Schwanz. Hat ein Fängerpaar einen Schwanz erbeutet, wird das gefangene Paar ohne Schwanz zum Fänger.	wie Nr. 609
INHALT	Ganzer Körper		
VER-HALTEN	Kooperation		
611	MANNSCHAFTSJAGD	Spielidee wie "Büffelschwanzjagd", aber die Paare werden in zwei Mannschaften mit verschiedenen Bändchen eingeteilt. Welche Mannschaft hat zuerst alle Schwänze des Gegners erobert?	wie Nr. 609
INHALT	Ganzer Körper		
VER-HALTEN	Kooperation		
612	HERDENFANG	Alle Huckepackpaare bis auf ein Fängerpaar tragen einen Büffelschwanz. Wer den Schwanz verloren hat, hilft beim Fangen. Das Spiel läuft, bis die ganze "Herde" eingefangen worden ist. Var.: Alle diese "Schwanzfangspiele" können auch im brusttiefen Wasser gespielt werden.	wie Nr. 609 Achtet auf richtiges "Lasten-Tragen" mit geradem Rücken!
INHALT	Ganzer Körper		
VER-HALTEN	Kooperation		
613	FUSSGESCHICK-LICHKEIT	Versuche, ein Spielband an den Barren, an die Sprossenwand oder an das Reck zu knüpfen, ohne dabei die Hände zu gebrauchen! Versuche auch, verschiedene kleinere Hallengeräte mit den Füssen vom Boden aufzuheben!	
INHALT	Füsse, Koordination		
VER-HALTEN	Geduld üben!		

4.7 KRÄFTIGEN / Langbank

Nr.	Name der Spielform / Ziele / Akzente	Idee / Beschreibung	Hinweise / Organisation
614	BEINPRESSE	Der Partner sitzt auf der Langbank. (Je nach Sitzort ergibt sich eine mehr oder weniger grosse Belastung). Versuchen, den Partner und die Langbank mit den Beinen hochzustossen. - Die Langbank kann dabei auch in die Sprossenwand eingehängt werden.	
	INHALT: Beine		
	VER-HALTEN: Gerader Rücken!		
615	BANK-AKROBATIK	Strecksitz vorlings vor der Bank, Fersen auf der Bank, Stütz hinter dem Körper: Gesäss heben in den Liegestütz rücklings, Beine parallel zum Boden. Einen Fuss abheben, das entsprechende Bein beugen und senkrecht hochstrecken und wieder auf die Bank legen. Dito, anderes Bein abheben. Senken zum Sitz in die Ausgangsstellung.	
	INHALT: Hüfte hinten, Rücken		
	VER-HALTEN: Auch eigene Formen		
616	FLUGZEUG	Bauchlage quer über die Bank, Arme gebeugt vor der Brust auf den Boden gestützt: Arme strecken und dann den re (li) Arm in die Hochhalte heben, der Oberkörper wird dabei ebenfalls angehoben. - Auch versuchen, beide Arme zur Hochhalte zu heben.	
	INHALT: Rücken, Schultergürtel		
	VER-HALTEN: Gleichgewicht suchen		
617	IMMER WIEDER AUF UND NIEDER	Seitlage auf der Langbank, Hände fassen die Bank: Heben und Senken der gestreckten Beine. Var.: Ausgangslage wie oben, aber Partner fixiert die Beine: Heben und Senken des Oberkörpers.	
	INHALT: Bauch		
	VER-HALTEN: einander helfen		
618	BANK-VOLLEY	A und B liegen sich auf dem Bauch gegenüber, zwischen ihnen liegt die Langbank (quer): Gemeinsam den Oberkörper heben und sich den Ball über die Langbank übergeben - abliegen und entspannen, dann wiederholen.	
	INHALT: Rücken, Schultergürtel,		
	VER-HALTEN: Kooperation		

Nr.	Name der Spielform / Ziele / Akzente	Idee / Beschreibung	Hinweise / Organisation
619	BANK-KREISEN	Bauchlage vor einem Langbankende: Durch Heben und Senken des Oberkörpers soll ein Ball in einem vertikalen Kreis um das Langbankende gekreist werden. Nach li, nach re.	
INHALT	Rücken, Schultergürtel, Arme		
VER-HALTEN	langsam ist wirkungsvoller		
620	AUF UND HIN - AB UND HER	Zu zweit in Rückenlage gegenüber, die Unterschenkel liegen auf der Langbank, die Füsse sind ineinander verhakt: Beide heben miteinander den Oberkörper und der eine übergibt dem anderen über die Langbank einen (Medizin-) Ball - Senken zur Rückenlage und wiederholen.	
INHALT	Bauch, Hüfte vorne		
VER-HALTEN	Spass zu zweit		
621	BANK - STUETZ - VARIANTEN	Liegestütz vorlings mit Stütz am Bankrand: Rückspreizen des re und li Beines im Wechsel mit Beugen und Strecken der Arme. Var.: Auch Sitz rücklings vor der Langbank, Hände auf der Bank: Beugen und Strecken der Arme.	
INHALT	Rumpf, Schultergürtel, Arme		
VER-HALTEN	Uebungen langsam		
622	LANGBANK - SEILZIEHEN	Bei welcher Mannschaft fällt zuerst ein Wettkämpfer von der Bank? Wer "gefallen" ist, schliesst hinten wieder an und der Wettkampf beginnt von vorne. Var.: Das Spiel ist fertig, wenn der erste "Gefallene" wieder vorne sitzt.	
INHALT	Ganzer Körper		
VER-HALTEN	Taktik		
623	STOSS - UND ZIEHKAMPF	Sitz Rücken an Rücken auf einer (oder zwei) Langbänken. - Stosskampf: Wer sitzt zuerst nicht mehr auf der Langbank? - Ziehkampf: Wer muss zuerst die Füsse vom Boden heben oder wer zieht den andern zu sich herüber?	
INHALT	Ganzer Körper		
VER-HALTEN	Begegnung		

4.8.1 KRÄFTIGEN / Sprossenwand (Beine)

Nr.	Name der Spielform / Ziele / Akzente	Idee / Beschreibung	Hinweise / Organisation
624	BALLETT-GRUNDSCHULE	Sprossenwand in Hüfthöhe fassen und Oberkörper senken zur Standwaage: Beugen und Strecken des Standbeines. Das andere Bein wird so weit wie möglich zurückgespreizt.	
INHALT	Beine, Hüfte hinten		
VER-HALTEN	langsam		
625	LASS MICH NICHT LOS	Zu zweit: A steht auf der 4. oder 5. Sprosse und streckt ein Bein nach hinten. B erfasst dieses Bein und leistet Widerstand, während A sein Standbein beugt und streckt. Var.: Dito, aber B liegt gespannt auf dem Rücken und lässt sich wie ein Brett von A hochziehen.	
INHALT	Beine, Arme		
VER-HALTEN	Koooperation, Vertrauen		
626	HUCKEPACK	Zu zweit: B sitzt auf den Schultern von A, A steht mit den Zehen auf der untersten Sprosse: A hebt sich und seinen Reiter mehrmals in den Zehenstand hoch.	
INHALT	Unterschenkel		
VER-HALTEN	Vertrauen		
627	EINBEIN-FROSCHHUPF	Die Schüler stehen mit dem Rücken zur Sprossenwand und hängen ein Bein rw ca. auf Kniehöhe ein. Abwechslungsweise mit den Händen den Boden berühren und hochschnellen zum Anziehen des Standbeines in der Luft. Var.: auch ohne Sprossenwand möglich: der Partner hält das zurückgestreckte Bein des Uebenden.	
INHALT	Beine		
VER-HALTEN	Nur mutig hoch!		
628	AFFEN-SPRUENGE	Stand vor der Sprossenwand, Griff in Schulterhöhe: Sprung zum Stand auf der 1., 2., 3 ...... Sprosse, tiefes Kniewippen zum Hochstossen und Niederspringen (Hände bleiben an der Sprosse). Wer springt höher hinauf? Wer kann von einer Sprosse auf eine andere springen? (Hände und Füsse gleichzeitig loslassen, bzw. zupacken)	
INHALT	Beine, Koordination		
VER-HALTEN	Etwas Mut!		

Nr.	Name der Spielform Ziele / Akzente	Idee / Beschreibung	Hinweise / Organisation
629	NOTBREMSE	Zu zweit: A in Rückenlage, unterste Sprosse gefasst, B steht vor ihm. A hebt die Beine zur Senkrechten. B schnellt die Füsse von A Richtung Boden. A muss die Beine abbremsen, bevor sie den Boden berühren.	
INHALT	Bauch, Hüfte vorne,		
VER- HALTEN	Begegnung		
630	SCHEIBENWISCHER (HAENGEND)	Hang rücklings: mit dem li Bein zum re Arm überkreuzen und umgekehrt. Beine gehockt oder gestreckt. Auch beide Beine als "Scheibenwischer" nach re und nach li heben.	
INHALT	Bauch, Hüfte vorne,		
VER- HALTEN	Auch langsam!		
631	SCHEIBENWISCHER (LIEGEND)	Rückenlage vor der Sprossenwand, unterste Sprosse gefasst: "Scheibenwischer": Beine im rechten Winkel sw re und li ablegen bzw. bis knapp über den Boden führen.	
INHALT	Bauch		
VER- HALTEN	Ganz langsam!		
632	KOMPLIZIERTER GEHT'S KAUM!	Mehrere Schüler hängen in 2 m Abstand an der Sprossenwand und übergeben sich einen Ball mit den Füssen. - Vor dem Uebergeben Beine zur Waagrechten heben. - Auch mit mehreren Bällen	
INHALT	Ganzer Körper,		
VER- HALTEN	Kooperation		
633	UEBERGABE - WETTKAMPF	Zu dritt: A und B übergeben den Ball hin und her, C nimmt den heruntergefallenen Ball wieder auf. Wie viele Uebergaben schaffen sie in 1 Min.?	wie bei Nr. 632, jedoch mit einem Dritten (C), der die Bälle wenn nötig wieder zurückgibt!
INHALT	Ganzer Körper		
VER- HALTEN	Kooperation		

4.8.2 KRÄFTIGEN / Sprossenwand (Rumpf)

Nr.	Name der Spielform / Ziele / Akzente	Idee / Beschreibung	Hinweise / Organisation
634	HANG - BALL	Zu zweit mit einem (Medizin-) Ball: A schleudert den Ball mit den Beinen zu B, B bringt den Ball zurück. Var.: B wirft den Ball zu A, der stösst ihn mit den Fussohlen zurück. Auch möglich (aber schwieriger) an Ringen oder am hohen Reck.	
INHALT	Bauch Hüfte vorne,		
VER-HALTEN	Kooperieren		
635	RUECKWAERTS HOCH	Rückenlage vor der Sprossenwand, unterste Sprosse gefasst: Beine und Oberkörper zur Kerze heben, so dass sie parallel zur Sprossenwand sind (Hüftwinkel = 180°). Langsames Senken des ganzen Körpers wie ein Brett d.h., ohne Einfallen der Hüfte) bis zur erneuten Rückenlage.	
INHALT	Bauch, Hüfte, Brust,		
VER-HALTEN	Wer kann es langsam?		
636	WIE EINE BANANE	Hang rücklings: Gestreckte Beine und Hüfte langsam rückwärts abheben. Spannung 3 Sek. halten und langsam wieder lösen. Var.: Auch nur mit einem Bein oder abwechslungsweise links-rechts-links.... ganz langsam!	
INHALT	Rücken, Hüfte hinten,		
VER-HALTEN	Spannung halten		
637	FLOP-BEWEGUNG	Strecksitz rücklings an der Sprossenwand, Ristgriff über dem Kopf: Schwungvolles Vorhochdrücken des Rumpfes in den Spannbogenstand - Rückbewegung zum Sitz.	
INHALT	Rücken, Hüfte hinten,		
VER-HALTEN	Spannen - entspannen		
638	SCHIEFE EBENE	Rückenlage, Fersen auf der 3. Sprosse: Hüfte anheben, auf 10 zählen und wieder senken. Mehrere Serien. Var.: Wehr kann mit geschlossenen Augen seine Knickstellung in den Hüften genau angeben (Wieviel °?)	
INHALT	Rücken, Hüfte hinten, Beine		
VER-HALTEN	Augen schliessen		

Nr.	Name der Spielform / Ziele / Akzente	Idee / Beschreibung	Hinweise / Organisation
639	WIE WEIT GEHT ES?	Stand vor der Sprossenwand, ca. 1 m Entfernung: Fallenlassen vw in den Beugestütz und wieder abdrücken. Der Rumpf bleibt dabei gespannt, nicht durchhängen! - Dito, aber auf immer tiefer liegende Sprosse stützen.	
INHALT	Schultergürtel, Arme		
VER-HALTEN	Mutig rückwärts!		
640	HAU RUCK	Hang vorlings an der Sprossenwand, Ristgriff: Rückschwingen der Beine und schnelles Anhocken der Beine zum Hockstand auf einer mittleren Sprosse (Arme bleiben lang), aufrichten in den Stand, senken zur Ausgangsstellung.	
INHALT	Koordination		
VER-HALTEN	Etwas Mut!		
641	HANG - STAND	Ausgangsstellung siehe Skizze: Rumpf und Beine mit leichtem Schwung (oder "geniesserisch" langsam) in den Hocksturzhang heben und strecken. Dann langsam senken in die Ausgangsstellung.	
INHALT	Schultergürtel, Rumpf		
VER-HALTEN	Langsam auf, Langsam ab		
642	WAND - LIEGE - STUETZ	Liegestütz vorlings, Füsse auf der 5. Sprosse: Arme beugen, strecken, und danach das Becken anheben, so dass der Rumpf senkrecht zum Boden steht.	
INHALT	Arme, Rumpf		
VER-HALTEN	Mutig hoch!		
643	HANDSTAND - LAUF	Liegestütz, Füsse in der untersten Sprosse: Langsam rw hochsteigen bis in den Handstand und zurück. - Dito, aber im Handstand eine halbe Drehung um die Längsachse ausführen, so dass der Rücken zur Wand zeigt. - Oder Aufschwingen in den Handstand gegen die Sprossenwand, eine halbe Drehung ausführen, abrollen vw.	
INHALT	Handstand, Schultergürtel		
VER-HALTEN	Suche das Gleichgewicht		

4.8.3 KRÄFTIGEN / Sprossenwand (Arme, Schultern)

Nr.	Name der Spielform / Ziele / Akzente	Idee / Beschreibung	Hinweise / Organisation
644	GESPANNT WIE EIN BRETT	A in Bauchlage, Ristgriff an der zweiten Sprosse, spannen: B hebt die Beine von A an. A versucht sich wie ein Brett heben zu lassen, ohne in Schultern oder Hüften einzusacken. - Dito, aber A versucht, gegen Widerstand von B die Arme einzuziehen.	
INHALT	Schultergürtel, Rumpf		
VER-HALTEN	Begegnung, Vertrauen		
645	LIEGESTUETZ-KAMPF	A und B nebeneinander im Liegestütz, Füsse auf einer der untersten Sprossen: Wer bringt den anderen durch Ziehen und Stossen zur Aufgabe der Stützstellung?	
INHALT	Schultergürtel, Arme, Rumpf		
VER-HALTEN	Fairness		
646	FREISTIL-KLETTERN	Kniestand vor der Sprossenwand: Aufwärts- und abwärtshangeln vorlings mit angewinkelten Beinen (eben wie ein "Freistil-Kletterer"). - Var.: A und B bilden eine Klettergruppe. B versucht, den gleichen Kletterweg wie A zu klettern. (Gegenseitig sichern!)	
INHALT	Schultergürtel, Arme		
VER-HALTEN	Stell dir vor: 50 m Tiefe!		
647	WAND-HANDSTAND	A im Querstand re, Rumpfbeugen re sw, Arme in Hochhalte heben. Dann die 3. und 8. Sprosse erfassen und Seitspreizen des li Beines (siehe Skizze!): - Anhocken re, vorspreizen und senken auf den Boden. B hat im Querstand mit beiden Händen das li Bein von A gefasst und zieht es an seine Hüfte heran, während A die Beinbewegung ausführt. Dann Beinkreisen.	
INHALT	Schultergürtel, Rumpf, Hüfte		
VER-HALTEN	Vertrauen, sich orientieren		
648	DU BRINGST MICH NICHT LOS!	A steht auf der Sprossenwand, B auf dem Boden: Nun versucht B, A von der Sprossenwand loszureissen.. Denkt dabei an die Fairness-Spielregeln: ° Spiel fair! ° Spiel intensiv! ° Tu niemandem weh!	
INHALT	Schultergürtel, Arme		
VER-HALTEN	Sei fair!		

Nr.	Name der Spielform / Ziele / Akzente	Idee / Beschreibung	Hinweise / Organisation
649	HUCKEPACKLAUF	Mattenbahn mit dünnen und dicken Matten: Huckepacklauf über die Mattenbahn, möglichst schnell; mehrere Durchgänge. - Auch Huckepacklauf über andere kleine Hindernisse wie Langbänke, Kastenteile usw.	
INHALT	Ganzer Körper		
VER-HALTEN	Begegnung Vertrauen		
650	DER SCHWERE (MATTEN-) TISCH	Sitz zu zweit gegenüber, Mattenenden auf den Unterschenkeln: Versucht, die Matte mit den Beinen anzuheben und wieder zu senken!	
INHALT	Hüfte, vorne, Beine		
VER-HALTEN	Kooperation		
651	SCHWEBENDE MATTENBAHN	Die Schüler liegen an der Längsseite der Matten auf dem Bauch nebeneinander. Die Hände werden unter die Matten geschoben. Können die Matten (bzw. die ganze Mattenbahn) angehoben werden? - Dito, in Rückenlage.	
INHALT	Schultergürtel, Arme		
VER-HALTEN	Kooperation		
652	HANDSTAND ZU ZWEIT	Zu zweit; A im "Handstand", Füsse auf den Schultern von B. A stützelt oder "springt" (= beidhändiges, gleichzeitiges Abstossen) über die Mattenbahn. B fixiert die Füssee.	
INHALT	Ganzer Körper		
VER-HALTEN	Kooperation		
653	MATTENSCHIEBEN	Jeder (oder zu zweit) mit einer Matte; Liegestütz rücklings davor. Die Matte soll mit den Fersen zur anderen Seite geschoben werden. Wer ist zuerst? Hinweis: evtl. muss die Matte umgekehrt werden, damit sie besser gleitet.	
INHALT	Ganzer Körper,		
VER-HALTEN	Spielregeln genau einhalten!		

4.9 KRÄFTIGEN / Geräte

Nr.	Name der Spielform / Ziele / Akzente	Idee / Beschreibung	Hinweise / Organisation
654	GLEITMATTE	A in Liegestütz vorlings vor der Matte (glatte Seite nach unten), B hält die Beine von A. A soll die vor ihm liegende Matte abwechselnd mit der li und re Hand bis zu einer Wendemarke schieben, dort Aufgabenwechsel. Welches Paar ist zuerst im Ziel?	
INHALT	Ganzer Körper,		
VER-HALTEN	Kooperation		
655	MATTEN-SPRUNG-KOMBINATIONEN	- Absprung li, Landung re, Zwischenschritt und Absprung re, Landung li, usw. - Absprung li, Landung re, Zwischenschritt und li abspringen usw. - Absprung li, Landung li, zwei Schritte und Absprung re, Landung re. - Schlussprung mit Zwischenhupf - Schlussprung ohne Zwischenhupf - Hüpfen auf einem Bein mit und ohne Zwischenhupf - Verschiedene Sprungformen zu zweien nebeneinander (auch mit Handfassung) - Die gleichen Sprungformen von Matte zu Matte über die Zwischenräume - Eigene Ideen der Teilnehmer?	
INHALT	Beine und Fussgelenke		
VER-HALTEN	Anregung zur Mitarbeit		
656	TRANSPORT-STAFETTE	Zu dritt mit einem Barren und einem Medizinball: A stützelt mit dem Ball zwischen den Füssen zu B, B stützelt zurück zu C, C zu A ... Welche Gruppe hat zuerst 10 Durchgänge?	
INHALT	Schultergürtel, Arme,		
VER-HALTEN	Spielregeln einhalten!		
657	MAL OBEN - MAL UNTEN	Liegehang unter dem Reck. Arme beugen und strecken. Zu zweit: A macht Liegestütz auf der Reckstange; B hält seine Füsse!	
INHALT	Schultergürtel, Arme,		
VER-HALTEN	Kooperation, Vertrauen,		

Nr.	Name der Spielform / Ziele / Akzente	Idee / Beschreibung	Hinweise / Organisation
658	ZIEHKAMPF	Zu zweit mit einem Kastenteil: - Den anderen über eine Linie ziehen. - Dito, aber in den Kasten hineinstehen. - Den Kasten von aussen auf Brusthöhe tragen und den anderen so über die Linie stossen.	
INHALT	Ganzer Körper		
VER-HALTEN	Vorsicht!		
659	IN DIE KISTE... AUS DER KISTE...	Von einer Seite in das Kastenteil stützeln (in Liege-stütz) und auf der anderen Seite wieder hinaus. Alleine oder mehre hintereinander. Von re nach li und von li nach re.	
INHALT	Ganzer Körper, Arme,		
VER-HALTEN	Mutig abstossen!		
660	LIEGESTUETZ ERSCHWERT	Kastendeckel (oder Langbank) auf dem Boden: Liegestütz mit Füssen auf dem Kastendeckel und mit den Händen im Halbkreis um den Kasten stützeln. - Auch als Verfolgungsrennen zu zweit rundherum. Start einander gegenüber.	
INHALT	Arme, Schultergürtel,		
VER-HALTEN	Körper gut spannen,		
661	MENSCHLICHE HOCHSPRUNGLATTE	Kastendeckel auf dem Boden: A im Liegestütz mit Füssen auf dem Kasten. B überspringt den Kasten und kriecht unter A durch. A beugt und streckt bei jedem Sprung von B die Arme. - Welches Paar macht in 2 x 1 Min. (mit Wechsel) mehr Durchgänge? - Wer schafft innerhalb des Paares mehr Durchgänge?	
INHALT	Schultergürtel, Arme,		
VER-HALTEN	Kooperation		
662	TRANSPORT-STAFETTE	Zu zweit: A steht auf einem Kastendeckel, mit einem Ball zwischen den Füssen, Ringe brusthoch gefasst. Er stösst vom Kasten ab und pendelt mit dem Ball im Stütz (oder im Beugehang, Beugestütz) zum offenen Kastenteil, wo er den Ball fallen lässt und zurückpendelt. B holt den Ball jeweils zurück und legt ihn auf den Kastendeckel. Welches Paar schafft am meisten Bälle?	
INHALT	Schultergürtel, Arme,		
VER-HALTEN	Timing spüren		

Nr.	Name der Spielform / Ziele / Akzente	Idee / Beschreibung	Hinweise / Organisation
663	HAENGENDER FUSSBALLER	Zu zweit: A im Stütz an den Ringen; B wirft ihm einen Ball zu. A versucht, den Ball mit den Füssen zurückzukicken.	
	INHALT Arme, Koordination,		
	VER-HALTEN Kooperation		
664	LIEGESTUETZ-KAMPF	Zu zweit gegeneinander: Beide hängen ihre Füsse in je einen Ring (oder auch nur mit einem Fuss einhängen) und gehen in Liegestütz. Wer kann den anderen durch Ziehen, Stossen o.ä. auf den Bauch oder zum Aushängen der Füsse zwingen?	
	INHALT Schultergürtel, Arme,		
	VER-HALTEN Begegnung		
665	ZIEHKAMPF	Zu zweit in Liegestütz, die Füsse sind in einem Paar Ringe eingehängt: Wer kann den anderen bis zum Mattenrand (Linie) ziehen?	
	INHALT Schultergürtel, Arme, ganzer Körper,		
	VER-HALTEN Gleiche Regeln!		
666	STEH NICHT AB!	Ringe 10 bis 20 cm über Boden. Zu zweit gegeneinander: Jeder steht mit einem Fuss in einem Ring und versucht, den Gegner zum Abstehen zu zwingen.	
	INHALT Ganzer Körper,		
	VER-HALTEN Begegnung		
667	AUF DIE HAENDE SCHLAGEN	Im Stütz nebeneinander am Reck oder auf einem Barrenholm: Jeder versucht, dem anderen auf die nähere Hand zu schlagen.	
	INHALT Schultergürtel, Arme,		
	VER-HALTEN Begegnung		

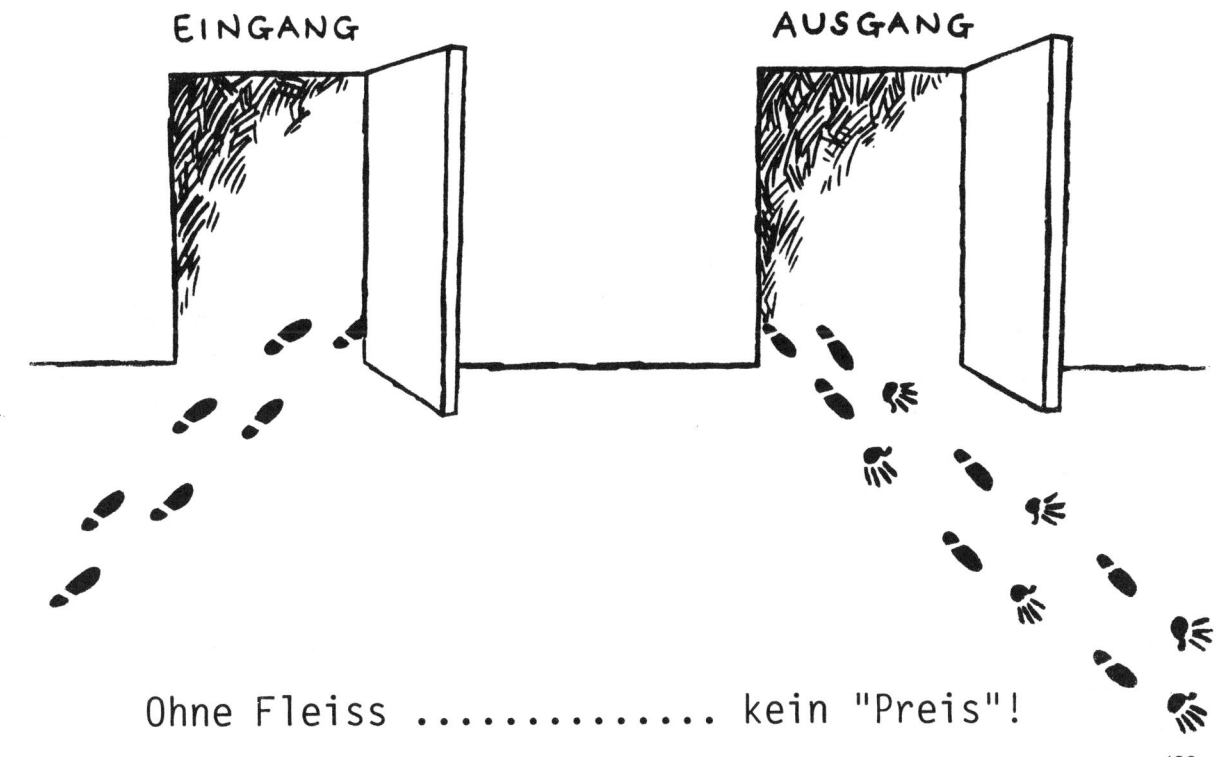

Kapitel 5

Dehnen

Hinweis: Siehe auch S. 27 ff.: Wie und wo dehnen — Wie und wo kräftigen?

5.1.1 DEHNEN / ohne Material (Beine)

Nr.	Name der Spielform / Ziele / Akzente	Idee / Beschreibung	Hinweise / Organisation
668	SANFTE HILFE	A im Kniestand vor B, B legt ein Bein auf die Schulter von A, A legt eine Hand auf das Knie von B (zum Fixieren): A richtet sich langsam auf, das Knie von B bleibt dabei gestreckt. - Dito, aber nach dem Aufrichten geht A leicht vw und rw; B darf das Standbein nicht vom Boden lösen.	
INHALT	Hintere Oberschenkelmuskulatur, Wirbelsäule (vw)		
VER-HALTEN	Begegnung		
669	FLUECHTIGER HUERDENSITZ	Das re Bein wird zum Hürdensitz abgespreizt - Bein wieder zurückziehen zum Langsitz - das li Bein abspreizen zum Hürdensitz usw. - Wenn möglich ohne Hilfe der Arme.	
INHALT	Innere Hüftmuskulatur, Koordination,		
	Langsam		
670	GLEICHGEWICHT IM HOCKSITZ	Den re Fuss von innen fassen und das Bein schräg nach aussen strecken. - Dito, li Bein. Wer kann beide Beine gleichzeitig strecken, ohne das Gleichgewicht zu verlieren?	
	Hintere Oberschenkelmuskulatur, Wirbelsäule (vw)		
VER-HALTEN	Gleichgewicht spüren		
671	DEHNEN IM EINSEITIGEN FERSENSITZ	Fersensitz, li Bein vorgestreckt: Oberkörper über das gestreckte Bein vorneigen, evtl. mit den Händen den Fuss fassen und den Zug verstärken.	
	Hintere Oberschenkelmuskulatur		
VER-HALTEN	Spürst Du den Zug?		

Nr.	Name der Spielform Ziele / Akzente	Idee / Beschreibung	Hinweise / Organisation
672	DEHNEN IN SEITENLAGE	Das obere gebeugte Bein von innen an der Ferse festhalten und langsam strecken. Dann das gestreckte Bein festhalten und Richtung Kopf ziehen. Dito, andere Seite.	
	INHALT: Innere Hüftmuskulatur		
	VER-HALTEN: Langsam dehnen!		
673	BALLETT-UEBUNG	Stand mit hinter dem Rücken gefassten Händen: li Knie anheben, sw ausdrehen und das Bein strecken, so dass es parallel zum Boden ist. (Evtl. dabei Zehen zu sich ziehen und Fersen voranstossen, um die Dehnung zu verstärken). Der Oberkörper bleibt aufrecht! Auf gleichem Weg zurück in die Ausgangsstellung, langsam und kontrolliert.	
	INHALT: Innere Hüft-muskulatur Kraft: Hintere Hüftmusku-latur		
	VER-HALTEN: Langsam ist es schwieriger!		
674	IMMER HOEHER	Rückenlage: li Knie anziehen, dann das Bein möglichst senkrecht hochstrecken, Ferse (!) voraus. Das freie Bein dabei am Boden lassen und wenn möglich in die Länge ziehen.	
	INHALT: Hintere Ober- und Unterschenkel-muskulatur		
	VER-HALTEN: Ganz langsam		
675	"SPAGAT" IM STAND	Stand re, li Bein mit der Hand von innen gefasst: li Bein langsam sw hochstrecken - Oberkörper aufrichten.	
	INHALT: Innere Hüft-muskulatur		
	VER-HALTEN: Ruhig stehen!		

5.1.2 DEHNEN / ohne Material (Rumpf/Wirbelsäule)

Nr.	Name der Spielform / Ziele / Akzente	Idee / Beschreibung	Hinweise / Organisation
676	DEHNUNGS - SAMBA	Grätschsitz: Mit den Händen beim re Fuss 2x auf den Boden schlagen, 2x hinter dem Rücken in die Hände klatschen, 2 x beim li Fuss auf den Boden schlagen ... Ganze Klasse im gleichen Metrum.	
INHALT	Wirbelsäule (vw)		
VER-HALTEN	Rhythmisch und langsam		
677	DER KREISENDE SCHNEIDER	Schneidersitz: Abrollen sw und überrollen (über den Rücken) zum Schneidersitz. Hinweise: Fussohlen gegeneinander halten und mit beiden Händen fest zusammendrücken!	
INHALT	Wirbelsäule vw Koordination		
VER-HALTEN	Erproben, Experimentieren		
678	DER KREISENDE KOPF	Fersensitz, Arme hängen locker herab oder sind hinter dem Kopf verschränkt: Der Kopf zeichnet (samt dem Oberkörper) einen möglichst grossen, vertikalen Kreis über dem Boden. Dabei den Kopf beim Rückweg zur Brust und zuvorderst in den Nacken mit weit ausgestrecktem Hals nehmen (Siehe Zeichnung).	
INHALT	Wirbelsäule vw, Hintere Hüftmuskulatur		
VER-HALTEN	Gleichgewicht spüren		
679	STANDWAAGE	Stand auf dem re Bein, Arme in Seithalte, im Wechsel mit: li Bein gehockt zur Brust nach vorn ziehen und Arme zur Hochhalte bringen.	
INHALT	Wirbelsäule (vw) Kraft: Rücken		
VER-HALTEN	Gleichgewicht suchen		
680	WIEGE SCHAUKELN	Weiter Grätschstand, Hände hinter dem Kopf verschränkt: Rumpfvorbeugen und mit Ellenbogen abwechselnd re und li langsam auf den Boden tippen (übers Kreuz). - Dito, aber beide Ellenbogen tippen gleichzeitig auf den Boden.	
INHALT	Wirbelsäule (Rotation). Hintere Oberschenkelmuskulatur		
VER-HALTEN	Langsam		

Nr.	Name der Spielform / Ziele / Akzente	Idee / Beschreibung	Hinweise / Organisation
681	SENKRECHTSTARTER	Zu zweit in Rückenlage gegenüber, Beine senkrecht in der Luft, Gesäss an Gesäss: Bein grätschen und sich zwischen den Beinen durch die Hände reichen. Durch gegenseitigen Zug an den Händen die Oberkörper heben und zueinander ziehen. - Dito, aber die Beine bleiben geschlossen, die Hände greifen aussen an den Beinen durch.	
INHALT	Wirbelsäule (vw) Hintere Oberschenkelmuskulatur		
VER-HALTEN	Langsam ziehen!		
682	ROLLE ZUM EINBEINSTAND	Zurückrollen zum Berühren des Bodens mit den Füssen hinter dem Kopf. Rasches Vorrollen und versuchen, nur mit einem Bein aufzustehen und das andere gestreckt nach vorn zu halten. (Anfänglich auf beiden Füssen stehen).	
INHALT	Wirbelsäule vw		
VER-HALTEN	Je langsamer, desto schwieriger		
683	EIN- UND AUSSTEIGEN	Die Partner stehen sich gegenüber mit Handfassung: Beide übersteigen mit den Beinen die Arme, führen eine Drehung aus und steigen mit den Beinen wieder aus. Alles ohne Loslassen der Hände.	
INHALT	Wirbelsäule (Rotation)		
VER-HALTEN	Begegnung		
684	BEQUEME RUECKENLEHNE	Grätschsitz zu zweit, Rücken an Rücken, Hände in der Hochhalte gefasst: A macht eine Spannbeuge rw über den Rücken von B, B lässt seinen Rumpf dabei passiv nach vorn dehnen (B soll dabei den Rücken möglichst gerade halten und geradeaus blicken, keinen "Buckel" machen).	
INHALT	Hintere Oberschenkelmuskulatur A: Körpervorderseite B: Wirbelsäule vorwärts		
VER-HALTEN	Langsam und dosiert!		

5.1.2 DEHNEN / ohne Material (Rumpf/Wirbelsäule)

Nr.	Name der Spielform / Ziele / Akzente	Idee / Beschreibung	Hinweise / Organisation
685 / INHALT / VER-HALTEN	ICH HALT DICH ZURUECK / Wirbelsäule (sw) Brustmuskulatur / Begegnung	Zu zweit im Stand Rücken an Rücken, Arme in Hochhalte gefasst: Beide machen gleichzeitig einen grossen Schritt vw (ohne die Hände zu lösen), verharren einige Sekunden und gehen dann wieder in die Ausgangsstellung. Dito, Schritt li vw. - Wie oben, aber vw nebeneinanderstehen und einen grossen Schritt nach aussen machen. Darauf achten, dass weder Oberkörper noch Arme ausweichen.	
686 / INHALT / VER-HALTEN	HEISSER BODEN / Wirbelsäule rw, Kraft: Rücken / Körperstellung spüren	Rückenlage, Beine angewinkelt aufgestellt: Zuerst das Kreuz fest auf den Boden pressen, dann vom Boden abheben, ohne Schulter oder Gesäss vom Boden zu lösen. - Dito, aber nach dem Pressen langsam Gesäss und Lendenwirbelsäule abheben und hochdrücken. Schultern bleiben auf dem Boden. - Zum Entspannen: Beide Knie mit rundem Rücken zur Brust ziehen und halten.	
687 / INHALT / VER-HALTEN	IMMER LAENGER / Vordere Hüft- und Brustmuskulatur / Nicht hoch-schnellen	Bankstellung: Abwechslungsweise den re Arm und das li Bein (oder umgekehrt) anheben, in die Länge ziehen und wieder ablegen. - Dito, aber im Wechsel mit Zusammenziehen (Ellenbogen zum Knie). Auch der Kopf soll die Bewegung mitmachen. - Dito, in der Bauchlage.	
688 / INHALT / VER-HALTEN	"UNTERSCHWUNG" / Brustmuskulatur Wirbelsäule (rw) / Kooperation	Zu zweit mit gefassten Händen gegenüberstehen: Mit den Armen einen grossen (vertikalen) Kreis schwingen und sich selbst unter den Armen durchdrehen (A dreht nach li, B nach re). Auch bei einer halben Drehung stoppen und in der Bogenspanne kurz verweilen.	
689 / INHALT / VER-HALTEN	KNIE- ELLENBOGEN-TANZ / Wirbelsäule (sw) / Nicht ausweichen!	Stand, Hände hinter dem Kopf verschränkt, Ellenbogen zurückziehen: Wechselseitig das re oder das li Knie nach aussen sw hochziehen und mit dem entsprechenden Ellenbogen dieses Knie berühren (durch Seitneigen des Oberkörpers). Kein Ausweichen mit Hüfte und Ellenbogen!	

Nr.	Name der Spielform Ziele / Akzente	Idee / Beschreibung	Hinweise / Organisation
690	DAS ZIEHT!	Rückenlage, Arme schulterbreit auf den Boden gelegt, Handflächen nach hinten unten: Beim Ausatmen den Kopf heben und das Kinn zur Brust ziehen. Die Arme bleiben am Boden. Beim Einatmen abliegen und entspannen. - Dito, aber beim Einatmen zusätzlich ein Bein oder beide Beine senkrecht hochstrecken (Ferse voran).	
INHALT	Brustmuskulatur, Innere Armmuskulatur		
VER-HALTEN	Bewegungs-qualität		
691	TROCKEN - KRAUL - SCHWIMMEN	Grundstellung: Oberkörper mit geradem Rücken vorneigen zum Winkelstand, Arme führen eine "Kraul-Bewegung" aus. - Langsam und sehr kontrolliert. - Schnell, wie ein Kraul-Sprint. - Rückwärts.	
INHALT	Beinmuskulatur, Kraft: Rücken-muskulatur		
VER-HALTEN	Augen zu: Du schwimmst!		
692	SCHULTERBLATT - UEBUNG	Leichte Grätschstellung, Arme in Seithalte: Schulterblätter so stark wie möglich an die Wirbelsäule heranziehen, im Wechsel mit: Arme sw möglichst weit hinausstrecken (re und li zusammen, auf beiden Seiten etwas wegstossen wollen). - Var.: Auch Kombination: re Arm heranziehen, li Arm strecken und umgekehrt. Langsam!	
INHALT	Arm- und Schulter-gürtelmuskulatur		
VER-HALTEN	Langsam		
693	SCHULTERROLLEN	Im Stand, Arme in Seithalte: Einrollen des re (li) Armes, d. h.: den gestreckten Arm nach vorne eindrehen - anschliessend nach hinten ausrollen. - Beide Arme gleichzeitig ein- und ausrollen. - Gegengleich: den einen Arm ein-, den andern ausrollen.	
INHALT	Arm- und Schulter-gürtelmuskulatur		
VER-HALTEN	Langsam, dann immer schneller!		
694	BIS ZUM ANSCHLAG ZIEHEN	Zu zweit gegenüber: A im Grätschwinkelstand, Hände im Nacken verschränkt. B zieht die Ellenbogen von A bis zum Anschlag rw hoch. - Dito, auch mit gestreckten Armen, welche hochgezogen werden.	
INHALT	Brustmuskulatur		
VER-HALTEN	B: Vorsichtig ziehen		

5.1.4 DEHNEN / ohne Material (Vorermüdung)

Nr.	Name der Spielform / Ziele / Akzente	Idee / Beschreibung	Hinweise / Organisation
695	ZUERST NACH AUSSEN - DANN UEBER DAS KREUZ NACH INNEN	Grätschsitz, Arme in Vorhalte: Kräftigen: Arme gegen Widerstand zur Seite auseinanderziehen. Dehnen: Gestreckte Arme vor der Brust überkreuzen und auseinander- ziehen.	
INHALT	Schultergürtel und äussere Oberarm- muskulatur		
VER- HALTEN	Begegnung; Vor- sichtig ziehen		
Diese Dehntechnik sollte nur mit disziplinierten und motivierten Gruppen ausgeführt werden (Verletzungsgefahr!).		Bevor du zu weiteren Uebungen nach dem Prinzip der Vorermüdung gehst, sollen die folgenden Ueberlegun- gen diese Idee verdeutlichen: Das Vorermüdungsprinzip nutzt die Tatsache aus, dass sich ein ermüdeter Muskel leichter dehnen lässt als ein "frischer". Die Kräftigung erfolgt in den nun folgenden Beispielen statisch, das heisst, der Uebende versucht, einen unüberwindbaren Widerstand des Part- ners zu überwinden. Diese Anstrengung soll ca. 7 sec dauern. Danach entspannt sich der Uebende, und sein Partner führt ihn langsam bis zum "Anschlag" in die Dehnstellung (soweit gehen, bis der Uebende STOP sagt). Dort 10 bis 15 sec verweilen und sich möglichst ent- spannt auf diese Dehnstellung konzentrieren.	Die beiden Buchstaben K und D bedeuten: K = Kräftigung D = Dehnung
696	DRUECKEN - DANN WIRD GEDRUECKT	Rückenlage, ein Bein gestreckt abgehoben: Kräftigung: Das gestreckte Bein gegen Widerstand abwärts drücken. Dehnung: Bein Richtung Oberkörper drücken. (Dabei evtl. Knie mit der Hand fixieren, damit das Bein gestreckt bleibt).	
INHALT	Hintere Ober- schenkelmuskulatur		
VER- HALTEN	Begegnung, Dosieren		

Nr.	Name der Spielform / Ziele / Akzente	Idee / Beschreibung	Hinweise / Organisation
697	ERST DRUECK ICH DICH- DANN ZIEHST DU MICH	Bauchlage, ein Bein rw abgehoben: Kräftigen: Das Bein gegen Widerstand auf den Boden abwärtsdrücken. Dehnen: Das Bein rw hochdrücken. (Dabei evtl. das Gesäss mit einem Fuss beschweren, damit es nicht abheben kann). - Var.: Dito, auch möglich mit angezogenem Bein.	K: D:
INHALT	Vordere Oberschenkel- und vordere Hüftmuskulatur		
VER-HALTEN	Begegnung Vertrauen		
698	VON MIR WEG - DANN ZU MIR HIN	Rückenlage, Beine gegrätscht in der Luft: Kräftigen: Beine gegen Widerstand zusammenziehen. Dehnen: Beine sw-abwärts Richtung Boden auseinander- spreizen.	K: D:
INHALT	Innere Hüftmuskulatur		
VER-HALTEN	Langsam!		
699	ICH HALTE DIE WAND - DANN FAELLT SIE HIN	Grätschsitz, Blick geradeaus, aufrechte Haltung: Kräftigen: Oberkörper gegen Widerstand aufrichten, d.h. rw drücken. Var.: Im Grätschwinkelstand: Oberkörper gegen Widerstand aufrichten. Dehnen: Oberkörper vw abwärtsdrücken. Der Partner schiebt nicht an den Schultern (da sonst ein Buckel entsteht), sondern unterhalb.	K: D:
INHALT	Hintere Oberschenkelmuskulatur, Wirbelsäule (vw)		
VER-HALTEN	Gefühl für den Partner		

700	ICH ZIEHE NACH VORN - DANN DU NACH HINTEN	Langsitz, Arme in Hochhalte:
		 Kräftigen: Arme vw abw ziehen.
		 Dehnen: Arme rw hochziehen. Damit der Rücken dabei gerade bleibt,
		              muss ein Unterschenkel sw gegen den Rücken gestemmt wer-
		              den.
		 Achtung: Die Ellenbogen sollen soweit wie möglich durchgestreckt
		              werden!
			K: D:

INHALT	Brustmuskulatur, Innere Oberarmmuskulatur		
VER-HALTEN	Gefühl für den Partner		
701	DRUCK NACH AUSSEN - DANN NACH INNEN	Langsitz mit leicht angewinkelten Beinen, Arme hinter dem Rücken hochgestreckt: Kräftigen: Arme gegen den Widerstand auseinanderziehen. Dehnen: Arme gegeneinanderdrücken und leicht aufwärtsziehen. Dito, in Bauchlage möglich.	K: D:
INHALT	Innere Ober- und Unterarmmuskulatur		
VER-HALTEN	Auf Signal des Partners hören		

5.2 DEHNEN / Bälle

Nr.	Name der Spielform / Ziele / Akzente	Idee / Beschreibung	Hinweise / Organisation
702	KUGELLAGER	Hürdensitz: das gestreckte Bein wird auf den Ball gelegt, Arme stützen seitlich ab. Gesäss anheben und mit der Oberschenkelunterseite auf dem Ball vor- und zurückgleiten.	
INHALT	Hintere Oberschenkelmuskulatur Kraft: Arme		
VER-HALTEN	Ohne Abstützen versuchen		
703	HUERDEN - KREIS	Hürdensitz: Den Ball in einem möglichst grossen Kreis um den Körper rollen. Nach re und li. Wer kann es mit gestrecktem vorderem Bein?	
INHALT	Hintere Oberschenkel und innere Hüftmuskulatur		
VER-HALTEN	Bewegungsqualität		
704	8er - SCHLAUFE	Weite Ausfallstellung sw: Abwechselnde Gewichtsverlagerung nach re und li und den Ball in einer 8 um die Füsse rollen. - Dito, im Grätschstand.	
INHALT	Innere Hüftmuskulatur		
VER-HALTEN	Schwerpunkt immer tiefhalten!		
705	DAS IST MEIN BALL	Zu zweit im Grätschstand, Rücken an Rücken: Beide fassen den Ball zwischen den Beinen und ziehen, zuerst leicht, dann immer etwas kräftiger.	
INHALT	Wirbelsäule (vw) Kraft: Arme		
VER-HALTEN	Gleich stark ziehen wie der Partner		
706	SO WEIT ES GEHT	Im Grätschstand: Ball möglichst weit zwischen den Beinen nach hinten und in Richtung Liegestütz nach vorne rollen. Wie weit kommst du nach hinten (= dehnen), wie weit nach vorne (= kräftigen)?	
INHALT	Hintere Oberschenkelmuskulatur, Wirbelsäule (vw)		
VER-HALTEN	Selbsteinschätzung		

Nr.	Name der Spielform / Ziele / Akzente	Idee / Beschreibung	Hinweise / Organisation
707	WIE DU MIR, SO ICH DIR	Zu zweit im Hürdensitz gegenüber, Abstand 3 bis 5 m: Sich einen Ball so zuwerfen, dass der andere ihn gerade noch vor den Füssen fangen kann, indem er seinen Rumpf stark vorneigt.	
INHALT	Hintere Oberschenkelmuskulatur, Wirbelsäule (vw)		
VER-HALTEN	Kooperation		
708	BEINE UMSPINNEN	Grundstellung: Oberkörper vorneigen und den Ball um Füsse, Knie, Oberschenkel und Hüfte rollen; danach wieder abwärts. - Der Ball soll den Körper dabei berühren. - Der Ball soll den Körper dabei nicht berühren.	
INHALT	Hintere Oberschenkelmuskulatur, Wirbelsäule (vw)		
VER-HALTEN	Beine ganz strecken		
709	BALL UEBER KOPF	Langsitz: Den Ball zwischen die Füsse klemmen (mit gestreckten Beinen), rw durch die Kerze rollen und den Ball hinter dem Kopf mit den Füssen in die Hände übergeben. Beine dabei möglichst gestreckt lassen. Wer kann den Ball hinter dem Kopf deponieren und ihn wieder mit den Füssen holen?	
INHALT	Hintere Oberschenkelmuskulatur, Wirbelsäule (vw)		
VER-HALTEN	Langsam ausführen		
710	DER STOLZE BALL - BESITZER	Bauchlage: Stütze dich mit beiden Händen auf den Ball und versuche, dich so hoch zu stossen, dass die Hüfte noch den Boden berührt (Rücken "durchhängen" lassen).	
INHALT	Wirbelsäule rw Dehnen der Brust- und Bauchmuskulatur		
VER-HALTEN	Hüfte auf dem Boden spüren		
711	SEITENWIND	Leichte Grätschstellung, Ball (Tennis-, Handball) in der re Hand in Hochhalte: Seitbeugen des Oberkörpers nach li, Ball fallen lassen und mit der re Hand fangen. - Dito, gegengleich.	
INHALT	Wirbelsäule sw, Seitliche Rumpfmuskulatur		
VER-HALTEN	Spannung suchen + wirken lassen		

5.2 DEHNEN / Bälle

Nr.	Name der Spielform / Ziele / Akzente	Idee / Beschreibung	Hinweise / Organisation
712	SATELLIT	Zu zweit Rücken an Rücken im Sitz (Schneidersitz, Grätschsitz...) den Ball beidhändig in der Hochhalte gefasst, Arme und Körper gut gestreckt: Langsames Kreisen des Balles über den Köpfen. Die Rücken sollen sich dabei auf der ganzen Länge berühren.	
INHALT	Wirbelsäule (Rotation) Kraft: Rückenmuskulatur		
VER-HALTEN	Langsam; Augen schliessen!		
713	SCHRAUBE IN DIE DECKE DREHEN	Sitz mit gegrätschten und angehockten Beinen, Ball mit beiden Händen über dem Kopf gehalten, Arme und Oberkörper gut gestreckt: Oberkörperdrehen sw nach li und nach re.	
INHALT	Wirbelsäule (Rotation) Kraft: Rückenmuskulatur		
VER-HALTEN	Gerader Rücken!		
714	SCHAUKELSTUHL	Kniestand, Ball beidhändig gefasst: li und re neben die Füsse absitzen und mit dem Ball gegengleich so weit aussen wie möglich den Boden berühren.	
INHALT	Wirbelsäule (Rotation) Beweglichkeit im Becken		
VER-HALTEN	Je langsamer, desto schwieriger.		
715	MAL OBEN, MAL UNTEN	Bauchlage: Hüfte heben und den Ball unter dem Körper durch auf die andere Seite geben. Hüfte senken und den Ball hinter dem Rücken möglichst hoch übergeben (= Den Ball um den Rumpf kreisen).	
INHALT	Brust- und Rückenmuskulatur		
VER-HALTEN	Langsam heben und senken!		
716	SO WEIT ZURUECK WIE ES GEHT	Hürdensitz: Den Ball mit beiden Händen hinter dem Rücken soweit als möglich rw rollen und wieder zurück. Die Arme bleiben gestreckt.	
INHALT	Innere Hüftmuskulatur, Brustmuskulatur		
VER-HALTEN	Bewegungsqualität!		

Nr.	Name der Spielform / Ziele / Akzente	Idee / Beschreibung	Hinweise / Organisation
717	STEHAUF - MAENNCHEN	Bauchlage, Seil vierfach in der Hochhalte: Zuerst sich strecken und lang werden, dann "klein" werden und mit gestreckten Beinen immer näher zu den Händen und zum Seil "wandern" bis zum Stand. - Dito, wieder zurück zur Bauchlage.	
	INHALT Hintere Oberschen-kelmuskulatur, Wirbelsäule (vw)		
	VER-HALTEN Gegenseitig beobachten!		
718	VORSICHT: STARKSTROM	A hält ein halbiertes Seil gespannt senkrecht, untere Hand etwa auf Kniehöhe. B versucht, dieses "Fenster" aus Armen und Seil zu durchsteigen, ohne das Seil oder den Körper von A zu berühren.	
	INHALT Koordination		
	VER-HALTEN Kooperation		
719	BOGENSPANNUNG	A und B stehen sich gegenüber mit dem Rücken zueinander, eine Seil-länge Abstand, die beiden Seile sind in der Mitte überkreuzt, jeder hält seine beiden Seilenden: Arme sw führen und gleichzeitig einen Ausfallschritt vw machen. Dadurch werden Brust und Arme gedehnt. Einige Sekunden verharren und dann wieder entspannen. Hohlkreuz vermeiden!	
	INHALT Brust- und vordere Oberarmmuskulatur		
	VER-HALTEN Nicht reissen		
720	HOHES TREPPEN-STEIGEN	Grundstellung, vierfaches Seil in Vorhalte: Das Seil vw und rw übersteigen, ohne es loszulassen. - Dito, auch mit Ueberspringen.	
	INHALT Wirbelsäule (vw) Koordination		
	VER-HALTEN Wetteifern: Wer schafft es?		
721	BEIDE DREHEN NACH RECHTS	A und B im Grätschsitz, Rücken gegen Rücken: A hält das vierfache Seil in Vorhalte, dreht den Oberkörper sw nach re und übergibt das Seil an B, welcher seinen Oberkörper ebenfalls nach re dreht und das Seil übernimmt. Danach drehen beide nach li und B übergibt das Seil an A (Das Seil beschreibt eine 8).	
	INHALT Hintere Oberschen-kelmuskulatur,		
	VER-HALTEN Begegnung		

5.3 DEHNEN / Springseil

Nr.	Name der Spielform / Ziele / Akzente	Idee / Beschreibung	Hinweise / Organisation
722	LANGSAM RUDERN	A und B im Lang- oder Hürdensitz gegenüber, die Fussohlen berühren sich. Beide halten das vierfache Seil in Vorhalte (A hält aussen, B dazwischen): Langsames Senken und Vorneigen des Oberkörpers im Wechsel, Blick geradeaus.	
	INHALT: Hintere Oberschenkelmuskulatur, Wirbelsäule vw		
	VER-HALTEN: Langsam wirkt mehr und besser!		
723	ZERREISSPROBE	Rückenlage, Seil vierfach zusammengelegt in der Vorhalte gefasst: Ein Bein beugen und mit der Fussohle gegen das gespannte Seil aufwärtsdrücken, bis das Knie gestreckt ist. Die Ferse soll dabei gegen die Decke zeigen. Das andere Bein auf dem Boden in die Länge ziehen. - Dito, mit beiden Beinen gleichzeitig. - Dehnung verstärken durch Abwärtsziehen der Fussspitzen.	
	INHALT: Hintere Ober- und Unterschenkelmuskulatur		
	VER-HALTEN: Schön langsam!		
724	DEHNEN DURCH ZIEHEN	Langsitz: Das Seil um die Füsse legen und an beiden Enden halten: Rumpfbeugen vw unter gleichzeitigem Seilzug sw mit gestreckten Armen.	
	INHALT: Hintere Oberschenkelmuskulatur Wirbelsäule vw		
	VER-HALTEN: Wo dehnst du jetzt? Spürst du es?		
725	GUMMI-MENSCH	Grätschsitz (oder Grätschstand), halbiertes Seil über dem Kopf gespannt: Wer kann, ohne Arme zu beugen oder das Seil zu lösen, den linken Fuss mit der rechten Hand berühren und umgekehrt? Im Grätschsitz: Wer kann das Seil mit beiden Armen hinter einem Fuss ablegen und wieder zurückholen (Knie strecken!)?	
	INHALT: Hintere Oberschenkelmuskulatur Wirbelsäule vw/sw		
	VER-HALTEN: Beine möglichst immer strecken!		
726	BEWEGLICHKEITSTEST	Grätschstand, doppeltes Seil in der Hochhalte: Mit der rechten Hand den linken Fuss berühren - zurück zur Hochhalte - mit der linken Hand den rechten Fuss berühren - Hochhalte. Das Seil bleibt dabei immer gespannt.	
	INHALT: Hintere Oberschenkelmuskulatur Wirbelsäule vw		
	VER-HALTEN: Teste: Wie beweglich bist du?		

Nr.	Name der Spielform / Ziele / Akzente	Idee / Beschreibung	Hinweise / Organisation
727	STEUERRAD	Grätschsitz, Reifen zwischen den gestreckten Beinen auf den Boden gelegt: Abwechselnd mit der re oder der li Hand dem Reif entlang nach vorn fahren.	
INHALT	Hintere Oberschenkel- und innere Hüftmuskulatur		
VER-HALTEN	Spürst du, wo gedehnt wird?		
728		Schneidersitz, Reifen waagrecht über dem Kopf in der Hochhalte gefasst: Drehen des Oberkörpers nach li und nach re. (Der Reifen soll dabei stets in der Horizontalen über dem Kopf bleiben).	
INHALT	Wirbelsäule (Rotation)		
VER-HALTEN	Ganz gerader Rücken		
729	TELLER - SERVICE	Schneidersitz oder Grätschsitz: Wer kann den Reifen mit beiden Händen durch eine Drehung des Oberkörpers hinter sich ablegen und ihn von der anderen Seite wieder holen?	
INHALT	Wirbelsäule (Rotation)		
VER-HALTEN	Ganz langsam und leise		
730	SCHEINWERFER	Schneidersitz, Reifen senkrecht in der Hochhalte gefasst: Den Reif mit gestreckten Armen weit zur Seite ziehen, bis der Reif den Boden berührt.	
INHALT	Seitliche Rumpfmuskulatur, Wirbelsäule (sw)		
VER-HALTEN	Nicht ausweichen		
731	NICHT ZU WEIT, SONST FAELLST DU!	Langsitz, Reifen in der Hochhalte mit beiden Händen gefasst: Den Reifen nach hinten schieben und wieder nach vorn holen. Die Bewegung immer ausgreifender machen, den Reif kippen, bis er hinter dem Körper und vor den Füssen den Boden berührt.	
INHALT	Wirbelsäule (vw) Kraft (Rumpf)		
VER-HALTEN	Wie weit kommst du?		

5.5 D E H N E N / Gymnastikstab

Nr.	Name der Spielform / Ziele / Akzente	Idee / Beschreibung	Hinweise / Organisation
732	STORCHEN-STAND	In der Bauchlage oder im Stand, das Becken in aufrechter Haltung fixiert, Stab waagrecht an beiden Enden gefasst hinter dem Gesäss: Ein Fuss wird mit dem Rist am Stab eingehängt. Mit dem Unterschenkel gegen den Stab drücken, bis die Arme nach hinten hochgehoben werden. Danach entspannen und Becken nach vorne drücken, so dass der Oberschenkel (Vorderseite) gedehnt wird. Mehrmals wiederholen.	
INHALT	Vordere Oberschenkelmuskulatur		
VER-HALTEN	Hüfte nach vorne. Spürst du warum?		
733	RUDERN GEGEN DEN STROM	Zu zweit im Grätschsitz gegenüber, Füsse gegeneinandergestemmt, Stab waagrecht gefasst: A neigt seinen Oberkörper so weit zurück, dass das Gesäss von B abgehoben wird. B muss dabei seine Beine gut durchstrecken!	
INHALT	Hintere Oberschenkel- und innere Hüftmuskulatur		
VER-HALTEN	Vorsichtig ziehen		
734	LANGSITZ-RUDERN	Grätschsitz oder Langsitz, Stab waagrecht an beiden Enden gefasst: Oberkörper vorneigen (Blick geradeaus) und den Stab vor den Füssen ablegen und wieder zurückholen. Die Beine bleiben dabei möglichst gestreckt.	
INHALT	Hintere Oberschenkelmuskulatur, Wirbelsäule (vw)		
VER-HALTEN	Kannst du die Beine immer strecken?		
735	ZAUBERSTAB	Schneidersitz, Stab mit gestrecktem Arm vor dem Körper senkrecht auf den Boden gestellt: Mit beiden Händen dem Stab entlang hoch- und hinuntergreifen; der Stab soll dabei immer senkrecht bleiben.	
INHALT	Hintere Hüftmuskulatur, Wirbelsäule (vw)		
VER-HALTEN	Schliesse die Augen. Wie hoch bist du jetzt, jetzt ...		

Nr.	Name der Spielform / Ziele / Akzente	Idee / Beschreibung	Hinweise / Organisation
736	RUDERN IM STURM	Zu zweit im Grätschsitz gegenüber, Füsse gegeneinandergestemmt, Stab in Vorhalte waagrecht gefasst: Abwechselnd Rumpfbeugen vw und rw und Rumpfbeugen sw zur entgegengesetzten Seite.	
INHALT	Hintere Oberschenkelmuskulatur, Wirbelsäule (vw/sw		
VER-HALTEN	Der eine als Spielverderber		
737	DECKE TAPEZIEREN	Zu zweit mit zwei Stäben in der Hochhalte, Rücken zueinander: Rumpfkreisen nach re und nach li. (Die Stäbe sollen über den Köpfen einen möglichst grossen horizontalen Kreis beschreiben).	
INHALT	Wirbelsäule (Rotation) Kraft Rumpf		
VER-HALTEN	A "bremst" B "zieht" gegengleich		
738	LIEGESTUHL	Strecksitz, Rücken an Rücken, Stab in der Hochhalte von beiden waagrecht gefasst: Wechselseitiges Rumpfbeugen vw mit Hochziehen des Partners in die Spannbeuge. - Dito, aber mit leichtem Nachfedern. - Dito, aber Rumpfbeugen vw gegen Widerstand des Partners.	
INHALT	Brust-, Bauch- und hint. Oberschenkelmuskulatur		
VER-HALTEN	Spannen Entspannen		
739	STAB - WALZER	Zu zweit gegenüber, Stäbe waagrecht an den Enden gefasst: Stabschwingen nach re und li und in einer "Walzerdrehung" die Stäbe über den Kopf schwingen und selbst in entgegengesetzter Richtung mit drei (Walzerschritten) untendurchdrehen (der eine dreht nach li, der andere nach re) - Auch zu Walzermusik.	
INHALT	Schultergürtelmuskulatur Wirbelsäule (Rot.)		
VER-HALTEN	Kooperation		
740	EIN- UND AUSKUGELN	Bauchlage, Stab in der Hochhalte breit gefasst: Arm rw führen und den Stab zum Gesäss führen, dann wieder zurück zur Hochhalte. Langsam! So eng wie möglich! Auch im Stand als Beweglichkeit des Schultergürtels.	
INHALT	Brust- und vordere Oberarmmuskulatur		
VER-HALTEN	Beweglichkeit testen		

5.6 DEHNEN / Spielband

Nr.	Name der Spielform / Ziele / Akzente	Idee / Beschreibung	Hinweise / Organisation
741	VORNE TIEF - HINTEN HOCH	Grundstellung, Band in Hochhalte gefasst: Senken des Oberkörpers und das Band unter den Füssen (mit gestreckten Beinen) durchschieben durch Anheben zuerst der Zehen, dann der Fersen. Danach das Band hinter dem Rücken und über den Kopf hochheben und wieder zur Hochhalte bringen.	
INHALT	Hintere Oberschenkelmuskulatur Wirbelsäule (vw)		
VER-HALTEN	Wer schafft es mit gestreckten Beinen		
742	PFEFFERMUEHLE DREHEN	Langsitz zu zweit gegenüber, Fussohlen gegeneinander, Band mit einer Hand in der Vorhalte gefasst, die andere Hand stützt seitlich neben dem Körper: Oberkörper vor- und zurückbeugen. - Dito, im Grätschsitz, Band mit beiden Händen gefasst: Mit den Händen zwischen den Beinen eine grosse "Pfeffermühle" drehen, d.h. mit dem Oberkörper einen weiten Kreis beschreiben.	
INHALT	Innere Hüft- und hintere Oberschenkelmuskulatur, Wirbelsäule		
VER-HALTEN	Langsam und miteinander		
743	WIE HOCH KOMMST DU?	Mit den Händen hinter dem Rücken das Spielband halten, Arme gestreckt. Oberkörper zur Waagrechten senken, Arme so weit als möglich vorwärts-hoch. Wie weit geht es?	
INHALT	Brustmuskulatur Vordere Oberarmmuskulatur		
VER-HALTEN	Teste deine Beweglichkeit!		
744	WER KANN DAS?	Hänge das Spielband an beide Füsse. Versuche nun, die Beine völlig zu strecken. Wer kann dies auch, ohne je die Füsse auf dem Boden abzustellen?	
INHALT	Hintere Oberschenkelmuskulatur Wirbelsäule (vw)		
VER-HALTEN	Suche dein Gleichgewicht!		

Nr.	Name der Spielform / Ziele / Akzente	Idee / Beschreibung	Hinweise / Organisation
745	BANK-RUDERBOOT	Zwei Bänke im Abstand von ca. 1 m parallel nebeneinander, die Ueben- den sitzen zu zweit gegenüber, Handfassung in Schulterhöhe, die Bei- ne gegen den untersten Teil der gegenüberstehenden Bank gestellt: Abwechselnd den Oberkörper vor- und zurückbeugen. Beine bleiben möglichst gestreckt.	
INHALT	Hintere Oberschen- kelmuskulatur, Wirbelsäule (vw)		
VER- HALTEN	Begegnung		
746	BEWEGLICHKEITS- TEST	Kauerstellung auf der Bank, Bankkante gefasst: Hochdrücken der Hüfte bis die Beine gestreckt sind, ohne mit den Händen loszulassen. - Dito, aber beim Hochdrücken wird ein Bein rw hochgespreizt zur Standwaage.	
INHALT	Hintere Oberschen- kelmuskulatur, Wirbelsäule (vw)		
VER- HALTEN	Wie steht es bei dir?		
747	KNIEFALL	Ausfallschritt mit einem Bein auf der Langbank, Oberkörper aufrecht: Hüfte leicht vorschieben und Dehnung einige Sekunden wirken lassen. Beinwechsel.	
INHALT	Vordere Hüftmusku- latur		
VER- HALTEN	Oberkörper aufrecht halten!		
748	TIEF VERNEIGEN	Kniestand vor der Bank, Hände auf der Bank aufgestützt, Kopf locker hängen lassen: Schultern und Brust Richtung Boden drücken.	
INHALT	Brustmuskulatur, Wirbelsäule (vw)		
VER- HALTEN	Schultern durch- hängen		
749	BANK-SCHIEBEN	Versuche, das gestreckte Bein möglichst weit nach vorn zu stossen. Gleiche Uebung, aber seitwärts (Richtung Spagat).	
INHALT	Vordere Hüft- muskulatur		

5.8 DEHNEN / Sprossenwand

Nr.	Name der Spielform / Ziele / Akzente	Idee / Beschreibung	Hinweise / Organisation
750	IMMER NAEHER	Stand auf der dritten Sprosse, Hände auf Brusthöhe gefasst: Mit dem Gesäss im Hangwinkelstand Richtung Boden wippen, und mit den Händen immer näher zu den Füssenhinabsteigen. Auf jeder Sprosse von neuem federn. Mit gegrätschten oder geschlossenen Beinen.	
INHALT	Innere Hüftmuskulatur, Wirbelsäule (vw)		
VER-HALTEN	Wie tief kommst du?		
751	BALLETT - UEBUNG	Querstand re vor der Sprossenwand, re Bein in Hüfthöhe auf die Sprosse stellen, Arme in Hochhalte: Rumpfbeugen re sw zum eingehängten Bein - Aufrichten - und tiefes Rumpfbeugen vw, die Hände berühren beim Standbein den Boden.	
INHALT	Innere Hüft- und seitliche Rumpfmuskulatur		
VER-HALTEN	Langsam wie ein Ballett-Tänzer		
752	RUECK - SCHRITT	Stand vorlings auf der 5. Sprosse, Ristgriff in Hüfthöhe: Das li Bein rückspreizen und gestreckt möglichst weit von der Sprossenwand entfernt auf den Boden stellen, das re Bein bleibt gestreckt. Der Oberkörper soll möglichst aufrecht gehalten werden.	
INHALT	Hintere Oberschenkelmuskulatur		
VER-HALTEN	Bis zu welcher Sprosse gelingt es?		
753	JE HOEHER, DESTO SCHWIERIGER	Stand vorlings auf der 7. bis 10. Sprosse, Ristgriff auf Beckenhöhe: Rückspreizen des li Beines mit gleichzeitigem Beugen des re Knies; versuchen, mit der li Fussspitze den Boden berühren, einige Sekunden verharren und dann wieder in die Ausgangsstellung zurückkehren. Beinwechsel.	
INHALT	Vordere Hüftmuskulatur		
VER-HALTEN	Vergleiche deine Beweglichkeit mit den ändern!		
754	KLETTERWAND - RETTUNG	B hängt rücklings an der Sprossenwand; A kriecht unter seinen Rücken und drückt mit seinem gewölbten Rücken gegen den Rücken von B. B lässt sich passiv nach vorn drücken und dehnen.	
INHALT	Brustmuskulatur, Vordere Hüftmuskulatur		
VER-HALTEN	Kooperation		

Nr.	Name der Spielform / Ziele / Akzente	Idee / Beschreibung	Hinweise / Organisation
755	KOMMST DU HOCH?	Sitz rücklings gegen die Sprossenwand, Beine leicht angehockt, Arme fassen in der Hochhalte eine Sprosse: Vor-hoch-schieben der Hüfte zum Aufrichten in die Spannbeuge. Var.: Dito, aber mit Weglaufen.	
	INHALT Brust- und Vordere Hüftmukulatur		
	VER-HALTEN Hüfte voraus!		
756	HOHLKREUZ-KATZENBUCKEL	Sitz rücklings gegen die Sprossenwand, Arme greifen in Hochhalte: Oberkörper und Brust vordrücken (von der Sprossenwand weg) und diese Stellung 10 bis 15 sec halten. - Auch im Wechsel mit starkem Zurückdrücken des oberen Teils der Wirbelsäule (Rundrücken) gegen die Sprossenwand. - Beim Vordrücken einatmen, beim Zurückdrücken ausatmen.	
	INHALT Brustmuskulatur Wirbelsäule		
	VER-HALTEN Brust hinaus Brust hinein		
757	DEN KOPF HAENGEN LASSEN	Bauchlage vor der Sprossenwand, Oberkörper anheben und 3. oder 4. Sprosse fassen. Dann sich passiv "in die Arme hineinhängen" (Kopf hängen lassen, Brust Richtung Boden ziehen).	
	INHALT Brustmuskulatur, Bauchmuskulatur		
	VER-HALTEN Augen schliessen, Passiv dehnen lassen		
758	HAELT DIE SPROSSENWAND?	Querstand vor der Sprossenwand, re Seite dicht an der Sprossenwand, re Hand fasst eine Sprosse in der Hüfthöhe, li Hand fasst unter dem Kopf in Ristgriff: Rumpfbeugen re sw, dabei den Rumpf von der Sprossenwand wegdrücken, die Füsse bleiben an Ort. Seitenwechsel.	
	INHALT Seitliche Rumpf-muskulatur		
	VER-HALTEN Langsam!		
759	HAENDE HOCH - BRUST TIEF	Kniewinkelstand mit Ristgriff auf Schulterhöhe: Kopf hängen lassen und Brust Richtung Boden ziehen. - Dito, im Grätschwinkelstand. - Im Grätschwinkelstand von Sprosse zu Sprosse abwärtsgreifen.	
	INHALT Brustmuskulatur		
	VER-HALTEN Spürst du die Spannung?		

5.9 DEHNEN / Geräte

Nr.	Name der Spielform / Ziele / Akzente	Idee / Beschreibung	Hinweise / Organisation
760	AUF DER KANTE	Rückenlage auf einem Kasten (o.ä.), mit dem Gesäss am Kastenende: Ein Bein zur Brust ziehen, das andere Bein entspannt hängen lassen. Wie weit hinunter hängt das Bein?	
INHALT	Vordere und hintere Hüft-muskulatur		
VER-HALTEN	Vor allem gut für Läufer!		
761	DIESMAL: BAUCH RAUS!	Stand vor dem Kasten (o.ä.). Ein Bein rückwärts hochheben und den Fussrist auf den Kasten legen: Hüfte nach vorne drücken. Versuche auch, das Standbein leicht zu beugen!	
INHALT	Vordere Oberschen-kel- und Hüft-muskulatur		
VER-HALTEN	Sind deine Hüft-beuger verkürzt?		
762	KASTEN - WALZER	A und B halten einen Kastenteil (o.ä.) und schwingen ihn sw nach rechts und links und führen ihn in einem grossen Kreis über die Köpfe. Dabei müssen beide eine Drehung in entgegengesetzter Richtung unter dem Kasten ausführen (= Walzerdrehung).	
INHALT	Vordere Oberschen-kel- und Brust-muskulatur		
VER-HALTEN	Spass zu zweit		
763	KATZENBUCKEL	Neige dich nach vorne und fasse die Fersen (von innen her). Versuche nun, die Buckelstellung durch Zug mit den Armen zu verstärken. Bleibe längere Zeit in der Buckel-Stellung und versuche zu spüren, dass du immer ein wenig weiter nach unten kommst.	
INHALT	Wirbelsäule vw Lendenmuskulatur		
VER-HALTEN	Dehn-Spannung spüren lernen		
764	WANDSPAGAT	Wer kommt am tiefsten? Gesäss möglichst nahe an der Wand: Versuche, beide Füsse auf gleicher Höhe möglichst weit nach unten zu drücken. Bleibe möglichst lange in dieser Stellung.	
INHALT	Innere Hüft-muskulatur		
VER-HALTEN	Vergleich mit anderen Schülern	Schüler testen sich gegenseitig selbst: Wandmarkierungen anbringen (Kreide).	

Stretching-Basisprogramm TOP TEN

10 Übungen für die wichtigsten Muskelgruppen

Nach SPRING, H., 1986

Wie dehnen?	● Nehmen Sie die abgebildete Dehnstellung ein. ● Ändern Sie *langsam* die Position in Richtung der Pfeile, die Dehnung wird dadurch verstärkt. ● Vermeiden Sie ruckartige Bewegungen *(kein Wippen)*. ● Ein leichtes Ziehen im zu dehnenden Muskel ist normal. ● Halten Sie diese Stellung 15—30 Sekunden. ● Atmen Sie regelmässig und ruhig, versuchen Sie, sich zu entspannen.

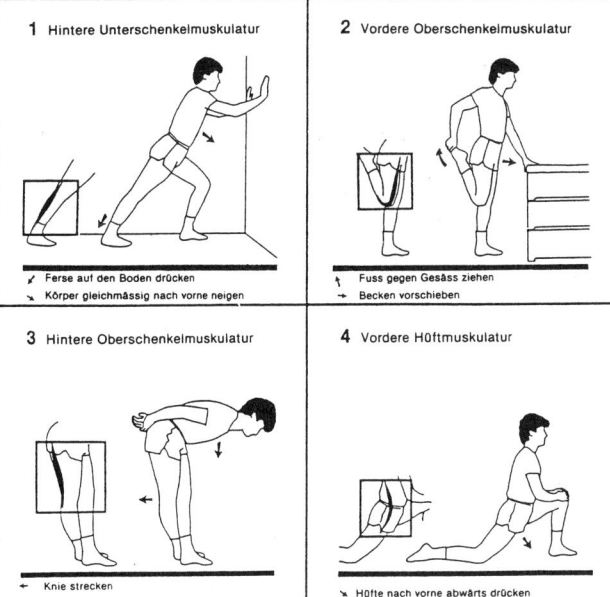

1 Hintere Unterschenkelmuskulatur
↗ Ferse auf den Boden drücken
↘ Körper gleichmässig nach vorne neigen

2 Vordere Oberschenkelmuskulatur
↑ Fuss gegen Gesäss ziehen
→ Becken vorschieben

3 Hintere Oberschenkelmuskulatur
← Knie strecken
↓ Oberkörper nach vorne neigen

4 Vordere Hüftmuskulatur
↘ Hüfte nach vorne abwärts drücken

5 Hintere Hüftmuskulatur 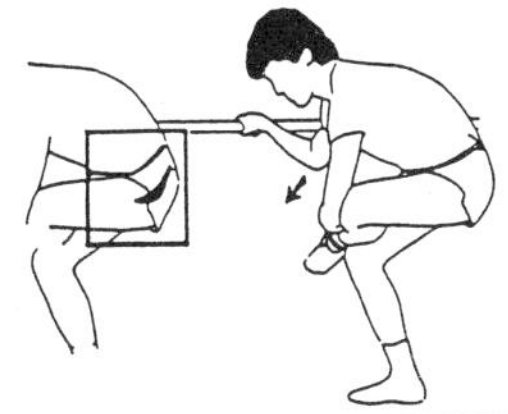
↙ Oberkörper nach vorne neigen

6 Innere Hüftmuskulatur 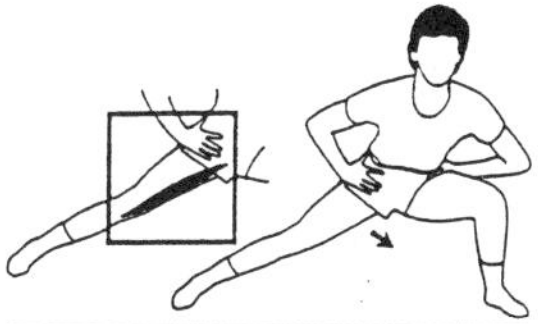
↘ Becken schräg nach unten schieben

7 Rückenmuskulatur 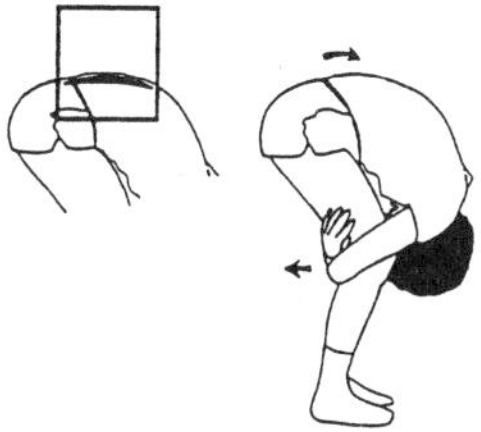
← Knie strecken
↪ Rundrücken verstärken

8 Seitliche Rumpfmuskulatur 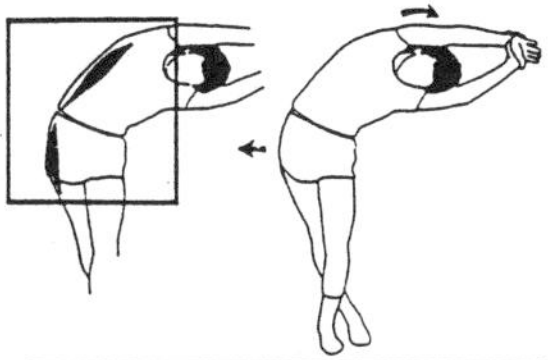
← Hüfte seitwärts schieben
↙ Rumpf zur Gegenseite ziehen

9 Brustmuskulatur 
↓ Mit gleichseitigem Bein Schritt nach vorne
↙ Schulter nach vorne verlagern

10 Schultergürtelmuskulatur 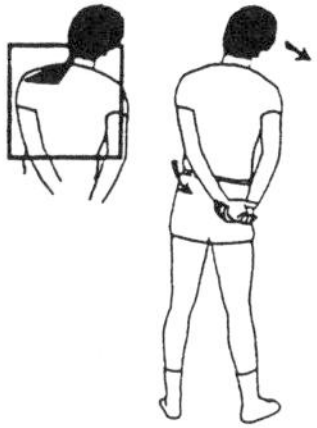
↘ Kopf zur Gegenseite neigen
↘ Arm nach unten ziehen

Kapitel 6

Koordinieren

Keine Praxis ohne Theorie — keine Theorie ohne Praxis!

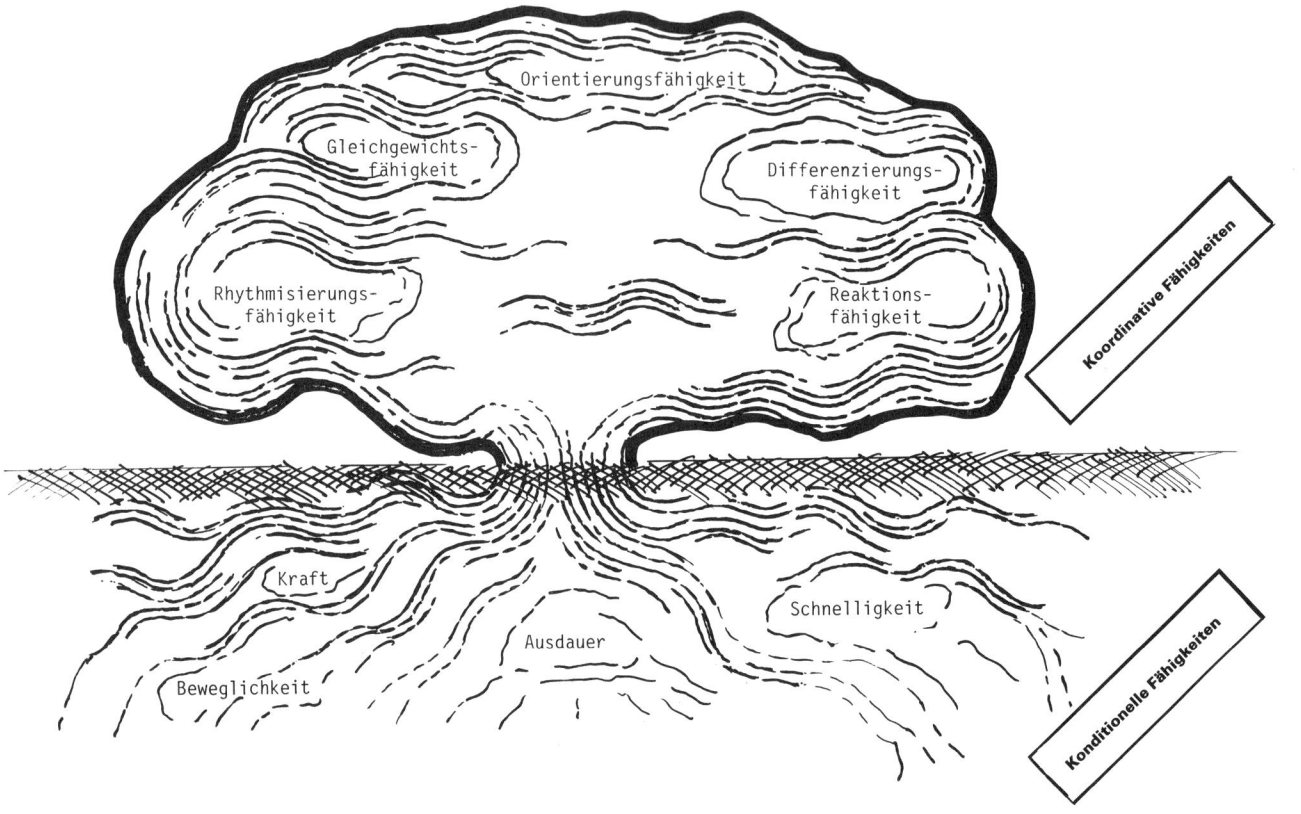

Abb.: Gegenseitige Abhängigkeit der konditionellen und koordinativen Fähigkeiten.
Ohne ausreichende Konitition können die koordinativen Fähigkeiten nicht optimal
gefördert werden. Beide gehören zusammen, also auch im Training!

Und jetzt wird nur noch koordiniert?!

Im Bereich der Verbesserung von konditionellen Fähigkeiten scheint man an Grenzen gestossen zu sein. (Zu) lange wurde der Optimierung der koordinativen Fähigkeiten wenig oder gar keine Achtung geschenkt. Dies wurde nun in jüngster Zeit korrigiert. Die Gefahr bei einer solchen Tendenz besteht darin, dass der Eindruck entsteht, jetzt müsse nur noch koordiniert werden. Dies ist natürlich ebenso fragwürdig wie das eben kritisierte, einseitige Konditionstraining.

(Falsch verstandenes) Training der Gleichgewichtsfähigkeit für Tennisspieler!

In diesem Kapitel wird das Schwergewicht auf die Schulung und Verbesserung der koordinativen Fähigkeiten gelegt. Dabei ist es kaum möglich und auch wenig sinnvoll, einzelne koordinative Fähigkeiten völlig isoliert von anderen trainieren zu wollen. Wir haben versucht, Akzente (siehe INHALT) zu setzen.

In der Folge sollen die einzelnen koordinativen Fähigkeiten definiert werden (nach Mühlethaler, 1987):

Orientierungsfähigkeit

Diese Fähigkeit ermöglicht es, sich in der Vielfalt von Positionen und Bewegungen (Zeit, eigener Körper, Gegner, Mitspieler, Ball, Spielfeld) zu orientieren. Sie beinhaltet die Antizipationsfähigkeit.

Differenzierungsfähigkeit

Sie erlaubt es, die eintreffenden Sinnes-Informationen auf das Wichtigste zu überprüfen (differenzieren) und die eigene Bewegungsantwort entsprechend zu dosieren.

Gleichgewichtsfähigkeit

Das Gleichgewicht halten oder nach Positionsänderungen schnell wieder einnehmen zu können, ist von dieser Fähigkeit abhängig.

Rhythmisierungsfähigkeit

Damit ist das Vermögen gemeint, einen Bewegungsablauf rhythmisch zu gestalten oder einen vorgegebenen Rhythmus zu erfassen.

Reaktionsfähigkeit

Die wichtigsten Informationen schnell aufnehmen, um eine zweckmässige Bewegungsantwort auszuführen.

In den folgenden Uebungs- und Spielformen werden diese Begriffe verwendet unter "INHALT".
Dabei handelt es sich um Akzente, denn die einzelnen koordinativen Fähigkeiten lassen sich nicht scharf voneinander trennen. Sie sind gegenseitig sowie mit den konditionellen Fähigkeiten (Voraussetzungen) vernetzt.

6.1 KOORDINIEREN / ohne Material

Nr.	Name der Spielform / Ziele / Akzente	Idee / Beschreibung	Hinweise / Organisation
765	FUESSETRETEN	Zu zweit: Beide versuchen, durch geschicktes Tupfen und Ausweichen dem anderen auf die Füsse zu treten. Var.:- Wer kann dem anderen die Unterschenkel abschlagen? - Wer kann dem anderen auf die Wade schlagen? (Vorsicht vor dem Zusammenstossen mit den Köpfen!)	
	INHALT: Reaktionsfähigkeit		
	VER-HALTEN: Begegnung Fairness		
766	PARTNER-RAD	A in Bauchlage, B schlägt über A hinweg ein Rad. Abwechselnd fortgesetzt. Folgende Varianten sind möglich: - Ein Arm setzt auf der rechten, der andere auf der linken Seite von A auf. - Beide Hände setzen "hinter" A auf (hinübergreifen!). - Dito, aber A in Bankstellung, B stützt hinter den Füssen von A auf. - Dito, aber A in Bückhalte. Geht es auch so?	
	INHALT: Differenzierungsfähigkeit		
	VER-HALTEN: Vertrauen		
767	ZWEIER- MIT DREIERTAKT	Während die Füsse eine 2-Takt-Bewegung ausführen (z.B. Hampelmann oder Wechselhüpfen), machen die Arme gleichzeitig eine 3-Takt-Bewegung (z.B. vor -seit - hoch). - Verschiedene andere Kombinationen von Hüpfen und Armbewegungen, so z.B. mit Armkreisen o.ä. - Wer kann: Arme Hampelmann, Beine Wechselhüpfen vw und rw, oder umgekehrt? Wer findet eigene "Kombinationsmöglichkeiten"?	
	INHALT: Rhythmisierungsfähigkeit		
	VER-HALTEN: Gute Konzentrationsübung		
768	ARMKREISEN	Wer kann mit dem rechten Arm doppelt so schnell kreisen wie mit dem linken? Wer kann gleichzeitig noch marschieren, laufen oder sogar (in verschiedensten Formen) hüpfen?	
	INHALT: Differenzierungsfähigkeit		
	VER-HALTEN: Konzentration		
769	ES BEISST MICH UEBERALL!	Im Stand: Arme in Seithalte (oder angewinkelt): Wer kann Hüftkreisen nach rechts (oder nach links) und gleichzeitig Schulterkreisen vorwärts oder rückwärts? Wer schafft es mit verschiedenen Geschwindigkeiten?	
	INHALT: Differenzierungsfähigkeit		
	VER-HALTEN: Körperbeherrschung		

Nr.	Name der Spielform / Ziele / Akzente	Idee / Beschreibung	Hinweise / Organisation
770	NICHT SO EINFACH	Grätschstand, Arme in Tiefhalte: li Arm heben zur Seithalte, dann in die Vorhalte führen und zur Tiefhalte senken. Der re Arm beschreibt den gleichen Weg, führt aber nur auf jede dritte Zählzeit eine Bewegung aus. Wem gelingt dies? Auch wieder in verschiedenen Geschwindigkeiten? Hinweis: Gegenseitig beobachten!	
	INHALT Differenzierungsfähigkeit		
	VER-HALTEN Auch gegenseitig lernen!		
771	IMMER GEGENGLEICH	Grätschstand, Arme in Tiefhalte: 1 re Arm über die Seithalte in die Hochhalte heben. li Arm über die Vorhalte in die Hochhalte führen. 2 Senken: re Arm über die Seithalte, li Arm über die Vorhalte. Wer kann gleichzeitig noch laufen, hüpfen, springen?	
	INHALT Differenzierungsfähigkeit		
	VER-HALTEN Konzentration		
772	IMMER SCHOEN NACHEINANDER	Grätschstand, Arme in Tiefhalte: 1 Arme heben über die Seit- in die Hochhalte. 2 Senken li. 3 Heben li, senken re. 4 Senken li in die Ausgangsstellung. Wieder von vorn beginnen!	
	INHALT Orientierungsfähigkeit		
	VER-HALTEN Konzentration		
773	MAL LINKS.... MAL RECHTS....	Grätschstand, Arme in Seithalte: 1 Aussenarmkreisen li (mit gestrecktem Arm), Unterarmkreis re (mit angewinkeltem Arm). 2 Dito, aber gegengleich. Wechsel ohne Unterbruch	
	INHALT Orientierungsfähigkeit		
	VER-HALTEN Konzentration		
774	SCHUHPLATTLER	Im Hüpfen an Ort: 1 re Hand zu li Fuss vorne. 2 li Hand zu re Fuss vorne. 3 re Hand zu li Fuss hinten. 4 li Hand zu re Fuss hinten. Tempo steigern, natürlich auch zu "entsprechender Musik"!	
	INHALT Differenzierungsfähigkeit		
	VER-HALTEN Spass!		

6.2.1 KOORDINIEREN / Bälle (Dribbeln)

Nr.	Name der Spielform / Ziele / Akzente	Idee / Beschreibung	Hinweise / Organisation
775	BALL HASCHEN	Ca. 10 Medizinbälle liegen in der Halle verstreut. Die Klasse dribbelt um den Mittelkreis (oder frei im Raum). Auf Pfiff versucht jeder, dribbelnd (oder prellend, je nach Aufgabenstellung) einen Medizinball zu erhaschen. Wer keinen mehr erwischt, führt eine Startübung (z.B. mit einem Medizinball) aus, bevor er wieder mitspielt. Var.: Mit einem zweiten Signal (2 Pfiffe) : Andere Zusatzaufgabe!	
INHALT	Orientierungs-fähigkeit		
VER-HALTEN	Rücksicht auf die Mitspieler!		
776	DAS IST UNSER BALL!	A und B stehen nebeneinander mit Handfassung. B prellt mit der freien Hand einen Ball. C steht A und B gegenüber und versucht, B den Ball regelgerecht (nach vorgängig gegenseitig vereinbarten Spielregeln) wegzuschnappen. A versucht, dies mit seinem Körper (ohne Einsatz seiner Arme) zu verhindern. Var.: - Auch C mit einem Ball - Alle prellen einen Ball	
INHALT	Orientierungs-fähigkeit		
VER-HALTEN	Peripheres Sehen Kooperation		
777	ABSTERBENDE REIFE	Jeder besitzt einen Ball und einen Gymnastikreif. Auf Kommando werden alle Reifen angedreht und die Klasse dribbelt frei in der ganzen Halle. Dabei muss die Klasse versuchen, alle "absterbenden Reifen" wieder neu anzudrehen, so dass immer alle Reifen in Bewegung bleiben. Gleiche Idee, aber die Reifen müssen "angeprellt" werden (= kurze Schläge auf die wenig über dem Boden kreisenden Reifen).	
INHALT	Orientierungs-fähigkeit		
VER-HALTEN	Konzentration Peripheres Sehen		
778	ALLE SCHAUEN ZUM REIF	Zu zweit oder zu dritt mit einem Reifen: Der Reifen wird angedreht und die Gruppe läuft mit den Bällen (dribbelnd, am Fuss führend, jonglierend ...) um den Reifen herum. Dabei müssen immer alle dafür sorgen, dass der Reifen in Bewegung bleibt. Erschwerungen: - Gleichzeitig versuchen, einen Ballon in der Luft zu "halten". - Der Drehsinn des "Kreisels" bestimmt die Laufrichtung - Der Drehsinn des "Kreisels" bestimmt die Hand: li oder re Hand!	
INHALT	Differenzierungs-fähigkeit		
VER-HALTEN	Peripheres Sehen Konzentration		
779	BALL-ARTIST	Jeder mit einem (Hand-)Ball und einem Tennisball: Mit der einen Hand den Ball prellen, mit der anderen Hand gleichzeitig den Tennisball hochwerfen und wieder fangen. Fortgesetzt. Wer kann dasselbe in Bewegung (vw, rw, sw usw.)?	
INHALT	Orientierungs-fähigkeit		
VER-HALTEN	Peripheres Sehen Konzentration		

Nr.	Name der Spielform / Ziele / Akzente	Idee / Beschreibung	Hinweise / Organisation
780	LINIEN-KOMBINATIONEN	Ein (Tennis-)Ball darf nur den Linien entlang geprellt (gerollt) werden. Verschiedenste Aufgabenstellungen wie: - Der Ball soll die Linie jeweils berühren. - Der li oder re Fuss bleibt immer in Linienkontakt - Verschiedene Linienfarben oder Linienformen bedeuten verschiedene Fortbewegungs- und Prellarten - Wer kann dies auch mit zwei Bällen gleichzeitig?	
INHALT	Differenzierungsfähigkeit		
VER-HALTEN	Konzentration		
781	VERKEHRS-POLIZEI	Die Klasse (Gruppe) stellt sich in verschobenen Reihen dem Verkehrspolizist gegenüber auf und dribbelt einen Ball. Der Polizist zeigt mit den Armen die Richtung an, in der geprellt oder gedribbelt werden soll. - Rasche/langsame Wechsel von re, li, vw, rw, diagonal - Verkehrt: Nach rechts zeigen heisst, nach links gehen und umgekehrt. Auch mit akustischen Signalen kombinieren!	
INHALT	Reaktionsfähigkeit		
VER-HALTEN	Peripheres Sehen Aufmerksamkeit		
782	IM STANGENWALD	Möglichst viele Malstäbe werden in unregelmässigen Abständen als "Wald" in der Halle aufgestellt. Verschiedenste Aufgaben, z.B.: - Freies Dribbeln im Stangenwald, ohne zusammenzustossen oder "Bäume" umzuwerfen. - Dito, aber jeder "Baum" muss beim Vorbeilaufen mit der freien Hand an der "Wurzel" berührt werden. Laufend Handwechsel li/re.	
INHALT	Orientierungsfähigkeit		
VER-HALTEN	Rücksicht nehmen auf die Mitspieler		
783	ZWEIERPRELLEN	Zu zweit möglichst nahe gegenüber, jeder mit zwei Bällen: Nun prellen beide gleichzeitig im gleichen Rhythmus beide Bälle. Auf Kommando wechseln sie nun die Plätze und übernehmen ohne Unterbrechung die Bälle des Partners. Gelingt dies auch nur mit dem Wechsel eines Balles? (Verschiebung nicht um 180° wie oben beschrieben, sondern nur um 90°!)	
INHALT	Rhythmisierungsfähigkeit		
VER-HALTEN	Freude, denn dies ist "zirkusreif"!		
784	WECHSEL-PRELLEN	A und B stehen sich gegenüber mit je einem Ball: Beide prellen im gleichen Rhythmus ihren Ball. Dann übergibt A seinen Ball an B, und B prellt beide Bälle (ohne Unterbrechung) weiter. Danach übernimmt A die beiden Bälle nacheinander. Gelingt dies auch, wenn versucht wird, mit gekreuzten Armen zu prellen? Wer findet (und kann!) noch schwierigere Formen?	
INHALT	Orientierungsfähigkeit		
VER-HALTEN	Spass, zu zweit etwas zu erreichen		

6.2.1 KOORDINIEREN / Bälle (Dribbeln)

Nr.	Name der Spielform / Ziele / Akzente	Idee / Beschreibung	Hinweise / Organisation
785	TEMPO 1 TEMPO 2	Wer kann mit zwei Bällen wie folgt prellen: Mit der li Hand doppelt so schnell wie mit der re Hand und gleichzeitig zusätzlich: - Sich dabei noch fortbewegen? - Wer kann zu einem Walzer prellen? (re Hand = Metrum, li Hand = Takt, d.h. also: re 3er, li 1er). - Wer findet eigene Kombinationsmöglichkeiten heraus?	
INHALT	Rhythmisierungs-fähigkeit		
VER-HALTEN	Freude an Kombinationen wecken		
786	FUSSPRELLEN	Wer kann den Ball mit dem Fuss (Fussohle) prellen? Wer kann den auf dem Boden liegenden Ball durch "Klopfen" mit dem Fuss (oder mit der Hand) zum Prellen bringen?	
INHALT	Differenzierungs-fähigkeit		
VER-HALTEN	Wer ist ein Fussballtalent?		
787	PRELLRHYTHMEN UEBERNEHMEN	Zu zweit mit einem Ball: A prellt mit dem Ball einen Rhythmus vor (z.B. 4x kurz, 2x lang). B übernimmt den Ball, ohne den vorherigen Rhythmus zu unterbrechen. Findet weitere Rhythmen und Folgen! Geht es auch zu viert mit zwei Bällen? Vielleicht sogar in der Fortbewegung?	
INHALT	Rhythmisierungs-fähigkeit		
VER-HALTEN	Kooperation		
788	HOER GUT ZU!	Zu zweit mit zwei Bällen: A prellt gleichzeitig mit zwei Bällen einen Rhythmus auf 8 Zeiten. B übernimmt beide Bälle und versucht, den Rhythmus von A zu übernehmen. Ist es B gelungen, darf B eine neue Rhythmuskombination vorgeben und nun versucht A, diese (schwierigere) Aufgabe des Uebernehmens. Gelingt es sogar fortgesetzt?	
INHALT	Rhythmisierungs-fähigkeit		
VER-HALTEN	Spass zu zweit		
789	AUF UND AB.... FUER DICH UND BALL	Wer kann einen Ball prellen und dabei hinsitzen, hinliegen und wieder aufstehen, ohne dabei den Ball zu verlieren? Wer steht zuerst wieder? Wer braucht am wenigsten Ball-Boden-Kontakte? Pro Ball-Prellen muss versucht werden, eine neue Position einzunehmen, z.B.: Stehen - knien - sitzen - liegen - sitzen - knien	
INHALT	Differenzierungs-fähigkeit		
VER-HALTEN	Konzentration		

Nr.	Name der Spielform / Ziele / Akzente	Idee / Beschreibung	Hinweise / Organisation
790	DURCH DEN REIFEN	Für jeden Teilnehmer liegt ein Gymnastikreif irgendwo in der Halle. Alle prellen (dribbeln) frei in der Halle und versuchen, durch die Reifen zu steigen, ohne dass der Ball dabei "abstirbt". Var.: - Der Ball muss nicht durch den Reifen, d.h. den Ball z.B.vor dem Reifen einmal stark prellen, durch den Reifen steigen, weiter prellen. Oder aber: Der Ball muss durch den Reifen!	
INHALT	Differenzierungsfähigkeit		
VER-HALTEN	Eigene Grenzen erproben, erleben		
791	REIFEN-KAMPF	A und B stehen stehen mit je dem inneren Fuss in einem Gymnastikreif und fassen die inneren Hände gegenseitig. Mit der äusseren Hand dribbeln beide einen Ball. Wer kann den anderen zum Abheben des Fusses "zwingen", ohne dabei selber den "Boden zu verlieren"? Var.: Sobald A oder B den Reifen "verlassen" hat, starten beide zu einem Basketballkorb. Wer erzielt zuerst einen Treffer?	
INHALT	Gleichgewichts-und Reaktionsfähigkeit		
VER-HALTEN	(Eigene) Spielregeln einhalten		
792	BLIND-PRELLEN	Im Grätschsitz, Hürdensitz, Stand o.ä.: Wer kann mit geschlossenen Augen in diesen verschiedenen Körperstellungen den Ball prellen, ohne diesen zu verlieren? Wer kann - blind prellend- von einer zur anderen Körperstellung wechseln. Gelingt es sogar, dass wir alle blind miteinander durch die Halle prellen, ohne aufeinanderzustossen?	blind
INHALT	Differenzierungsfähigkeit		
VER-HALTEN	Konzentration Vertrauen		
793	DIRIGENTEN-PRELLEN	Die Spieler stellen sich im Kreis auf. Jeder hat einen Ball. Ein Spieler steht im Kreis drin. Die Kreisspieler bestimmen heimlich einen "Dirigenten", welcher laufend neue Dribbelarten, -rhythmen usw. mit dem Ball vorzeigen darf. Diese "neuen Formen" werden von den anderen Kreisspielern sofort übernommen, jedoch ohne zu verraten, wo sie diese Uebung "abgeschaut" haben. Findet der Spieler im Kreis, wer Dirigent ist? Wenn ja, dann Wechsel der Aufgabe!	
INHALT	Differenzierungsfähigkeit		
VER-HALTEN	Peripheres Sehen Konzentration		
794	KETTENPRELLEN	Zu viert auf einer Linie: A, B und C haben je zwei Bälle, D besitzt keinen Ball. Auf Kommando prellen A, B und C ihre Bälle 4x (8x) im gleichen Metrum, rutschen dann einen Platz nach li (re) weiter und übernehmen die Bälle des "Nachbarn". Das Metrum soll beibehalten werden. Der Ausserste läuft jeweils um die Kette herum und schliesst auf der andern Seite wieder an. Längere Reihen möglich?	
INHALT	Rhythmisierungsfähigkeit		
VER-HALTEN	Miteinander!		

6.2.1 KOORDINIEREN / Bälle (Dribbeln)

Nr.	Name der Spielform / Ziele / Akzente	Idee / Beschreibung	Hinweise / Organisation
795	QUADRATPRELLEN	A und B stehen sich gegenüber. A besitzt zwei rote Bälle, B zwei weisse. Beide prellen ihre beiden Bälle im selben Metrum 4x und rücken danach um einen Ball weiter nach rechts (oder links). Somit prellen danach beide je zwei verschiedenfarbene Bälle, bevor sie wieder um einen Platz weiterrücken. Wie oft gelingt dies, ohne dabei die Bälle zu verlieren?	
INHALT	Orientierungs-fähigkeit		
VER-HALTEN	Miteinander Sport erleben		
796	RUND HERUM	Wer kann den Ball von der rechten in die linke Hand prellen, links aufnehmen und mit Schwung hinter dem Rücken wieder in die rechte Hand übergeben? Gegengleich! Auch als Wettbewerb!	
INHALT	Orientierungs-fähigkeit		
VER-HALTEN	Fairness, auch mit sich selbst!		
797	BALL ZWISCHEN DEN FUESSEN	Gehen mit grossen Schritten und gleichzeitig dribbeln. Versuche nun, während des Gehens zwischen den Beinen durchzu-dribbeln. Var.: 1. Schritt: 1x Prellen rechts 2. Schritt: 1x Prellen zwischen den Beinen nach links 3. Schritt: 1x Prellen links usw.	
INHALT	Schulung der Händigkeit li/re		
VER-HALTEN	Spass an Geschick-lichkeitsformen		
798	BALL-PARCOURS	Die Halle ist vollgestellt mit verschiedensten Geräten. Nun soll versucht werden, über und unter möglichst allen Geräten zu klettern, zu steigen, zu hangeln usw., und dabei immer mit dem Ball zu prellen. Wer verliert den Ball (beinahe) nie?	
INHALT	Gleichgewichts-fähigkeit u.a.		
VER-HALTEN	Ball und Spieler = eine "Einheit"		
799	HOCKE-PRELLEN	Hockstellung, den Ball vor dem Körper mit beiden Händen gefasst. Versuche, den Ball beidhändig zwischen den Beinen nach hinten zu prellen und dort den Ball wieder mit beiden Händen zu fassen. Nun soll der Ball von hinten wieder nach vorne geprellt werden. Fortgesetzt, auch als Wettbewerb, z.B.: Wer hat den Ball zuerst 10x geprellt, aber ohne Fehler!	
INHALT	Orientierungs-fähigkeit		
VER-HALTEN	Konzentration		

Nr.	Name der Spielform / Ziele / Akzente	Idee / Beschreibung	Hinweise / Organisation
800	KREISROLLBALL	3 bis 6 Spieler stellen sich in einem Kreis auf. Ein weiterer Spieler befindet sich im Vierfüsslergang in der Mitte des Kreises. Die Kreisspieler rollen sich mit Händen oder Füssen einen Ball durch die Mitte zu und versuchen, den Mittelspieler so zu treffen. Dieser weicht aber durch geschicktes Hochschnellen dem Ball aus. Die Spieler können auf der Kreislinie stehen oder sich verschieben.	
	INHALT Reaktionsfähigkeit		
	VER-HALTEN Spass in der Gruppe		
801	FUSS-KICK-BALL	Zu zweit mit einem Ball: Den Ball zwischen die Füsse klemmen und auf verschiedenste Arten dem Partner zukicken. Auch aus dem Hockstand: Flüchtiges Aufschwingen in den Handstand und dann den Ball über den Kopf zum Partner schleudern. Der Partner versucht, den ankommenden Ball fussballtechnisch sauber anzunehmen.	
	INHALT Orientierungsfähigkeit		
	VER-HALTEN Wer ist der bessere Akrobat?		
802	EINWURF RUECKWAERTS	Zwei Spieler stehen sich gegenüber mit einem Ball. A beugt sich weit zurück (Ball in Hochhalte) und versucht, den Ball zwischen seinen eigenen Beinen durch zum Partner zu prellen. B übernimmt den Ball irgendwie (nach Fussballregeln) und versucht seinerseits den "Einwurf rückwärts"!	
	INHALT Differenzierungsfähigkeit		
	VER-HALTEN Wer kann es besser?		
803	DOPPELWURF UND DOPPELFANG	A und B stehen sich im Abstand von 5 bis 10 m gegenüber: A hält beide Bälle und rollt, prellt oder wirft beide Bälle gleichzeitig (oder anfänglich kurz nacheinander) zu B. B versucht, beide Bälle zu fangen und sie genau gleich wieder zu A zurückzuspielen.	
	INHALT Reaktionsfähigkeit		
	VER-HALTEN Gemeinsam die gute Lösung suchen!		
804	HAND-FUSS-BALL	A und B stehen sich mit je einem Ball gegenüber: Ball 1 wird mit dem Fuss hinundhergeschoben, während Ball 2 hinundhergeworfen wird. Sucht weitere Hin-und-Her-Formen!	
	INHALT Orientierungsfähigkeit		
	VER-HALTEN Konzentration		

6.2.2 KOORDINIEREN / Bälle (Werfen, Passen, Fangen)

Nr.	Name der Spielform / Ziele / Akzente	Idee / Beschreibung	Hinweise / Organisation
805	VON HINTEN HER	Jeder mit einem Ball: Grätschstand, Ball in Tiefhalte. Nun wird der Ball durch die Beine über Rücken und Kopf nach vorne geworfen und (wenn immer möglich) aufgefangen, ohne dass der Ball auf den Boden fällt. Wer kann vor dem Fangen des Balles noch eine halbe Drehung ausführen? Wer kann den Ball mit dem Fuss "auffangen"?	
	INHALT — Orientierungs-fähigkeit		
	VER-HALTEN — Eigene "Grenzen" erproben, erleben		
806	KANNST DU FANGEN?	Zu zweit: A im Langsitz, Blick geradeaus. B steht hinter ihm und hält einen Ball in Vorhalte. Plötzlich lässt er den Ball los und A versucht, den Ball aufzufangen, sobald er ihn sieht. Var.: - A verschliesst die Augen und öffnet erst auf Zuruf von B. - Verschiedenste Armpositionen von A.	
	INHALT — Reaktions-fähigkeit		
	VER-HALTEN — Fröhlicher Wett-streit zu zweit		
807	DREH DICH UM	Zu zweit: A mit dem Rücken zu B, mit Blick zu einer Wand. B wirft A einen Ball zu und ruft:"Jetzt!" In diesem Augenblick darf sich A umdrehen. Er versucht, den heranfliegenden Ball noch zu fangen (oder im "Notfall" mindestens abzuwehren). - Var.: - Die Zuwürfe werden immer ungenauer. - Der Zuwurf ist so ungenau, dass er nur noch mit einem "Torhüter-Sprung" gefangen werden kann (Matten legen!).	
	INHALT — Orientierungs-fähigkeit		
	VER-HALTEN — Fairer Wettstreit zu zweit		
808	HOCKE-FANG	Wer kann einen Ball hochwerfen und diesen im Hockstand zwischen den Unterschenkeln wieder auffangen, wobei die Arme um die Ober-schenkel herumreichen und zwischen den Unterschenkeln hervor-gestreckt werden?	
	INHALT — Differenzierungs-fähigkeit		
	VER-HALTEN — Eigene Grenzen erproben, erleben		
809	RUECKEN-FANG	Gleiche Idee wie oben. Doch jetzt wird nach dem Hochwerfen das Balles die Rückenlage eingenommen und versucht, in dieser Position den Ball zu fangen, bevor dieser auf den Boden fällt. Wirf nun den Ball immer (mutig) etwas weiter weg. Gelingt es, den Ball noch vor dem Herunterfallen in einer "unmöglichen" Körperhaltung zu fangen, bevor dieser den Boden berührt?	
	INHALT — Orientierungs- und Reaktionsfähigkeit		
	VER-HALTEN — Sich selbst herausfordern		

Nr.	Name der Spielform / Ziele / Akzente	Idee / Beschreibung	Hinweise / Organisation
810	ARTISTEN-WETTBEWERB	Wer kann 2 (3) Bälle gleichzeitig jonglieren? Wer kann 2 Bälle mit einer Hand jonglieren (= nacheinander hochwerfen und wieder fangen, fortgesetzt)? Wer kann mit 2 (3) Bällen gegen eine Wand jonglieren? Wenn dies noch nicht geht, dann empfiehlt es sich, dasselbe zuerst mit Rollen gegen die Wand zu erproben. Beginne ganz langsam übers Kreuz!	
INHALT	Orientierungs-fähigkeit		
VER-HALTEN	Konzentration Spass		
811	BALL-ARTIST	Arme in Seithalte. Auf jeder Hand liegt ein Ball. Wer kann beide Bälle gleichzeitig aufwerfen und wieder fangen? Wer kann beide Bälle hochwerfen und vor dem Auffangen eine halbe oder sogar eine ganze Drehung ausführen?	
INHALT	Orientierungs-fähigkeit		
VER-HALTEN	Mut zum Experimentieren!		
812	SPRUNG-FANG-BALL	Ball in Vorhalte: Wer kann durch einen Winkelsprung mit den Füssen den Ball in der Luft berühren? Wer kann den Ball im Sprung unter den Oberschenkeln durch auf die andere Seite übergeben? Wer kann ....?	
INHALT	Differenzierungs-fähigkeit		
VER-HALTEN	Mut zum Experimentieren!		
813	BALLFANG VERKEHRT	Wer kann den Ball über dem Kopf in Bogenspannung halten, hinter dem Rücken fallen lassen und nach einer halben Drehung wieder auffangen? - Dito, aber den Ball zwischen den gegrätschten Beinen auffangen. - Dito, aber den Ball nur mit einer Hand fangen! - Dito, aber den Ball mit dem Fuss "fangen"!	
INHALT	Orientierungs- und Reaktionsfähigkeit		
VER-HALTEN	Ausprobieren!		
814	BALLSCHULE	Wer kann den Ball hochwerfen und vor dem Fangen: - 10x in die Hände klatschen? - 2x Armkreisen rw ausführen? - 1x schuhplatterln? - Eine Rolle vw oder rw ausführen? - Sich hinsetzen und wieder aufstehen vor dem Fangen? usw.!	
INHALT	Orientierungs-fähigkeit		
VER-HALTEN	Selber beste Lösung suchen		"BALLSCHULE"

6.2.3 KOORDINIEREN / Bälle (Jonglieren und andere Kunststückchen)

Nr.	Name der Spielform / Ziele / Akzente	Idee / Beschreibung	Hinweise / Organisation
815	SPRUNG-DREH-FANG	Wer kann seinen Ball hochwerfen, beim Aufprellen überspringen (beidbeinig gleichzeitig absprinigen zur Grätsche über den Ball) und den Ball nach einer halben Drehung wieder fangen, bevor dieser wieder den Boden berührt?	
	INHALT — Orientierungs- und Reaktionsfähigkeit		
	VER-HALTEN — Eigene, beste Lösung suchen	Wenn es nicht gelingt, dann versuche erst einmal, nur einbeinig über den Ball zu springen!	
816	SPRUNG-BALL	Wer kann den Ball so hochprellen, dass er 2x, 3x oder sogar 4x unter dem hochprellenden Ball durchkriechen kann?	
	INHALT — Orientierungs- und Reaktionsfähigkeit	Var.: Auch zu zweit: A wirft B den Ball. B versucht, so oft wie möglich unter dem hochprellenden Ball durchzuspringen,	
	VER-HALTEN — Lust wecken zum Experimentieren!	bzw. am Schluss zu "hechten". Wer schafft mehr? Welche 2er-Gruppe schafft gemeinsam am meisten (je 1 Versuch)?	
817	WAND-SPRUNG-BALL	Wirf den Ball so gegen die Wand, dass du ihn im Springen zwischen den Beinen durchlassen kannst!	
	INHALT — Orientierungs- und Reaktionsfähigkeit	- Dito, aber nach dem Sprung eine halbe Drehung ausführen und versuchen, den Ball vor einem weiteren Bodenkontakt aufzufangen.	
	VER-HALTEN — Gemeinsam experimentieren	- Dito, aber der Partner wirft dir den Ball an die Wand. - Dito, aber der Ball muss im Sitz, in Rückenlage gefangen werden!	
818	FANGEN ERSCHWERT	Wer kann den Ball von Gesichtshöhe aus fallenlassen, 1x unter, 1x über dem fallenden Ball klatschen und diesen wieder fangen, bevor er auf den Boden fällt?	
	INHALT — Reaktions-fähigkeit	Wie oben, aber der Ball wird nur mit einer Hand gehalten: Ball fallen lassen, 1 ganze Drehung ausführen und den Ball wieder	
	VER-HALTEN — Mut zum Risiko!	auffangen. Anfänglich leicht hochwerfen, aber immer weniger hoch!	
819	BALL-WAAGE	Arme in Seithalte, Handflächen nach oben. In einer Hand liegt ein Ball. Wer kann nun den Ball von der Hand über den Arm zur Schulter und wieder zurückrollen lassen, ohne dass der Ball auf den Boden fällt?	
	INHALT — Differenzierungs-fähigkeit		
	VER-HALTEN — Wer findet heraus, wie's gut geht?	Wer kann den Ball von der Hand über den Arm und die Brust zur anderen Hand rollen lassen. Auch über die Schultern möglich!	

228

Nr.	Name der Spielform / Ziele / Akzente	Idee / Beschreibung	Hinweise / Organisation
820	REBOUNDS	Wer kann den Ball fortwährend an die Wand spielen, in der Luft fangen und direkt wieder an die Wand werfen vor dem Bodenkontakt mit den Füssen? - Zu zweit miteinander? - Zu zweit (abwechslungsweise) gegeneinander? - Als Gruppe? - Als Circuit-Station in einem Konditions- oder Spielparcours!	
INHALT	Rhythmisierungs-fähigkeit		
VER-HALTEN	Miteinander erproben, testen!		

821	GRAETSCH-HUEPFBALL	Grätschstand, Ball zwischen den Knien oder zwischen den Füssen: Schlusshüpfen vw, sw, rw.
		Var.- Auch über und um kleine Hindernisse wie Langbänke o.ä.
		    - Auch mit Medizinbällen möglich
		    - Auch als Wettbewerb zu zweit: Wer kann den Partner durch Ziehen und Stossen dazu bringen, den Ball zu verlieren?	

INHALT	Gleichgewichts-fähigkeit		
VER-HALTEN	Eigene Formen suchen/erproben		
822	UEBERHOL-BALL	Den Ball nach vorn rollen, hinterherlaufen, den Ball überspringen und ihn nach einer halben Drehung aufnehmen. - Dito, aber zu zweit: Jeder rollt dem anderen den Ball - Dito, aber Tempo des Balles gegenseitig variieren.	
INHALT	Reaktions- und Differenzierungsf.		
VER-HALTEN	Mit- und für-einander spielen		
823	SCHRITT-BALL... SCHRITT-Ball...	Fortgesetzte Ausfallschritte vw und bei jedem Schritt den Ball unter den Beinen auf die andere Seite übergeben. Auch als Wettbewerb: Wer hat so zuerst eine bestimmte Strecke zurückgelegt? Gelingt es auch mit geschlossenen Augen?	
INHALT	Rhythmisierungs-Orientierungsfäh.		
VER-HALTEN	Spielregeln ein-halten		
824	EIERLAUFEN	Verschiedene Bälle liegen auf einer Mattenbahn. Wer kann neben den "Eiern" die Matten überqueren? Wer kann auf den "Eiern" die Matten überqueren (evtl. mit Partnerhilfe)?	
INHALT	Gleichgewichts-fähigkeit		
VER-HALTEN	Einander helfen! Vorsicht!!		

6.2.3 KOORDINIEREN / Bälle (Jonglieren und andere Kunststückchen)

Nr.	Name der Spielform / Ziele / Akzente	Idee / Beschreibung	Hinweise / Organisation
825	JONGLIER-STAFETTE	4er-Gruppen: Den Ball auf zwei Stäben transportieren und übergeben. Aufgabe: Drei verschiedene Bälle müssen von jedem Spieler 1x (2x) über eine bestimmte Strecke getragen werden.	
INHALT	Differenzierungs-fähigkeit	Als Erschwerung können zusätzlich kleine Hindernisse eingebaut werden, z.B. Langbänke, Kastenelemente usw.	
VER-HALTEN	Konzentration		
826	BEIN-TORWART	Zwei stehen hintereinander vor einer Wand: Der Hintere rollt einen Ball durch die gegrätschten Beine des Vorderen gegen die Wand. Der Vordere blickt zur Wand (Fairness!) oder vor sich auf den Boden und versucht, den Ball (wenn nötig durch einen Hechtsprung vw) zu erhaschen, bevor dieser die Wand berührt. Zuspiel anfänglich langsam, dann variieren.	
INHALT	Reaktions-fähigkeit		
VER-HALTEN	Konzentration Fairness		
827	LAUERKATZE	Zu zweit mit zwei Bällen: A hält in jeder Hand auf Kopfhöhe einen Ball und lässt den einen plötzlich fallen. B steht gegenüber von A (Abstand höchstens 2 m) und versucht, den Ball aufzufangen (wenn nötig durch einen Hechtsprung), bevor der Ball auf den Boden fällt. Abstände individuell vergrössern, bis es nicht mehr geht.	
INHALT	Reaktions-fähigkeit		
VER-HALTEN	Fairness und Konzentration		
828	SLALOMLAEUFE	Zwei verschiedene Bälle sollen im Slalom um Malstäbe (Keulen, Hütchen usw.) gerollt werden. Je grösser der Unterschied der beiden Bälle bezüglich "Hüpfeigenschaften" ist, desto schwieriger wird die Aufgabe. Versucht dies zuerst auch ohne Hindernisse!	
INHALT	Orientierungs-fähigkeit		
VER-HALTEN	Eigene Fähigkeiten erproben/üben		
829	BLIND-FANG	Den Ball vor dem Körper aufwerfen und (in verschiedensten Körper-stellungen) hinter dem Körper wieder fangen (z.B. in der Hocke, den Ball auch einhändig fangen). Var.: Zu zweit: A wirft den Ball auf über B, und B versucht, den Ball hinter seinem Rücken zu fangen. Wie oft gelingt dies ohne Fangfehler?	
INHALT	Orientierungs-fähigkeit		
VER-HALTEN	Konzentration Zusammenarbeit		

Nr.	Name der Spielform / Ziele / Akzente	Idee / Beschreibung	Hinweise / Organisation
830	PRELLBALL	Zu zweit, jeder mit einem Medizinball, Abstand ca. 3 m: A wirft den Ball zu B. B stösst den anfliegenden Ball mit dem eigenen Ball so zurück, dass ihn A wieder fangen kann. Var.: Verschiedene Körperstellungen sowohl beim Hin- als auch beim Zurückstossen ausprobieren!	
INHALT	Differenzierungs- fähigkeit		
VER- HALTEN	Spass zu zweit		
831	BALL-SEILTAENZER	Wer kann auf einem Medizinball möglichst lange stehen? Wer kann sich sogar auf einem Medizinball fortbewegen (Vorsicht!)? Var.: - Als Wettbewerb: Auf LOS! stehen alle sofort auf ihren Medizinball (Mattenunterlage!). Wer bleibt länger oben? - Welches Paar kann sich in dieser "unbequemen Stellung" sogar noch einen Ball zuspielen und fangen?	
INHALT	Gleichgewichts- fähigkeit		
VER- HALTEN	Vorsichtig die "Grenzen" erleben		
832	SCHULTERBALL	Wer kann: - Im Winkelstand den Ball auf dem Genick balancieren? - Dito, aber senken zur Bauchlage, ohne dass der Ball zu Boden fällt? - Den Ball leicht hochwerfen und diesen im Winkelstand auf dem Genick "weich" auffangen? Für Könner: Auch mit einem kleinen Ball!	
INHALT	Orientierungs- fähigkeit		
VER- HALTEN	Schulung Körper- bewusstsein		
833	ZIRKUS-NUMMER	Rückenlage, Beine zur Senkrechten heben: Wer kann einen Medizinball auf den Fussohlen balancieren? Schwierigkeit immer steigern, so z.B.: Leichtes Beugen und Strecken der Beine bis zum "Werfen" und "Fangen" des Balles mit den Fussohlen!	
INHALT	Orientierungs- und Differenzierungsf.		
VER- HALTEN	Höchste Konzentration!		
834	PRESSBALL- TRANSPORT	Zu zweit: Der Medizinball muss eine gewisse Strecke transportiert werden, darf aber den Boden nicht berühren. Zudem dürfen auch weder die Hände noch die Füsse den Ball berühren. Beide Teilnehmer müssen jedoch mit dem Medizinball in Kontakt bleiben. Welche Lösung ist die beste?	
INHALT	Orientierungs- fähigkeit		
VER- HALTEN	Phantasie		

6.2.5 KOORDINIEREN / Bälle (Kleine Spiele)

Nr.	Name der Spielform / Ziele / Akzente	Idee / Beschreibung	Hinweise / Organisation
835	DRIBBLING-BALL-SCHNAPPEN	Jeder zweite Spieler erhält einen (Basket-)Ball, mit dem er frei in der Halle herumdribbelt. Die anderen Spieler ohne Ball versuchen, den dribbelnden Spieler den Ball - nach vorgängig vereinbarten Spielregeln- wegzuschnappen und diesen dann ihrerseits wiederum zu verteidigen.	
INHALT	Orientierungs-fähigkeit		
VER-HALTEN	Faires Spiel mit eigenen Regeln		
836	BALLRAUB	Alle Spieler dribbeln bzw. führen mit dem Fuss einen Ball. Jeder versucht, den anderen den Ball korrekt wegzuspielen bzw. seinen eigenen nicht zu verlieren (Ball nur von unten wegschlagen!). Wer seinen Ball verliert, läuft dribbelnd eine Runde ums Spielfeld (oder wirft 5 Körbe usw.), und spielt danach wieder mit. Spezielle Regeln: Nur von vorne angreifen erlaubt.	
INHALT	Orientierungs-fähigkeit		
VER-HALTEN	Spielregeln einhalten		
837	KOENIGSPRELLEN	Alle beginnen im Feld 1 mit Prellen und versuchen, sich gegenseitig den Ball nach vereinbarten Spielregeln korrekt wegzuschnappen, bzw. wegzuspielen. Wer den Ball verliert, verlässt das "Königsfeld", wechselt ins "Kaiserfeld" und spielt dort wieder weiter. Verliert man wieder, dann gehts weiter "abwärts", siegt man dagegen wieder, dann darf man wieder ins "Königsfeld". Wer ist am Schluss König?	
INHALT	Dribbling üben Orientierungsf.		
VER-HALTEN	Fairness, auch ohne Spielleiter		
838	SEITENWECHSEL	Jeder mit Ball dribbelnd: Seitenwechsel durch ein Tor, das immer enger wird, ohne Ballverlust (Körperkontakt je nach Sportart erlaubt oder verboten). Wer oder welche Partei sitzt zuerst mit dem Ball hinter der Grundlinie? Var.: Wie oben, aber man darf sich dabei den Ball gegenseitig wegspielen. Wer bringt mehr "beschützte Bälle" wieder zurück?	
INHALT	Dribbling üben, Orientierungsf.		
VER-HALTEN	Fairness, auch wenns eng wird!		
839	AUSBRECHEN	Gruppe A dribbelt in einem möglichst grossen, markierten Kreis. Gruppe B dribbelt ausserhalb und versucht, Spieler der Gruppe A, welche ausbrechen wollen, abzuschlagen. Welche Gruppe hat nach 2 Minuten mehr Ausbrecher? Nach geglücktem Ausbruch hat der Betreffende 2 Versuche, einen Korb zu erzielen. Welche Gruppe hat nach 2 Minuten mehr Körbe erzielt? Wer hat zuerst 10 Körbe?	
INHALT	Dribbling üben Reakt.-/Orient.-f.		
VER-HALTEN	Selber zählen... fair zählen!!		

Nr.	Name der Spielform / Ziele / Akzente	Idee / Beschreibung	Hinweise / Organisation
840	NUMMERN-DRIBBLING	2 (oder 4) Gruppen, jeder Spieler mit einem Ball. Jeder Spieler ist innerhalb der Gruppe numeriert. Alle dribbeln frei in ihrem Feld (oder in der ganzen Halle). Auf Nummernruf müssen die entsprechenden Spieler möglichst schnell ins Feld des Gegners dribbeln und dort einen Korb erzielen (2-Takt- oder Standwurf). Die Gruppe der "Schnelleren" erhält 2 Punkte. Auch mehrere Nummern rufen!	
INHALT	Reaktions- und Orientierungsf.		
VER-HALTEN	Konzentration Fairness		
841	DRIBBLINGFANG AUF ZEIT	Halle in zwei Hälften aufgeteilt. 2 Gruppen, jede in einem Feld. Jeder Spieler dribbelt einen Ball (oder führt ihn am Fuss). Auf Signal schickt jede Gruppe einen Fänger in die gegnerische Hälfte, welcher 1 Minute Zeit hat, möglichst viele Gegner "abzuschlagen". Nach 1 Minute werden die Abschläge der beiden Fänger verglichen und der entsprechenden Gruppe ein Punkt zugesprochen. Welche Gruppe hat nach 5 Durchgängen die meisten Punkte?	
INHALT	Reaktionsfähigkeit im Dribbling		
VER-HALTEN	Richtig zählen = Fairness!!		
842	SCHWARZER MANN MIT DRIBBELN	Der "schwarze Mann" steht in der Hallenmitte ohne Ball. Die anderen Spieler versuchen, in ein gegenüberliegendes Freimal zu dribbeln (quer oder diagonal über die ganze Halle). Der Schwarze Mann versucht, einen Ball regelgerecht herauszuspielen, zu erhaschen. Gefangene legen ihren Ball weg und helfen dem schwarzen Mann (oder wechseln mit ihm den Platz).	
INHALT	Orientierungs-fähigkeit		
VER-HALTEN	Konzentration Spass		
843	TAG UND NACHT MIT DRIBBLING	Zwei Gruppen gegenüber an der Mittellinie: Jeder dribbelt seinen Ball an Ort. Auf Kommando "NACHT" flieht die entsprechende Gruppe dribbelnd und die anderen versuchen, sie noch vor Erreichen der Grundlinie (nicht Wand/Gefahr!) zu berühren. Var.: - Kommando durch Spieler! - Verschiedene Startpositionen - Ball haschen/Freimal aber im Rücken des Gegners!	
INHALT	Reaktions- und Aktionsschnelligk.		
VER-HALTEN	Höchste Konzentration/Fairness		
844	VOLLEYBALL-JONGLIER-FANGIS	Jeder jongliert einen Ball (10-Finger-Pass). 3 bis 4 Fänger (evtl. mit einem anderen Ball) versuchen, durch einen genauen Pass den Ball eines Mitspielers zu treffen. Bei Treffer: Rollenwechsel! Die Distanz der "Werfer" muss dem Könnensstand der Gruppe angepasst werden. Auch in Form von "Schwarzer Mann" möglich. Dabei muss die Strecke jonglierend zurückgelegt werden. Schwarzer Mann wirft den Ball!	
INHALT	Orientierungs-fähigkeit		
VER-HALTEN	Saubere Technik trotz "Stress"!		

6.3 KOORDINIEREN / Springseil

Nr.	Name der Spielform / Ziele / Akzente	Idee / Beschreibung	Hinweise / Organisation
845	SEIL-SPRUNG-TAENZER	Verschiedenste Formen des Seilspringens auf erhöhter Unterlage (auch Schmalkante, je nach Könnensstand): Dicke Matten, auf Kastenoberteilen, Pferd, Trampolin. Am Ort oder in Fortbewegung (vw, sw, rw usw.). Z.B.: Minitramp gegenseitig schräg gestellt: Seilspringen und nach jedem Seildurchschwung auf das andere Minitrampolin springen	
INHALT	Gleichgewichts-fähigkeit		
VER-HALTEN	Mut, eigene Grenzen kennen		
846	SEILSPRINGEN MIT BALLPRELLEN	A und B schwingen das Seil, C springt hinein und versucht, während des Springens einen Ball zu prellen, jonglieren, werfen und wieder fangen usw. Var.: A und B haben je einen Ball und gemeinsam 1 Seil. Beide schwingen das Seil, und gleichzeitig wird im gleichen (oder in einem anderen) Rhythmus geprellt. Auch in Fortbewegung!	
INHALT	Rhythmisierungs-fähigkeit		
VER-HALTEN	Kooperation Spass		
847	SEILTAENZER-RAD	Seil in einer Geraden auf dem Boden ausgelegt. Wer kann das Rad so gerade schlagen, dass er es sowohl mit den Händen als auch mit den Füssen nicht vom Seil "fällt"? Wer kann dies sogar auch auf seiner "schwächeren Seite"? Wer kann dies sogar einhändig?	
INHALT	Gleichgewichts-und Orient.-fäh.		
VER-HALTEN	Wer könnte auf das hohe Seil....?		
848	UEBERGABE-STAFETTE	3er- bis 5er-Gruppen, Sitz hintereinander: Das Seil wird mit den Füssen rw über die Kerze übergeben und vom Nächsten mit den Füssen übernommen. Der Hinterste läuft mit dem Seil zur Spitze der Gruppe. Welche Gruppe hat zuerst 5 Durchgänge?	
INHALT	Orientierungs-fähigkeit		
VER-HALTEN	Halt die Hände immer zurück!		
849	MUTSPRUNG	Das Seil wird vierfach zusammengelegt. Das Seil wird mit beiden Händen so vor dem Körper gehalten. Wer kann nun so über das Seil springen, ohne es loszulassen? Geht es vw und rw? Wer kann sogar fortgesetzt vw und rw springen? Wer schafft die längste Serie: vw = 1x, rw = 2x, wieder vw = 3x usw.	
INHALT	Schnellkraft Orientierungsf.		
VER-HALTEN	Eigene Grenzen akzeptieren!		

Nr.	Name der Spielform / Ziele / Akzente	Idee / Beschreibung	Hinweise / Organisation
850	COWBOY	Seil doppelt gefasst: Wer kann das Seil als "Lasso" 1x über dem Kopf und 1x unter dem Gesäss durchschwingen? Wem gelingt dies mehrmals hintereinander? Hinweis: Zuerst nur 1x untendurch und dazwischen wieder einige Male obendurch. "Oben-Schwünge" immer verringern!	
INHALT	Differenzierungs-fähigkeit		
VER-HALTEN	Spass... sobald es gelingt! Ueben!		
851	FANG DAS SEIL!	Ein Spieler hält das Seil am einen Ende fest und führt damit schlängelnde Bewegungen auf dem Boden aus. Der andere versucht, das freie Ende zu erhaschen oder darauf zu stehen oder darüber zu springen, also nicht berührt zu werden. Entscheidet euch zu einer Form, bzw. zu einer Spielregel!	
INHALT	Reaktions-fähigkeit		
VER-HALTEN	Spass zu zweit Eigene Regeln		
852	ZEHEN-ARTIST	Das Seil liegt über den Schultern, ohne Schuhe und Socken: Wer kann ohne Hilfe der Hände das Seil abschütteln, dann einen Knopf ins Seil machen (nur mit den Füssen und Zehen)? Wer schafft dies zuerst?	
INHALT	Fussgeschick-lichkeit		
VER-HALTEN	Wie "geschickt" sind deine Füsse?		
853	HAMPELMANN	Seil an beiden Enden gefasst, linke Hand in Hüfthöhe, rechte Hand über dem Kopf: Mit der rechten Hand das Seil um den Körper schwingen und nacheinander mit dem einen und dem anderen Bein darübersteigen, -hüpfen oder -springen	
INHALT	Orientierungs-fähigkeit		
VER-HALTEN	Ueben, auch wenns nicht klappt!		
854	DOUBLE DUTCH	A und B schwingen je ein Seil mit der linken bzw. rechten Hand. C springt von seiner schwierigen Seite hinein (sobald das Seil auf seiner Seite hochkreist) und beginnt unverzüglich zu springen. Ausspringen auch nach der schwierigeren Seite. Gelingt dies sogar in einer Gruppe von 2 und mehreren "Springern"?	
INHALT	Rhythmisierungs-fähigkeit		
VER-HALTEN	Nicht aufgeben; es ist schwierig!		

6.4 KOORDINIEREN / Gymnastikreif

Nr.	Name der Spielform / Ziele / Akzente	Idee / Beschreibung	Hinweise / Organisation
855	HULA-HOPP	Wer kann einen Reifen um die Hüften kreisen lassen? Wer dies beherrscht, kann zusätzlich einen Reifen am Handgelenk kreisen lassen? Noch nicht schwierig genug? Dann noch zusätzlich vw, rw oder sw laufen!	
INHALT	Orientierungs-fähigkeit		
VER-HALTEN	Nicht gleich aufgeben!		
856	REIFEN FANGEN	Reifen einhändig (senkrecht) gefasst: Aus leichtem Anschwingen den Reifen hochwerfen und wieder auffangen. - Auch zu zweit: Jeder fängt den Reifen des anderen auf. - Sich den Reifen aus kleinen Entfernungen zuwerfen. - A wirft den Reifen zu B, während B seinen Reifen zu A rollt. - Weitere Formen?	
INHALT	Differenzierungs-fähigkeit		
VER-HALTEN	Zu zweit etwas erproben, üben		
857	REIFHALTEN	3 Schüler halten einen Reif mit je einem Fuss. Welche Gruppe hüpft am längsten, ohne den Reifen zu verlieren? - Auch als Wettrennen über eine bestimmte Strecke. - Dito, aber gegenseitige Behinderung durch "Anrempeln" gestattet.	
INHALT	Gleichgewichts-fähigkeit		
VER-HALTEN	Kooperation Fairness		
858	BALLFAENGER	Mit einem Reifen soll ein Ball (oder verschiedene Bälle) über eine bestimmte Strecke gezogen werden. - Frei in der Halle oder mit Raumbegrenzung - Als Wettrennen über eine bestimmte Distanz. - Zu zweit gegeneinander: A versucht durch Ziehen und Stossen zu erreichen, dass B seinen Ball aus dem Reif verliert.Gegengleich!	
INHALT	Differenzierungs-fähigkeit		
VER-HALTEN	Konzentration		
859	BUMERANG	Jeder wirft seinen Reifen knapp über dem Boden nach vorn und gibt dem Reif mit der Hand einen Rückwärtsdrall mit. Welcher rollt wieder zu seinem Werfer zurück? Wer kann den zurückrollenden Reifen mit einer Grätsche überspringen?	
INHALT	Differenzierungs-fähigkeit		
VER-HALTEN	Experimentieren		

Nr.	Name der Spielform / Ziele / Akzente	Idee / Beschreibung	Hinweise / Organisation
860	GLITSCHIGER FISCH	Stab senkrecht in der re Hand an einem Ende gefasst, Arm in der Vorhalte: Hand lösen, so dass der Stab nach unten gleitet und versuchen, den Stab am anderen Ende so knapp wie möglich wieder aufzufangen. - Dito, aber in beiden Händen einen Stab halten, loslassen und wieder fangen. - Rechts halten, fallen lassen und links auffangen usw.	
INHALT	Reaktionsfähigkeit		
VER-HALTEN	Mut zum kalkulierbaren Risiko		
861	FALL-STAB	Stab waagrecht vor der Brust, Arme in Vorhalte: Den Stab loslassen und dicht über dem Boden wieder auffangen. - Mit Rumpfbeugen vw (Beine gestreckt). - Mit Rumpfsenken (in die Knie gehen). - Mit weiter und enger Handhaltung - Mit Klatschen 1x über und 1x unter dem Stab - Mit	
INHALT	Reaktionsfähigkeit		
VER-HALTEN	Immer schwieriger, so lang es geht!		
862	ROLL-STAB	Arme in Vorhalte, der Stab liegt auf den Armen in Schulternähe: Arme leicht senken, so dass der Stab nach vorne bis über den Handrücken rollt. Den Stab rasch auffangen, bevor dieser auf den Boden fällt. - Fangen in verschiedenen Griffarten (Kamm-, Rist-, Zwiegriff) - Vor dem Auffangen 2x klatschen usw.	
INHALT	Differenzierungs-, Reaktionsfähigkeit		
VER-HALTEN	Konzentration		
863	FANG DEN STAB	Stab in Hochhalte: Rückbeugen, den Stab hinter dem Rücken fallenlassen und nach einer schnellen halben Drehung wieder auffangen. Gelingt dies auch noch, wenn in dieser kurzen Zeit weitere "Zusatzaufgaben" ausgeführt werden müssen?	
INHALT	Reaktionsfähigkeit		
VER-HALTEN	Spass am Experimentieren		
864	ICH FANG DEINEN STAB, DU MEINEN	A und B stehen einander gegenüber, rechter Arm in Vorhalte, Stab senkrecht in der rechten Hand am untersten Ende gefasst, freies Ende zeigt nach oben: Auf ein Zeichen lassen beide ihren Stab los und versuchen, denjenigen des Partners aufzufangen, bevor er auf den Boden fällt. Dito, aber sobald A den Stab fallen lässt, lässt auch B "los"!	
INHALT	Reaktionsfähigkeit		
VER-HALTEN	Miteinander immer schwieriger!		

6.5.1 KOORDINIEREN / Gymnastikstab (Werfen, Fangen, Laufen)

Nr.	Name der Spielform / Ziele / Akzente	Idee / Beschreibung	Hinweise / Organisation
865	KOMM NICHT ZU SPAET!	Zu zweit mit einem Stab: A hält den Stab waagrecht in Vorhalte, B hält die Arme in Vorhalte über dem Stab. Plötzlich lässt A den Stab los. B muss versuchen, den Stab aufzufangen, bevor er den Boden berührt Var.: A steht und hält den Stab auf Hüfthöhe (auf Brusthöhe von B, der in Rückenlage auf dem Boden liegt). Gehts auch so?	
INHALT	Reaktionsfähigkeit		
VER-HALTEN	Kooperation und Konzentration		
866	ZEIT GENUG, BIS ER FAELLT!	Jeder mit einem Stab: Den Stab senkrecht vor sich auf den Boden stellen. Eine vorher bestimmte Uebung ausführen und den Stab wieder auffangen, bevor er auf den Boden fällt. Beispiele: - Eine ganze Drehung ausführen. - re und li Bein über den Stab schwingen. - Hinter dem Rücken in die Hände klatschen - Wer spurtet am weitesten, bis der Stab auf den Boden fällt?	
INHALT	Reaktionsfähigkeit		
VER-HALTEN	Pass am Experimentieren		
867	STABWECHSEL	Zu zweit mit je einem Stab im Abstand von 3 bis 10 m gegenüber: Beide stellen ihren Stab senkrecht auf den Boden, lassen ihn auf ein Zeichen hin los und spurten zum Stab des Partners, um den Stab aufzufangen, bevor er zu Boden fällt. Welches Paar schafft die grösste Distanz? Auch mit mehreren Spielern im Kreis mit Seitwärtsverschiebung oder in einer Kolonne mit Hochwerfen und gleichzeitig vw-Verschiebung.	
INHALT	Reaktionsfähigkeit		
VER-HALTEN	Gemeinsam wetteifern		
868	FLUGZEIT = SPIELZEIT	Jeder mit einem Stab: Stab waagrecht hochwerfen und, nach Ausführen einer Zusatzaufgabe (=Flugzeit!), wieder fangen: - Mit beiden Händen, mit einer Hand, mit gekreuzten Händen. - Stand auf einem Bein, verschiedene Stellungen. - Eine ganze Drehung, Boden berühren. - Nach dem Wurf sitzen, in Rückenlage gehen usw.	
INHALT	Reaktions- und Orientierungsf.		
VER-HALTEN	Immer schwieriger Eigene Formen!		
869	PLATZWECHSEL	Zu zweit mit je einem Stab gegenüber: Auf ein Zeichen werfen beide ihren waagrecht gehaltenen Stab in die Luft, tauschen die Plätze und fangen den Stab des Partners auf. - Distanz vergrössern. Welches Paar schafft so die grösste Distanz, aber immer mit der Bedingung, beide Stäbe fangen zu können! - Distanzen kleiner, aber beide sitzen und wechseln die Plätze!	
INHALT	Reaktionsfähigkeit		
VER-HALTEN	Miteinander wetteifern, spielen		

238

Nr.	Name der Spielform / Ziele / Akzente	Idee / Beschreibung	Hinweise / Organisation
870	LASTENTRAEGER	Wer kann den Stab über die Schultern legen und so ohne Hilfe der Hände die Halle durchqueren? Wer kann so absitzen und wieder aufstehen? Wer kann den Stab auch auf dem Kopf tragen? Wer kann........	
INHALT	Gleichgewichts-fähigkeit		
VER-HALTEN	Konzentration		
871	FUSSJONGLEUR	Versuche, den Stab auf möglichst verschiedenen Körperteilen zu balancieren und dich gleichzeitig noch fortzubewegen. - Auf Signal sofort anhalten. - Mit Positionswechsel: Vom Stand in den Sitz, auf die Knie ... → Vom Fuss in die Hand wechseln durch Hochkicken Hinweis: Korrigiere vorerst mit ganz schnellen, kleinen Schritten!	
INHALT	Gleichgewichts-fähigkeit		
VER-HALTEN	Freude am eigenen Experimentieren		
872	PROPELLER	Stab vertikal oder horizontal einhändig in der Mitte gefasst: Wer kann den Stab durch Griffwechsel in Drehung um die Querachse versetzen? Wer kann jeweils nach einer Drehung des Stabes mit der einen Hand in die andere Hand wechseln, ohne aber den "Propeller-Rhythmus" zu verändern?	
INHALT	Differenzierungs-fähigkeit		
VER-HALTEN	Konzentration		
873	TRANSPORTSTAFETTE	2er- oder 4er-Gruppen: Diverse Gegenstände (z.B. verschiedene Bälle) müssen zu zweit mit zwei Stäben um ein Wendemal (oder durch einen Parcours) und zurück transportiert werden. Welche Gruppe hat zuerst 5 Durchgänge oder ist am schnellsten? - Welche Gruppe hat zuerst alle Bälle auf der anderen Seite? - Es können auch grössere Gegenstände getragen werden!	
INHALT	Differenzierungs-fähigkeit		
VER-HALTEN	Nur miteinander geht es gut!		
874	EISENBAHN	4 bis 10 Spieler laufen in einer Kolonne. Jeder hält in seiner re Hand einen Stab nach vorn und ergreift mit der li Hand das Stab-ende des hinteren Läufers. In dieser Formation können verschiedene Strecken durchlaufen und Hindernisse überstiegen werden. Auf ein Zeichen lässt jeder den Stab seines Vordermannes los und wechselt die Stellung der Arme (also mit re Hand den Stab des Hintermannes erfassen/langsam üben!)	
INHALT	Orientierungs-fähigkeit		
VER-HALTEN	Wer abhängt, geht an den Schluss!		

6.5.2 KOORDINIEREN / Gymnastikstab (Balancieren und Tragen)

Nr.	Name der Spielform / Ziele / Akzente	Idee / Beschreibung	Hinweise / Organisation
875	KARUSSELL	Zu zweit gegenüber mit je einem Stab. Beide fassen die Enden der Stäbe, lehnen zurück und beginnen, im Kreis zu drehen (erst ganz langsam, dann immer schneller). - Auch zu viert, Stäbe übers Kreuz gefasst. - Auch im Kreis zu viert.	
	INHALT: Orientierungs- u. Gleichgewichtsf.		
	VER-HALTEN: Schwindelerregende Erlebnisse...		
876	GIFTSCHLANGE	Zu zweit mit einem Stab: A in Rückenlage, B geht seitlich an A vorbei und führt einen Stab über dem Boden unter dem Körper von A durch. A muss nacheinander Beine, Rumpf, Rücken und Kopf heben, damit der Stab durchgezogen werden kann. Der Stab (Giftschlange!) darf dabei keinen Körperteil berühren. Dito, aber in Bauchlage, Arme in Hochhalte!	
	INHALT: Orientierungs- u. Differenzierungsf.		
	VER-HALTEN: Gutes Körperbewusstsein		
877	EIN- UND AUS-STEIGEN BITTE!	Zu zweit gegenüber mit je einem Stab, Stäbe in Tiefhalte gefasst: Beide Partner steigen von der gleichen Seite (für den einen ist dies links, für den andern rechts!) mit einem Bein zwischen die Stäbe hinein, drehen sich nach aussen, steigen mit dem anderen Bein heraus und drehen sich weiter bis zur Ausgangsposition. Var.: Welche Zweiergruppe ist zuerst 5x ein- bzw. ausgestiegen?	
	INHALT: Orientierungs-fähigkeit		
	VER-HALTEN: Spass, miteinander Sport zu treiben!		
878	STABWURF	Wer kann mit zwei Stäben einen dritten hochwerfen und diesen wieder (mit den zwei Stäben) auffangen? Immer höher werfen! Wer kann den Stab nach einer Stab-Drehung in der Luft sogar wieder auffangen?	
	INHALT: Orientierungs- u. Differenzierungsf.		
	VER-HALTEN: Zirkusatmosphäre erleben!		
879	STABJONGLEUR	Wem gelingt es, mit zwei Stäben einen dritten möglichst lange in der mehr oder weniger senkrechten Stellung hinundherzu-"werfen", ohne dass dieser dritte Stab auf den Boden fällt? Hinweis: Stelle anfänglich den dritten Stab auf den Boden und versuche nun, mit den anderen beiden Stäben den dritten leicht hinundherzuführen!	
	INHALT: Differenzierungs-Orientierungsfäh.		
	VER-HALTEN: Zirkusreife testen....		

Nr.	Name der Spielform / Ziele / Akzente	Idee / Beschreibung	Hinweise / Organisation
880	BAND MIT KNOTEN	Versuche, das Band auf verschiedenen Körperteilen zu tragen oder zu jonglieren: - Auf Fuss, Knie, Handrücken, Oberarm, Kopf .... mit zusätzlichen Bewegungsaufgaben wie Laufen, Hüpfen usw. - Hinter dem Rücken, über dem Kopf oder zwischen den Beinen loslassen, dann ½-Drehung ausführen und wieder fangen. - Mit der linken Hand fallen lassen, rechts auffangen usw.	
INHALT	Orientierungs- und Reaktionsfähigkeit		
VER-HALTEN	Konzentration		
881	KEIN BAND FAELLT AUF DEN BODEN	Band mit Knoten, zu zweit: Beide lassen gleichzeitig ihr Band li los und fangen dasjenige des Partners re auf. - Auf Kommando des Lehrers - Mit Necken: Sobald A sein Band loslässt, muss auch B seines fallen lassen (Täuschungen erlaubt/nicht erlaubt). - Eigene Ideen?	
INHALT	Reaktionsfähigkeit		
VER-HALTEN	Uebungen zur Fairnessschulung		
882	"SCHAFOTT"	Das Band ist wieder verknotet: A liegt in Rückenlage und B hält das Spielband erst über dem Bauch, dann über der Brust und schliesslich über dem Kopf (Steigerung). Nun lässt B das Spielband irgendwann los und A versucht, diesem "Fallbeil" durch schnelles Wegrollen zu entkommen. - Fallhöhe verkleinern, dann wird es wesentlich schwieriger. - Drehrichtung kurz vor dem Fall bestimmen, z.B.: "LINKS!"	
INHALT	Reaktionsfähigkeit		
VER-HALTEN	Höchste Konzentration		
883	GORDISCHER KNOTEN	Wer kann in sein Band einen Knoten nur mit den Füssen (ohne Turnschuhe und Socken) machen? Wer kann den Knoten eines anderen wieder öffnen?	
INHALT	Differenzierungs-fähigkeit		
VER-HALTEN	Fuss-(-un)-Ge-schicklichkeit		
884	BAENDEL-FANGEN	Wirf das Band möglichst hoch und versuche, dieses mit irgendeinem vorher bestimmten Körperteil aufzufangen. Auch zu zweit: Du wirfst mir, ich werfe dir. Wer aufwirft bestimmt zugleich, mit welchem Körperteil aufgefangen werden muss.	
INHALT	Orientierungs- und Reaktionsfähig.		
VER-HALTEN	Formen zur Beruhigung		

6.7 KOORDINIEREN / Langbank

Nr.	Name der Spielform / Ziele / Akzente	Idee / Beschreibung	Hinweise / Organisation
885	BANKVIERECK	Zwei Bänke werden parallel zueinander aufgestellt, zwei andere an den Enden quer darauf, so dass ein Viereck entsteht. Die Uebenden stellen sich in Doppelreihen auf und führen im Strom Uebungen aus: - Im Slalom: Tiefe Bank überspringen, hohe Bank unten durchkriechen. - Hochwenden über die hohen und niederen Bänke. - Synchronsprünge zu zweit: A bestimmt den Rhythmus, B nimmt ab - A führt B, welcher die Augen schliesst, oben und unten durch!	
	INHALT: Je nach Aufgabenstellung		
	VER-HALTEN: Spass, in der Gruppe zu spielen		
886	SPRUNG-DRIBBLING-KOMBINATION	- Wechselhüpfen sw über die Langbank und dabei einen Ball immer auf der rechten (li) Seite der Bank prellen. Gegengleich. - Dito, aber den Ball auf der Langbank prellen und sw Wechselhüpfen. - Andere Kombinationen von Prellen und Hüpfen von den Teilnehmern erarbeiten lassen. Dann einige dieser (guten) Formen gemeinsam durchspielen.	
	INHALT: Differenzierungsfähigkeit		
	VER-HALTEN: Linke und rechte Hand vergleichen		
887	WER BLEIBT OBEN?	Zu zweit auf der Schmalkante gegenüber: Wer zwingt den anderen durch Stossen und Ziehen zuerst zum "Verlassen" der Langbank? - Als Einzelwettbewerb: Der Verlierer bleibt bei seiner Bank, der Sieger wechselt zur nächsten Bank. - Als Gruppenwettkampf: Welche Partei holt in 5 Durchgängen am meisten Punkte?	
	INHALT: Gleichgewichtsfähigkeit		
	VER-HALTEN: Taktik Fairness		
888	FUSSKAMPF	Wie "Wer bleibt oben", aber man darf sich nur noch mit den Füssen aus dem Gleichgewicht bringen. Auch als Gruppenwettkampf: Auf je einer Langbank stehen sich die beiden Mannschaften gegenüber. Die Gruppenmitglieder fassen sich gegenseitig um die Schultern: Welche Gruppe muss zuerst absteigen oder reisst zuerst auseinander? Spielregeln, wie gestossen oder gezogen werden darf, vereinbaren!	
	INHALT: Gleichgewichtsfähigkeit		
	VER-HALTEN: Fairness		
889	KEINER FAELLT	A befindet sich in irgendeiner Stellung auf der Langbank. B versucht, A ohne Berührung und ohne zu fallen zu übersteigen. Gelingt es A, durch die gegrätschten Beine von B zu kriechen, ohne B zu berühren und ohne zu fallen? Gelingt es A und B, sich gleichzeitig auf der Bank zu kreuzen, ohne dass einer von beiden fällt?	
	INHALT: Gleichgewichtsfähigkeit		
	VER-HALTEN: Zueinander Sorge tragen!		

Nr.	Name der Spielform Ziele / Akzente	Idee / Beschreibung	Hinweise / Organisation
890	KLETTER- VARIANTEN	Wir steigen vorlings und rücklings auf und ab, mit kleinen oder mit möglichst grossen Schritten. Wir klettern auf gleicher Höhe die ganze Sprossenwand vorlings hin und rücklings wieder zurück. Zu zweit: A steigt auf und ab, und B versucht, parallel zu A immer dieselben Schritte sofort nachzumachen. Aufgabenwechsel. Versucht auch, blind zu klettern!	
INHALT	Orientierungs- fähigkeit		
VER- HALTEN	Konzentration		
891	FREE STYLE	Sucht verschiedene Möglichkeiten des Kletterns und Steigens: - Vorlings und/oder rücklings. - Wie weit kommt ihr Fuss-voran? - Mit einem "verletzten" Arm oder Bein? - Zu zweit, wobei der eine die Sprossen nur mit den Händen, der andere nur mit den Füssen berühren darf? (Gegenseitig helfen!)	
INHALT	Orientierungs- fähigkeit		
VER- HALTEN	Sicherheit vor Risiko		
892	GEGENVERKEHR	Die ganze Gruppe ist an der Sprossenwand. Nun beginnt ein emsiges Klettern in alle Richtungen aufwärts, seitwärts, über- und untereinander durch. Regeln: Wer von rechts und/oder von unten kommt, hat Vortritt! Oder: Bei jedem Treffen einigt man sich, wer von beiden "Vortritt" hat.	Sprossenwand
INHALT	Orientierungs- fähigkeit		
VER- HALTEN	Fairness Spass/Freude		
893	GOLD- SCHMUGGLER	Verschiedene Geräte müssen über die ausgeschwenkte Sprossenwand geschmuggelt werden (z.B. Medizinbälle, kleine Bälle, Keulen, Malstäbe usw.) Ganze Gruppe: Eine Matte (= Panzerschrank) sorgfältig auf die andere Seite schmuggeln.	
INHALT	Orientierungs- fähigkeit		
VER- HALTEN	Abenteuer- stimmung		
894	GEFAENGNIS- FLUCHT	Wer kann mit zusammengebundenen Händen und/oder Füssen über die Gefängnismauer klettern? Wer schafft dies sogar bei Nacht (verbundene oder geschlossene Augen)?	
INHALT	Orientierungs- fähigkeit		
VER- HALTEN	Abenteuer- stimmung		

Nr.	Name der Spielform / Ziele / Akzente	Idee / Beschreibung	Hinweise / Organisation
895	ABFAHRTSRENNEN	Die Beine eines "Pferdes" werden in verschiedener Länge eingestellt. A rüttelt an diesem wackeligen Pferd, während B stehend oder in der Hocke versucht, möglichst lange oben zu bleiben. B darf bestimmen, wie "wild" sein Pferd ist. Wer schafft dies sogar einbeinig möglichst lange? (Matten legen/Verletzungsgefahr!)	
INHALT	Gleichgewichts-fähigkeit		
VER-HALTEN	Trotz allem: Fairness		
896	WAS IST OBEN, WAS IST UNTEN?	Sucht Stellungen an den Geräten..... - bei denen der Kopf unten ist, - die einen (keinen) Hüftwinkel beinhalten, - bei denen gegangen, gestützt wird, - bei denen der Rücken parallel zum Boden und der Körper in der Luft ist ....usw.	
INHALT	Orientierungs-fähigkeit		
VER-HALTEN	Körper- und Raumerfahrungen		
897	HOCHSEETEST	Ein Ende einer Langbank wird an einem tief hängenden Ringepaar gut befestigt. Versuche, auf das Boot zu steigen, ohne zu fallen. A steht "auf Deck", B und C bestimmen den Seegang (und sichern gleichzeitig). A darf die Windstärke selber bestimmen!	
INHALT	Gleichgewichts-fähigkeit		
VER-HALTEN	Riskieren, Helfen, Sichern		
898	ROLLEN-TAENZER	Halte dich mit beiden Händen an der Sprossenwand und versuche, vorsichtig auf das Brett zu stehen. Suche nun das Gleichgewicht durch schnelle, kleine Gewichtsverlagerungen in den Füssen. Wichtig: Der Schwerpunkt muss immer genau über der Rolle sein. Wenn dies gelungen ist, dann kannst du versuchen, auf das Brett zu springen und sofort das Gleichgewicht zu suchen!	Rohr: ca. 15 cm Durchmesser Brett: ca. 60 x 35 cm
INHALT	Gleichgewichts-fähigkeit		
VER-HALTEN	Erfolgserlebnis nach dem Ueben!		
899	SCHLITTSCHUHLAUFEN	Unter beiden Füssen sind gut gleitende Lappen (Filzschuhe, Jutensäcke o.ä.). Links und rechts werden Geräte als Abstoss-widerstände befestigt (z.B. eine Seite ist die Wand, die andere ein Reckpfosten oder eine gut befestigte Langbank/hochgestellt). Versuche nun, im gleichmässigen Rhythmus hin und her zu laufen! (Evtl. gleichzeitig mit Stock und Puck jonglieren li/re)	
INHALT	Gleichgewichts-und Rhythmisierungsf.		
VER-HALTEN	Das macht Spass!		

6.10. 1015 Anregungen zum Thema Koordinieren und Kombinieren!

Wer nach weiteren Koordinationsformen sucht, findet im Band „1015 Spiel- und Kombinationsformen in vielen Sportarten" verschiedene Anregungen. Dieser Band versteht sich als Experimentierfeld im Bereich des Sportfächer übergreifenden Sportgedankens. Er regt an, Sport umfassender, Sportarten übergreifend, zu verstehen. So werden bekannte Übungsformen verschiedener Sportarten miteinander verbunden, vernetzt. Die eine wird als Schwerpunkt-, die andere als Ergänzungssportart verstanden. Dabei wird das (Lern-)Ziel auf zwei Sportarten aufgeteilt. Dadurch entstehen zum Teil völlig neue Spiel- und Übungsformen, vielleicht sogar neue Sportarten. Denn irgendeinmal kam jemand doch auf die Idee, Sportarten miteinander zu kombinieren. Nur so ist es zu erklären, daß Sportarten wie: Wasser-Ball, Eis-Hockey, Rad-Ball, Wasser-Ski, Kunst-Radfahren, Synchron-Schwimmen usw. entstanden.
All diese Spiel- und Übungsformen (oder Kombinationssportarten) fordern ein hohes Maß an Koordinationsfähigkeit!

 **Schwerpunktsportart**　　 **Ergänzungssportart**

Symbolisches Modell der Idee „1015 Spiel- und Kombinationsformen in vielen Sportarten" (siehe S. 280).

Der Sport(-unterricht) braucht Impulse. Neue Spiel- und Fitnessgeräte sind zwar faszinierend, doch entscheidend ist unsere Einstellung zur Bewegung, unser Verständnis von Sport!

Nicht (nur) Sportarten lernen, sondern mit Hilfe von Sportarten SPORT treiben!

Kapitel 7

Kooperieren

7.1 KOOPERIEREN / ohne Material

Nr.	Name der Spielform / Ziele / Akzente	Idee / Beschreibung	Hinweise / Organisation
900	SCHWEBENDER REITER	Zu zweit: A im Knieliegestütz vorlings. B steht auf dem Rücken von A (1 Fuss in Schulterhöhe, 1 Fuss auf der Höhe des Steissbeines): Pferd und Reiter versuchen nun, sich gemeinsam so fortzubewegen. Var.: Die Reiter versuchen auch, Platzwechsel vorzunehmen und auf ein anderes Pferd umzusteigen, ohne den Boden zu berühren. Wichtig: Das "Pferd" muss den Rücken spannen!!	
	INHALT Koordination Kraft		
	VER-HALTEN Mut zum Risiko		
901	REITERKAMPF	Wie oben, aber der Reiter steht auf zwei Pferden: Wer kann andere Reiter zum Absteigen zwingen?	
	INHALT Koordination und Kraft		
	VER-HALTEN Mut und gegenseitiges Vertrauen		
902	LEBENDE MAUER	Zwei Gruppen: Gruppe A baut sich zu einer stabilen,"lebenden" Mauer auf (mit gegeseitigem Kontakt); Gruppe B versucht, diese Mauer zu überwinden (ohne Schaden anzurichten). Var.: Als "Gerüst" darf die mauerbildende Gruppe ein Gerät (Barren, Reck) benutzen, ebenso darf die andere Gruppe eine "Leiter" suchen (Sprungbrett ..).	
	INHALT Muskelspannung halten		
	VER-HALTEN Einander helfen Vertrauen		
903	GRUPPENPUZZLE	Gruppen von 5 bis 10 Teilnehmern tanzen oder laufen frei in der Halle. Auf Kommando finden sich die Gruppenmitglieder zusammen und stellen eine vorgegebene Zahl, einen Buchstaben oder eine Figur mit ihren Körpern dar. Auch als Darstellungsfolgen (1., 2. Akt...) zu bestimmten Themen (Märchen, Geschichten).	
	INHALT Tanzen und Laufen		
	VER-HALTEN Gestalten		
904	IMPROVISATION	Lieddarstellung: Kleingruppen (2 bis 6 Schüler) versuchen, den Inhalt eines Liedes durch Bewegungen so darzustellen, dass die andern erraten können, welches Lied gemeint ist.	alle Vögel sind schon da... ♩♪))
	INHALT Differenzierungsfähigkeit		
	VER-HALTEN Miteinander etwas gestalten		

Nr.	Name der Spielform Ziele / Akzente	Idee / Beschreibung	Hinweise / Organisation
905	FRESKEN	Eine Gruppe formiert sich zu einem Fresko und stellt dabei etwas Bestimmtes dar, das die andern herausfinden sollen. Z.B. Stellt ein Turngerät, ein Schlachtgemälde, ein Tier etc. dar! Var.: Auch mit Bewegung: Stellt einen Fluss dar, einen rauschenden Wald, einen Marktplatz...	
	INHALT: Muskelspannung halten		
	VER-HALTEN: Körpersprache bewusst machen		
906	SPORTPANTOMIME	Die Spieler sollen als Gruppe eine Sportpantomime z.B. mit dem Thema "Basketball" aufführen. Dabei sollen nicht nur die Basketballspieler, sondern auch Trainer, Schiedsrichter, Zeitnehmer, Zuschauer... dargestellt werden. Weniger das genormte Basketballspiel soll im Mittelpunkt stehen, sondern eher lustige, tragische, komische Basketballspielsituationen erfunden und parodiert werden.	z.B. Ping — Pong
	INHALT: Je nach Sportarten-wahl		
	VER-HALTEN: Körpersprache bewusst erleben		
907	PYRAMIDENBAU	Gruppen von 6 bis 10 Teilnehmern sollen versuchen, eine möglichst stabile / originelle / ästhetische etc. Pyramide zu bilden, an der alle Schüler beteiligt sind. - Dito, aber mit möglichst wenig Bodenkontakt. - Dito, aber jeder muss mit mind. 4 Spielern Kontakt haben. - Dito, aber Fortbewegung in der Pyramide muss möglich sein.	
	INHALT: Körperspannung halten		
	VER-HALTEN: Gestalten im Team		
908	DOPPELROLLE	A in Rückenlage, Beine senkrecht in die Luft gestreckt; B steht hinter A und erfasst die Fussgelenke von A. A ergreift die Gelenke von B. B macht Rolle vw (A muss die Füsse nahe bei seinem Gesäss aufsetzen). B zieht A durch das Rollen zum Stand. Die Doppelrolle lässt sich auch zu dritt ausführen.	
	INHALT: Koordinationsfähigkeit, Rollen		
	VER-HALTEN: Vertrauen Mut		
909	UEBERSPRUNGROLLE MIT HOCKE	A im Grätschsitz, Arme in Hochhalte; B steht hinter A, stützt sich auf die Hände von A und überhockt ihn. Ohne die Hände loszulassen, schliesst B an seine Hocke eine Rolle vw zum Grätschsitz an, durch welche A in den Stand gezogen wird.	
	INHALT: Rhythmisierungsfähigkeit		
	VER-HALTEN: Dem anderen voll vertrauen können		

7.1 KOOPERIEREN / ohne Material

Nr.	Name der Spielform / Ziele / Akzente	Idee / Beschreibung	Hinweise / Organisation
910	UEBERSPRUNGROLLE MIT GRAETSCHE	A und B stehen sich in 2 bis 3 m Entfernung gegenüber. A führt eine Rolle vw aus, B springt mit einem Grätschsprung über den rollenden A. Danach führen beide eine halbe Drehung aus und A überspringt die Rolle von B.	
	INHALT Koordinations-fähigkeit		
	VER-HALTEN Vertrauen im Team		
911	WECHSELROLLE ZU DRITT	B und C stehen hintereinander, A steht den beiden in 2 bis 3 m Entfernung gegenüber: B macht eine Rolle vw zu A; A überspringt B mit einem Grätschsprung und schliesst eine Rolle vw zu C an; C überspringt A und B macht eine halbe Drehung usw.	
	INHALT Rhythmisierungs-fähigkeit		
	VER-HALTEN Gegenseitiges Vertrauen		
912	3ER-ROLLE SW	A, B und C liegen nebeneinander (Abstand ca. 1 m) auf dem Rücken. A rollt von der Mitte zur Seite und B überhechtet den rollenden A zur Mitte hin. Von der Mitte rollt B sofort weiter nach aussen und C überhechtet ihn zur Mitte und rollt selbst weiter zur Seite.	
	INHALT Stütz- und Schnellkraft Arme		
	VER-HALTEN Rhythmus in der Gruppe finden		
913	PARTNER UEBER-SPRINGEN	Vorübung: A in Rückenlage, Arme in Vorhalte; B stützt sich von hinten auf die Arme von A und macht mit gehockten und gestreckten Beinen einen Winkelstütz. Ueberspringen: A in Rückenlage, B steht hinter ihm und ergreift seine Hände; B hockt zwischen seinen Händen über den Oberkörper von A und landet in Grätschstellung bei den Hüften von A; ohne Loslassen der Hände zieht er A in den Stand.	
	INHALT Stützkraft der Arme		
	VER-HALTEN Vertrauen in den "Stütz-Partner"		
914	LIEGESTUETZ - LINDWURM	4 bis 10 Spieler stehen im Liegestütz vorlings hintereinander, die Füsse liegen auf den Schultern des Hinteren: - Arme beugen und strecken. - vw-Bewegung über eine bestimmte Strecke. - Auch im Liegestütz rücklings versuchen. - Auch als Liegestütztreppe.	
	INHALT Stützkraft der Arme		
	VER-HALTEN Miteinander fröhlich "Sport" treiben		

Nr.	Name der Spielform / Ziele / Akzente	Idee / Beschreibung	Hinweise / Organisation
915	FORTBEWEGUNG OHNE BEINE	4er- bis 6er-Gruppen. Jede Gruppe soll versuchen, mit möglichst wenig Bodenkontakten eine bestimmt Strecke zurückzulegen. Die Gruppe muss dabei immer Körperkontakt untereinander haben. Lösungen: - Als Tausendfüssler (1 Paar Beine am Boden). - sw rollend, die Hände fassen die Füsse des Hinteren (keine Füsse am Boden).	z.B.
	INHALT: Differenzierungs-fähigkeit		
	VER-HALTEN: Spass in der Gruppe		
916	FUSS-FLIESSBAND	Die Schüler bilden zwei Reihen auf dem Rücken liegend, möglichst nahe gegenüber, Beine senkrecht in die Luft gestreckt. Ein Schüler legt sich bäuchlings gespannt am einen Ende der Reihe auf die Füsse der Mitspieler und wird von diesen (mit den Füssen) vw bis ans andere Ende der Linie befördert.	
	INHALT: Stützkraft Beine, Spannung		
	VER-HALTEN: Erleben, getragen zu werden!		
917	HAND-FLIESSBAND	Zwei Reihen versetzt in Rückenlage, Kopf auf Schulterhöhe des Nebenspielers. Ein Spieler wird mit den Händen weitergereicht (spannen!).	
	INHALT: Stützkraft Arme, Kraft Schultern		
	VER-HALTEN: Nur fliegen ist schöner!		
918	FISCHWERFEN	Zwei Reihen stehen mit gefassten Händen gegenüber. Der Fisch legt sich mit dem Rücken auf die Arme der anderen und macht sich steif. Durch gemeinsames Vor-hoch-Schleudern wird er durch die Reihe bis ans Ende geworfen. Die Fische werden immer grösser und schwerer.	
	INHALT: Koordination in der Gruppe		
	VER-HALTEN: Gemeinsam einem andern "helfen"		
919	ZIELSCHEIBEN-FANGIS	3 Schüler geben sich die Hände im Kreis und bestimmen einen von ihnen als Zielscheibe. Ein Fänger muss von aussen versuchen, der Zielscheibe, welche sich mit dem Kreis verschiebt und ausweicht, auf den Rücken zu schlagen. Dabei darf er nicht durch den Kreis reichen. Auch grössere Gruppen möglich.	
	INHALT: Reaktions-fähigkeit		
	VER-HALTEN: Gruppe hilft dem Verfolgten		

7.1 KOOPERIEREN / ohne Material

Nr.	Name der Spielform / Ziele / Akzente	Idee / Beschreibung	Hinweise / Organisation
920	PUZZLE-LAUF	Eine Gruppe hat eine Strecke (1 bis 3 km) zurückzulegen. Die Gruppenmitglieder teilen die Strecke unter sich beliebig auf. - Dito, aber mit Vorgabe einer Mindeststrecke. - Dito, aber mit Hindernissen. - Dito, aber jeder läuft mindestens 3x ein Teilstück.	
	INHALT Training Dauerleistung		
	VER-HALTEN Eigene Spiel-regeln finden		
921	AUFSTAND	Mannschaften zu 4 bis 6 Spielern setzen sich jeweils in einem Aussenstirnkreis hinter die Startlinie und laufen auf Pfiff um ein Wendemal und zurück (oder durch einen Parcours). Dabei darf der Kreis nie auseinanderbrechen, auch beim Aufstehen nicht. Welcher Kreis sitzt zuerst wieder hinter der Linie?	
	INHALT Schnelligkeits-ausdauer		
	VER-HALTEN Spass in der Gruppe		
922	TRANSPORT	Zu dritt: A und B stehen nebeneinander; C steht zwischen ihnen, hakt bei beiden Partnern die Arme ein und hockt die Beine an (oder streckt sie waagrecht nach vorn). - Dito, aber C legt seine Arme auf die Schultern von A und B. - Dito, aber C hält die Arme gespannt in Seithalte, A und B tragen ihn an den Oberarmen und Handgelenken im "Kreuzhang".	
	INHALT Kraft Arme und Beine		
	VER-HALTEN Geteilte Last ist halbe Last!		
923	SCHULTER-HOCK-SPRUNG	Zu dritt: A und B stehen nebeneinander und geben sich die Hände; C stützt sich von hinten auf die Schultern von A und B und über-hockt deren Arme. Fortgesetzt vw und rw. - Auch mit mehreren Gruppen in der Kolonne mit Fortbewegung möglich.	
	INHALT Stütz- und Sprungkraft		
	VER-HALTEN Gegenseitig vertrauen		
924	HOCHTRANSPORT	A und B stehen hintereinander in der Hocke, C steht zwischen ihnen und stützt sich mit den Armen auf den Schultern von B ab (Liege-stütz). B hebt die Beine von C in die Hochhalte und A und B richten sich auf zum Abtransport von C. - Auch als Stafette (mit oder ohne Hindernisse) mit Rollenwechsel möglich.	
	INHALT Körperspannung halten		
	VER-HALTEN Gegenseitiges Vertrauen nötig!		

Nr.	Name der Spielform / Ziele / Akzente	Idee / Beschreibung	Hinweise / Organisation
925	TAUSENDFUESSLER	Die Spieler stehen Rücken an Rücken in zwei Linien versetzt. Die Spieler beider Linien grätschen die Beine, beugen den Oberkörper vw, kreuzen die Arme und fassen zwischen den Beinen hindurch die Hände der beiden seitlich hinter ihnen stehenden Spieler. In dieser Haltung soll versucht werden, eine bestimmte Strecke zurückzulegen, ohne dass der Tausendfüssler zerreisst. Die Laufrichtung kann in Richtung der Linien oder senkrecht dazu festgelegt werden. - Dito, aber als Mannschaftswettlauf mit zwei oder drei Tausend- füsslern. - Dito, aber jede Linie innerhalb des Tausendfüsslers spielt als Mannschaft und versucht, die gegnerische Linie über die eigene Standlinie zu ziehen.	
INHALT	Beweglichkeit Gruppen-Koordin.		
VER-HALTEN	Aufeinander Rück-sicht nehmen		
926	ZWEIER-HÜPFSTAFETTEN	Hüpfen vw, rw, sw oder im Kreis herum in verschiedenen Stellungen: Z.B.: - Innere Hände gefasst, das innere Bein von hinten über die Arme hängen und hüpfen bis ins Ziel. - Mit der inneren Hand das seitgespreizte Bein des anderen fassen. - Der Hintere gibt dem Vorderen ein Bein in die Hand, der Vordere hüpft auf einem Bein. - Der Vordere spreizt ein Bein rw, der Hintere hält es und hüpft auf einem Bein. - Kombination: Der Vordere spreizt das li Bein rw, der Hintere das re Bein vw.	
INHALT	Kraftausdauer der Beine		
VER-HALTEN	Gute, gegensei-tige Harmonie		
927	DREIER-HUEPFSTAFETTEN	Die meisten dieser Stellungen lassen sich auch in der 3er-Gruppe ausführen.	
INHALT	Koordinationsfäh.		
VER-HALTEN	Spass, Freude		

7.1 KOOPERIEREN / ohne Material

Nr.	Name der Spielform / Ziele / Akzente	Idee / Beschreibung	Hinweise / Organisation
928	KANONENGESCHOSS	Zu viert: A in Rückenlage, Beine angewinkelt in der Luft, B setzt sich auf die Füsse von A und gibt den beiden Helfern C und D je eine Hand. Durch rasches Beinstrecken stösst A B in die Luft; C und D sorgen für eine sichere Landung.	
	INHALT: Schnellkraft Beine		
	VER-HALTEN: Helfen, sichern, Vertrauen		
929	GEFUEHRTES RAD	B in Bankstellung, A steht hinter ihm und fasst seinen Rumpf mit beiden Armen. A hebt den weitgehend passiven B durch den seitlichen Handstand und setzt ihn auf der anderen Seite wieder ab.	
	INHALT: Körperspannung Bew.-erfahrung		
	VER-HALTEN: Helfen und Sichern lernen		
930	WECHSEL-HANDSTAND	Zu zweit in raschem Wechsel in den Handstand schwingen und sich gegenseitig stützen. - Dito, auch mit Armbeugen und -strecken (senken zum Kopfstand mit Hilfe). - Dito, A schwingt auf den Fussristen von B in den Handstand und hängt seine Knie über die Schultern von B, vw-Bewegung möglich?	
	INHALT: Anwendung und Training Handstand		
	VER-HALTEN: Jeder hilft dem andern		
931	KARUSSELL IN BAUCHLAGE	Zu dritt: A und B gegenüber mit Handfassung. C legt sich vorlings auf ihre Arme. A und B drehen den gespannten C im Kreis herum. - Dito, nach dem "Karussell" laden A und B C langsam über den Handstand ab.	
	INHALT: Körperspannung Orient.-fähigkeit		
	VER-HALTEN: Vertrauen ins "Karussell"		
932	KARUSSELL IN RUECKENLAGE	Gleiche Hilfestellung von A und B wie bei "Karussell in Bauchlage", aber C legt sich nun in Rückenlage auf die Arme von A und B. Nun darf C das Dreh-Tempo bestimmen (C nicht im Hohlkreuz!). Danach wird C langsam über den Handstand rw (= langsamer Ueberschlag rückwärts) "abgeladen". Wichtig: Gute Körperspannung, Hände zur Landung vorbereiten!	
	INHALT: Spannung (C) A+B: Gerader Rücken		
	VER-HALTEN: Gegenseitiges Vertrauen		

Nr.	Name der Spielform Ziele / Akzente	Idee / Beschreibung	Hinweise / Organisation
933	STANDWAAGE	A in Rückenlage, die Arme senkrecht in die Höhe gestreckt: B macht eine Standwaage auf den Händen und Füssen von A. Var.: Ganz langsam auf und ab, zuerst nur B, dann auch A und schliesslich sogar beide gleichzeitig!	
INHALT	Gleichgewicht Stützkraft		
VER-HALTEN	Mut und Vertrauen		
934	LIEGEWAAGE	Wie oben bei "Standwaage", aber B legt sich bäuchlings auf die Füsse von A. Geht es auch frei schwebend, also ohne Handfassung von B?	
INHALT	Gleichgewicht Stützkraft		
VER-HALTEN	Mut und Vertrauen		
935	KNIEWAAGE	Wie oben bei "Standwaage", aber B versucht nun eine Kniestandwaage mit Stütz auf den Knien von A. Langsam und gemeinsam ab und auf!	
INHALT	Gleichgewicht Stützkraft Arme		
VER-HALTEN	Mut zum Experimentieren		
936	KNIE-SCHULTER-STAND	A in Rückenlage mit gebeugten Beinen, die Sohlen auf dem Boden flach und fest aufgestützt. B stützt sich auf den Knien von A, und A stützt B an den Schultern. B schwingt (vorsichtig) auf zum Schulterstand.	
INHALT	Gleichgewicht Stützkraft		
VER-HALTEN	Mut und gegenseitiges Vertrauen		
937	KNIE-LANGSITZ	A in Rückenlage, Hüft- und Kniewinkel bei 90° fixiert. B macht einen Winkelstütz auf den Knien von A, A stützt B an dessen Schultern. Könnt ihr, von dieser Position ausgehend, euere Lage weiter verändern (z.B.: A öffnet die Beine leicht, B führt Liegestütz rücklings aus)?	
INHALT	Stützkraft rücklings, Gleichgew.		
VER-HALTEN	Gemeinsam die Grenzen erleben		

255

7.1 KOOPERIEREN / ohne Material (Akrobatikformen zu zweit)

Nr.	Name der Spielform / Ziele / Akzente	Idee / Beschreibung	Hinweise / Organisation
938	LIEGEHANG	A in Rückenlage, Beine senkrecht: B macht Liegehang an den Füssen von A. Dabei kann A durch Stützen an den Schultern helfen, bzw. sichern. Var.: B lässt sich fallen und fasst A an den Füssen (A sichert und "fängt" B auf).	
	INHALT · Stütz- und Zugkraft Arme		
	VER-HALTEN · Mut zum Risiko		
939	DOPPELDECKER-KNIESTAND	A in Knieliegestütz vorlings, ein Bein nach hinten hochgestreckt ("Kniestandwaage"). B führt nun seinerseits ebenfalls eine Kniestandwaage auf dem Rücken von A aus. Für B: Vorsichtig mit dem Knie abstützen, denn es schmerzt bei A!	
	INHALT · Gleichgewichtsfähigkeit/Kraft		
	VER-HALTEN · Wie findet ihr das Gleichgewicht?		
940	SCHULTER-KNIESTAND	Wie bei "Doppeldecker-Kniestand", aber nun stützt B mit den Händen vor A auf dem Boden und mit einem Knie auf den Schultern von A. Var.: Beide versuchen, die gestreckten Beine gleichzeitig in allen Richtungen zu bewegen (auf- und abwärts, kreisen usw.).	
	INHALT · Gleichgewichtsfähigkeit		
	VER-HALTEN · Miteinander im Gleichgewicht		
941	KNIE-HOCHSTAND	A in Bankstellung rücklings, B steht balancierend auf den Knien von A. Könnt ihr miteinander so vw laufen?	
	INHALT · Gleichgewichtsfähigkeit		
	VER-HALTEN · Harmoniert ihr miteinander?		
942	KNIE-HANDSTAND	A im Einbeinkniestand, ein Bein aufgestellt, so dass der Oberschenkel waagrecht steht. B schwingt sich mit Schwung auf dem Oberschenkel von A in den Handstand. A hilft beim Aufschwingen und Stützen. Anfänglich empfiehlt es sich, einen weiteren Helfer C einzusetzen!	
	INHALT · Gleichgewichtsfähigkeit/Kraft		
	VER-HALTEN · Gegenseitig vertrauen		

Nr.	Name der Spielform / Ziele / Akzente	Idee / Beschreibung	Hinweise / Organisation
943	FUSS-HANDSTAND	A im Kniestand, Arme in Hochhalte. Nun schwingt B auf den Fesseln von A (also "hinter A") in den Spreizhandstand. A versucht, das hintere Bein von B zu fassen. Hinweis: Langsam in den Handstand schwingen!	
	INHALT · Differenzierungs-fähigkeit		
	VER-HALTEN · Mut und Vertrauen		
944	DOPPEL-SEITLIEGESTUETZ	A und B im einbeinigen Seitliegestütz gegenüber versetzt, so dass beide mit der freien Hand das in der Luft gestreckte Bein des anderen halten können. Könnt ihr so vw marschieren?	
	INHALT · Gleichgewichts-fähigkeit		
	VER-HALTEN · Den Partner "spüren"		
945	SCHULTER-BRUECKE	A und B in Bankstellung voreinander, die Hände über die Schultern des anderen gelegt. Nun stellt sich C mit je einem Fuss auf die Rücken von A und B und sucht das Gleichgewicht. Gelingt dies gut, dann versuchen A und B, sich leicht zu bewegen. Kann C trotzdem noch auf den Rücken stehen, ohne zu fallen?	
	INHALT · Gleichgewichts-fähigkeit/Kraft		
	VER-HALTEN · Kräfte des andern spüren		
946	RADFAHREN VERKEHRT	Ausgangsstellung von A und B wie bei "Schulter-Brücke". Aber jetzt legt sich C rücklings auf die Rücken von A und B. A und B versuchen durch leichtes, gemeinsames Bewegen, C vom Rücken zu werfen.	
	INHALT · Orientierungs-fähigkeit		
	VER-HALTEN · Spass am Experi-mentieren zu dritt		
947	IM 3.STOCKWERK	A und B in Bankstellung eng nebeneinander. C in Bankstellung auf den Rücken von A und B. Gelingt es nun D, auf dem Rücken von C stehend zu balancieren, ohne zu fallen? Kann sich das ganze Reitergespann langsam vorwärts bewegen, ohne den Artisten D zu verlieren? Wer kann am längsten stehen?	
	INHALT · Gleichgewichts-fähigkeit		
	VER-HALTEN · Dosierung des andern spüren		

7.1 KOOPERIEREN / ohne Material (Akrobatikformen zu zweit, dritt und viert)

Nr.	Name der Spielform / Ziele / Akzente	Idee / Beschreibung	Hinweise / Organisation
948	STUETZ-STAND-KOMBINATION	A in Bankstellung, B steht aufrecht auf dem Rücken von A. C und D gehen links und rechts von A und B in Liegestütz. B versucht, die Füsse von C und D zu halten. Anfänglich C und D langsam nacheinander, schliesslich C und D miteinander!	
	INHALT: Stützen und Spannen		
	VERHALTEN: Gemeinsam im Gleichgewicht		
949	HAND-KNIESTAND	A und B in Rückenlage gegenüber. Kopf an Kopf, Arme in Vorhalte. C macht eine Kniestandwaage (oder beidbeinige Bankstellung) auf den Händen von A und B. Gelingt es A und B sogar, C wie in einem Lift langsam zu heben und zu senken? Var.: C bestimmt: AUF! ....AB!.....STOP!... usw.	
	INHALT: Stützkraft Arme Gleichgewicht		
	VERHALTEN: Spass im Krafttraining		
950	HAND-KNIESTAND IM 2. STOCK	A und B im Kniestand gegenüber, Arme in Hochhalte. C macht eine Kniestandwaage (oder beidbeinige Bankstellung) auf den Händen von A und B. Funktioniert auch bei dieser Form der Lift (siehe oben)? Gelingt dies auch, wenn A und B stehen? Vorsicht bei A und B: Gut spannen, gerader Rücken!	
	INHALT: Stützkraft Arme Kraft Rumpf		
	VERHALTEN: Arbeit "teilen" Sehr gut spannen		
951	OBERSCHENKEL-HANDSTAND	A in leichter Hocke (evtl. gegen eine Wand). B steht auf die Oberschenkel von A und wird von A um die Hüften gehalten. C schwingt nun gegen B in den Handstand und wird von B gehalten. Welche Pyramide steht am schnellsten?	
	INHALT: Spannung und Gleichgewicht		
	VERHALTEN: Einander helfen, unterstützen		
952	OBERSCHENKELSTAND-HANDSTAND-KOMBIN.	A in Grätschstellung, Gewicht auf dem rechten Bein. Der rechte Oberschenkel steht beinahe waagrecht. Nun steigt B auf den rechten Oberschenkel von A und wird gleichzeitig von A gehalten. Schliesslich schwingt C in den Handstand und wird von B gehalten. Zirkusreif?	
	INHALT: Gleichgewichtsfähigkeit/Kraft		
	VERHALTEN: Gegenseitiges Vertrauen		

Nr.	Name der Spielform / Ziele / Akzente	Idee / Beschreibung	Hinweise / Organisation
953	BALLTRANSPORT-STAFETTE	3er- bis 6er-Gruppen: Je einer der Gruppe soll 3 bis 5 verschiedene Bälle ins Ziel tragen und dabei von den Mitspielern selbst getragen werden. Die Stafette ist fertig, wenn jeder der Gruppe die Bälle 1x getragen hat. Fällt ein Ball zu Boden, muss die Gruppe mit allen Bällen zurück zum Start.	
	INHALT: Kraftausdauer Koordination		
	VER-HALTEN: Miteinander		
954	BALL GEGEN BALL	Vierergruppen, jeder mit einem Medizinball und pro Gruppe ein Gymnastikball (o.ä.).: Der Gymnastikball soll mit den Medizinbällen durch Schlagen und Stossen möglichst lange innerhalb der Gruppe in der Luft gehalten werden. Welche Gruppe schafft die meisten Zuspiele? Oder: Welche Gruppe macht in 60 sec die wenigsten Fehler?	
	INHALT: Koordinations-fähigkeit		
	VER-HALTEN: Schaffen wir es gemeinsam?		
955	KEIN BALL STIRBT	Jeder hat einen Ball und prellt diesen am Ort. Auf "Los" verlassen alle ihren Ball und stehen ausserhalb des Spielfeldes. Sobald ein Ball (in der Nähe) nicht mehr hochspringt, läuft einer hin, "kickt" den Ball wieder an und rennt wieder aus dem Feld. Auch als Wettbewerb.	
	INHALT: Reaktions- und Aktionsschnelligk.		
	VER-HALTEN: Peripheres Sehen		
956	KREISPRELLEN	Alle Schüler bilden einen Innenfrontkreis, jeder prellt im gleichen Rhythmus den Ball: 2x kurz, 1x lang. Bei 1x lang gibt es eine Verschiebung um einen (zwei) Platz nach re. Jeder übernimmt dort den Ball des Partners und dribbelt im gleichen Rhythmus (ohne Unterbrechung) weiter.	
	INHALT: Rhythmisierungs-fähigkeit		
	VER-HALTEN: Eine Aufgabe gemeinsam lösen		
957	RHYTHMUS FINDEN	Jeder Schüler prellt seinen Ball frei am Ort oder in der Fortbewegung. Prellend versucht die Klasse, ein gemeinsames Metrum zu finden. - Auch mit einfachen Rhythmen, z.B. kurz-kurz-lang. - Wer setzt "seinen" Rhythmus durch?	
	INHALT: Rhythmisierungs-fähigkeit		
	VER-HALTEN: Auf andere hören und reagieren		

7.2 KOOPERIEREN / Bälle

Nr.	Name der Spielform / Ziele / Akzente	Idee / Beschreibung	Hinweise / Organisation
958	FOERDERBAND	Ein Schüler legt sich auf 2 bis 3 hintereinanderliegende Medizin-bälle und rollt darauf vw. Ein oder zwei Helfer tragen rasch die hinten freiwerdenden Bälle nach vorn, damit der Turnende weiter-befördert werden kann.	
	INHALT: Gleichgewichts-fähigkeit		
	VER-HALTEN: Jeder hilft dem andern		
959	KONTAKTE	Jeweils zwei Schüler stehen Rücken an Rücken. Ein Medizinball klemmt in Hüfthöhe zwischen den beiden Partnern. Beide drehen sich um die eigene Achse, der eine nach li, der andere nach re. Der Ball darf nicht zu Boden fallen. - Dito, mit verschiedenen Bällen (bis Tennisball). - Dito, mit Fortbewegung oder mit Lageveränderungen.	
	INHALT: Orientierungs-fähigkeit		
	VER-HALTEN: Druck und Gegen-druck spüren		
960	KONTAKTE MIT FIGUREN	A und B klemmen einen Ball zwischen ihre Bäuche (oder Rücken): Nach Vorgabe des Lehrers werden mit dem eingeklemmten Ball Figuren, Zahlen oder Buchstaben in den Raum "gezeichnet", ohne dass der Ball dabei herunterfällt.	
	INHALT: Orientierungs- und Differenzierungsf.		
	VER-HALTEN: Druck geben und aufnehmen lernen		
961	KOPFBALL-TRANSPORT	Zu zweit gegenüber im Liegestütz, einen Ball zwischen die Köpfe geklemmt. Welches Paar kann so eine bestimmte Strecke zurück-legen, ohne den Ball zu verlieren? - Auch über leichte Hindernisse.	
	INHALT: Stützkraft und Körpergefühl		
	VER-HALTEN: Druck und Gegen-druck spüren lernen		
962	BALL TREFFEN	Jeder dribbelt frei in der Halle mit seinem Ball. Kommt ein Mit-spieler entgegen, werfen beide ihren Ball so gegeneinander, dass die Bälle sich treffen und wieder zurückprallen. Var.: Nur rechts, nur links, beidhändig werfen erlaubt! Wer schafft am meisten Treffer?	
	INHALT: Orientierungs-fähigkeit, Timing		
	VER-HALTEN: Fairness, auch ohne Schiedsrichter!		

Nr.	Name der Spielform / Ziele / Akzente	Idee / Beschreibung	Hinweise / Organisation
963	BALL GIBT SCHUTZ	Ein bis drei Fänger ohne Ball versuchen, die übrigen Spieler (Hasen) zu berühren. Die Hasen haben 1 bis 3 Bälle, die sie sich zupassen können. Wer den Ball besitzt, kann nicht gefangen werden.	
INHALT	Peripheres Sehen Taktik im Zuspiel		
VER-HALTEN	Spieler und Ball beobachten lernen		
964	BALL-STAFETTE	Pro Gruppe 6 bis 8 Teilnehmer, jeder mit einem Medizinball: A läuft zur anderen Seite, legt seinen Ball nieder und läuft zurück. Dann laufen A und B gemeinsam, B legt seinen Ball ab - zurück... Es wird immer ein "Wagen" mehr angehängt.	
INHALT	Kraft-ausdauer		
VER-HALTEN	Spass in der Gruppe	Welche Gruppe hat zuerst alle Medizinbälle hinter der Linie?	
965	MEDIZINBALL-STAFETTE	Aufgabe wie oben, aber welche Gruppe hat aus den Bällen zuerst eine (die höchste) Pyramide aufgetürmt? Die Pyramide muss 3 sec lang freistehen können. Je nach Abmachung darf die Wand als Stütze miteinbezogen werden.	
INHALT	Kraft- und Schnel-ligkeitsausdauer		
VER-HALTEN	Nach gemeinsamer Taktik kämpfen		
966	MEDIZINBALL-TRANSPORT	2er- oder 3er-Gruppen: Jede Gruppe soll versuchen, einen Medizinball durch die Halle zu transportieren. Dabei dürfen während des Transportes weder die Hände den Ball noch die Fussohlen des Ballträgers den Boden berühren. Der Ball muss zusammen mit den Trägern am Ziel ankommen.	
INHALT	Je nach Lösung der Aufgabe!		
VER-HALTEN	Phantasie	Bewertung: Auf Zeit oder Originalität.	
967	BALL-LAUF	A im Liegestütz rücklings. B legt erst einen Ball unter den linken Fuss von A, dann einen zweiten unter den rechten Fuss. Nun hebt A seinen linken Fuss und B legt den Ball etwas weiter vorne hin. A stützt wieder auf den Ball, hebt seinen rechten Fuss, B legt den Ball etwas weiter vorne unter den rechten Fuss von A usw.	
INHALT	Stützkraft der Arme		
VER-HALTEN	Gutes Teamwork!	Welcher Zweiergruppe gelingt dies über eine gewisse Strecke?	

7.3 KOOPERIEREN / Springseil

Nr.	Name der Spielform / Ziele / Akzente	Idee / Beschreibung	Hinweise / Organisation
968	MEHRFACH-SEILSPRINGEN	Verschiedenste Formen von Seilspringen zu zweit oder zu dritt. Siehe im Kapitel "Springen". Z.B.: 3er-Gruppen mit drei Seilen nebeneinander. Jeder hält je ein eigenes und ein fremdes Seilende. Versucht so miteinander zu springen!	
	INHALT: Rhythmisierungs-fähigkeit		
	VER-HALTEN: Sich dem Partner anpassen können		
969	SEILTAENZER	Zwei Gruppen spannen ein Schwungseil 10 bis 20 cm über dem Boden. Ein "Seiltänzer" balanciert darauf oder versucht darüberzugehen.	
	INHALT: Kraft (Gruppe) Gleichgewichtsf.		
	VER-HALTEN: Vertrauen in die Gruppe		
970	DOPPELSEIL-SPRUNG	A + B schwingen ein Schwungseil. C versucht den Schwung so auszunutzen, dass er seilspringend zwischen A + B kommt.	
	INHALT: Rhythmisierungs-fähigkeit		
	VER-HALTEN: Gemeinsam etwas erproben/üben		
971	SEILSCHWUNG-TOR	Bevor ein Sprung (Pferdsprung, Hochsprung, Weitsprung, Minitramp-Sprung o.ä.) ausgeführt wird, muss durch ein schwingendes Seil gelaufen werden. Var.: Mehrere schwingende Seile müssen vor dem Sprung durchlaufen werden.	
	INHALT: Orientierungs- und Rhythmisierungsf.		
	VER-HALTEN: Mut zum (kalkulier-baren) Risiko		
972	3ER-WECHSEL OHNE HALT	A und B schwingen das Seil. C springt im Seil. C springt aus dem Seil, übernimmt das Seilende von B, B springt hinein usw. Auch als Wettbewerb! - Dito, aber alle müssen immer im Metrum hüpfen und zudem sollte das Seil immer geschwungen werden. Wie lange schafft ihr es?	
	INHALT: Rhythmisierungs-fähigkeit		
	VER-HALTEN: Gute Zusammenarbeit Spass		

Nr.	Name der Spielform / Ziele / Akzente	Idee / Beschreibung	Hinweise / Organisation
973	STABWECHSEL	8 bis 10 Spieler bilden einen Kreis. Jeder hält seinen Stab in der re Hand. Auf Kommando werden die Stäbe in einer Richtung gleichzeitig weitergeworfen (oder weitergereicht). "Hopp" = nach re, "Hipp" = nach li. Die Aufgabe besteht darin, den Stab auf die eine Seite zu fangen, ohne dass ein Stab zu Boden fällt.	
INHALT	Orientierungsfähigkeit		
VER-HALTEN	Konzentration		
974	HIPP ODER HOPP	Die Stäbe werden nicht geworfen oder übergeben, sondern senkrecht auf den Boden gestellt. Auf "Hipp" oder "Hopp" lässt jeder seinen Stab los und versucht, denjenigen seines Nachbarn noch zu erwischen, bevor er zu Boden fällt. - Dito, aber Stabwechsel in freier Aufstellung: Auf Zeichen muss jeder seinen Stab loslassen und zu einem anderen Stab wechseln.	
INHALT	Reaktionsfähigkeit		
VER-HALTEN	Konzentration		
975	FECHTEN	A und B machen einen Fechtkampf gegeneinander, führen aber alle Schläge in Zeitlupentempo aus. - Dito, aber eine feste Schlagfolge in Zeitlupe einüben: Ausweichen, Ducken, Ueberspringen, Abblocken .. - Diese Folge wird zur Musik rhythmisiert. - Wenn die Folge gut beherrscht wird, wird das Tempo verdoppelt.	
INHALT	Geschicklichkeit Reaktionsfähigkeit		
VER-HALTEN	Spass trotz (fairem) Wettstreit		
976	DIE WAAGE HALTEN	A und B versuchen, C immer im Gleichgewicht zu halten. C erschwert dies, indem er die (gespannte) Körperlage, z.B. durch Anziehen eines Armes o.ä. laufend verändert.	
INHALT	Körperspannung Kraft Arme (Helfer)		
VER-HALTEN	Vertrauen		
977	RAD-FOERDERBAND	A und B halten 2 Stäbe senkrecht übereinander. C führt einen Handstand aus und lässt sich von A und B mittels der Stäbe langsam "überschlagen". (Anfänglich nur mit dem oberen Stab; die freie Hand der Helfer fasst an den Schultern des Radschlagenden).	
INHALT	Schulung Handstand-Ueberschlag		
VER-HALTEN	Vertrauen		

Nr.	Name der Spielform / Ziele / Akzente	Idee / Beschreibung	Hinweise / Organisation
978	LAUFSTAFETTEN	Laufstafetten mit einem oder mehreren Hindernissen (= Bänken) und verschiedenen Aufgaben, die gruppenweise gelöst werden müssen: Z.B.	
INHALT	Schnelligkeits-ausdauer	- Die Gruppenmitglieder sind durch Sprungseile oder Bänder mit-einander verbunden (Schlange).	
VER-HALTEN	Spass in der Gruppe	- Ein Gruppenmitglied muss getragen werden. - Ueber die erste Bank laufen, die zweite hinter die Startlinie tragen und sich daraufstellen.	
979	TRANSPORTSTAFETTE	Die Gruppen stehen hinter der Grundlinie der Hallenlängsseite. Auf der gegenüberliegenden Seite jeder Gruppe steht je eine Bank quer. Auf Zeichen laufen die Gruppen zu ihrer Bank, führen eine bestimmte Uebung an der Bank aus (z.B. Ueberspringen, Durchkriechen, Ueber-laufen), dann wird die Bank gemeinsam auf die andere Seite ge-tragen und alle stehen auf die Bank.	
INHALT	Kraft-ausdauer		
VER-HALTEN	Gemeinsam fair wetteifern	- Mit verschiedenen Fortbewegungsarten.	
980	BANK AUFHEBEN	Mehrere Schüler gleicher Grösse hintereinander im Querstand neben der Bank: Hebt die Bank über euere Köpfe und stellt sie auf der anderen Seite sorgfältig wieder ab! Wie müsst ihr die Bank er-greifen, wenn ihr die Ausgangsstellung nicht ändern wollt?	
INHALT	Kraft Arm- und Rumpfmuskulatur		
VER-HALTEN	Gut koordinierte Zusammenarbeit	- Auch fortgesetzt mit Ueberspringen der Bank, ohne Frontwechsel oder die Bank loszulassen.	
981	BEWEGEN MIT DER BANK	3 bis 4 Schüler gleicher Grösse tragen die Bank in der Hochhalte: Setzt euch, kniet euch nieder, legt euch auf den Rücken, ohne dass die Bank den Boden berührt!	
INHALT	Kraft Arm- und Rumpfmuskulatur	Findet ihr weitere Formen?	
VER-HALTEN	Spass am Fitness-training		
982	AEGYPTISCHES TRANSPORTRENNEN	Pro Gruppe 4 bis 6 Schüler. Eine umgedrehte Langbank, auf der ein "König" sitzt, wird mittels 6 Stäben zum anderen Ende der Halle befördert. Die freigewordenen Stäbe werden laufend wieder nach vorne gebracht. Die Bank darf den Boden nie berühren. Jeder soll einmal transportiert werden. Welche Gruppe ist zuerst fertig?	
INHALT	Koordination Dosierte Kraft		
VER-HALTEN	Gute Zusammen-arbeit		

Nr.	Name der Spielform / Ziele / Akzente	Idee / Beschreibung	Hinweise / Organisation
983	PLATZWECHSEL	Zu zweit auf gleicher Höhe an der Sprossenwand. Wechselt eure Plätze! - Mit Hilfe der Füsse (Abstützen erlaubt/nicht erlaubt). - Gelingt dies auch, wenn drei Schüler sich kreuzen? - Oder sogar eine ganze Gruppe?	
INHALT	Orientierungs-fähigkeit		
VER-HALTEN	Aufeinander Rück-sicht nehmen		
984	KAMINKLETTERN	Zu zweit: Innen am Partner hinunter- und aussen über den Partner wieder hinaufklettern. Auch umgekehrt. Var.: Als Zweier-Gruppenwettbewerb: Wie oft könnt ihr während zwei Minuten über- bzw. untereinander durchklettern?	
INHALT	Differenzierungs-Orientierungsfäh.		
VER-HALTEN	Gutes Teamwork		
985	SCHWEBEKLETTERN	Ein Mitglied der Gruppe wird über den Köpfen der Helfer sw trans-portiert. Dieser "schwebende Kletterer" hält sich mit den Händen an der Sprossenwand und "wandert" seitwärts. Var.: Der Kletterer wird nur auf den Füssen der Helfer, welche in Rückenlage die Füsse hochhalten, "getragen".	
INHALT	Körperspannung Orientierungsf.		
VER-HALTEN	Gegenseitiges Ver-trauen ist alles!		
986	MUTIGER BERGSTEIGER	Wem gelingt es, sich an der Sprossenwand um 360° zu drehen. Anfänglich mit Hilfe der Partner, die sichern, stützen, drücken. Geht es auch alleine?	
INHALT	Kraft Arme Orientierungsf.		
VER-HALTEN	Mut und Vertrauen		
987	HILFE, ICH FALLE!	Einer steht auf der untersten Sprosse und lässt sich (ganz gespannt) rw fallen. Die andern (2-4) Helfer fangen den Fallenden sicher auf.	
INHALT	Körper-spannung		
VER-HALTEN	Etwas riskieren Viel vertrauen		

Nr.	Name der Spielform / Ziele / Akzente	Idee / Beschreibung	Hinweise / Organisation
988	4-WAENDE-LAUF	Gruppen zu 4 bis 6 Spieler sitzen je um ein Gerät (z.B. um eine Matte) herum im Schneidersitz. Die Arme sind gekreuzt und halten mit der rechten Hand den linken Fuss des Nebenmannes fest. Auf Signal starten alle, berühren alle vier Wände der Halle und setzen sich wieder in die Ausgangsposition. Welche Gruppe ist zuerst wieder am alten Platz?	
INHALT	Reaktions- und Aktionsschnelligk.		
VER-HALTEN	Regeln einhalten Gut absprechen		
989	GRUPPENBILD	3er- oder 4er-Gruppen laufen frei zur Musik durch die Halle. Bei Musikstop (sofern ohne Musik bei Signal) erstarrt die Gruppe sofort auf einem Gerät zu einem (vorgängig abgesprochenen und eingeübten) Gruppenbild. Sobald die Musik wieder ertönt weiterlaufen; bis zu diesem Moment bleiben aber alle erstarrt bis hinaus zu den Fingerspitzen!	
INHALT	Körperspannung Orientierungsf.		
VER-HALTEN	Gegenseitig ab-sprechen		
990	MATTENBALL-SCHLEUDERN	4er-Gruppen mit je zwei Matten versuchen, einen Ball über eine bestimmte Distanz zu schleudern und wieder aufzufangen. Gelingt dies, so spielen sich die Paare den Ball gegenseitig zu und versuchen wiederum, den Ball der anderen Gruppe zu fangen. Var.: Als Endloskette: A und B schleudern den Ball zu C und D und überholen C und D. Dann werfen C und D den Ball zu A und B usw.	
INHALT	Gut koordinierte Kraft		
VER-HALTEN	Schleuderrhythmus vereinbaren		
991	BALLTRANSPORT	2er- (4er-)-Gruppen: Die Gruppen sollen verschiedene Bälle auf einer Matte gleichzeitig durch einen kleinen Parcours (um die anderen Geräte herum etc.) oder über eine bestimmte Strecke transportieren. Heruntergefallene Bälle müssen einzeln mit der Matte ins Ziel getragen werden (und dürfen nur mit dem Fuss auf die Matte befördert werden).	
INHALT	Kraft-ausdauer		
VER-HALTEN	Taktik des Tragens besprechen		
992	BOBFAHREN	Zwei Schüler laufen in einem Kastenteil ("Bob") über eine vor-geschriebene Strecke (evtl. mit Hindernissen). - Frei durch die Halle. - Als Stafette hin und zurück, evtl. mit Platzwechseln nach der Hälfte der Strecke. - Verschiedene Fortbewegungsarten vorschreiben: vw, rw, evtl. hüpfen	
INHALT	Schnelligkeits-ausdauer		
VER-HALTEN	Zweier-Bob ist Teamwork!		

Kapitel 8

**Organisationsformen zum
Aufwärmen, einmal anders**

Organisationsformen zum Aufwärmen, einmal anders

Name der Organisationsform / Ziele / Akzente	Idee / Beschreibung	Hinweise / Organisation
In dieser Spalte geben wir jeder Organisationsform einen Namen und versuchen gleichzeitig, darauf hin- zuweisen, welche Ziele oder Akzente bei dieser oder jener Form gesetzt werden könnten.	Einlaufen, aufwärmen.... wie organisieren? Kleine Aenderungen in der Organisation des Aufwärmens können (und sollen!) dazu beitragen, die Bereitschaft zum Mitmachen zu steigern. Mit den folgenden - vielleicht nicht alltäglichen - Organisationsformen möchten wir zeigen, wie ins Auf- wärmen ein "roter Faden" gebracht werden kann. Viele der Spiel- und Uebungsformen aus den vorangegangenen Kapiteln lassen sich in einer der folgenden Organi- sationsform "verpacken". Oft würde es schon genügen, die Sozialform leicht zu verändern, um eben das Aufwärmen attraktiver zu gestalten. Wie wärs?	Wie in den vorangegangenen Spiel- und Uebungsformen sollen einfache Skizzen in dieser Spalte zu einem besseren Verständnis der Organisations- beschreibung beitragen.
EINLAUFEN MIT WUERFELN Vor allem für Formen des Laufens oder Hüpfens in der Gruppe.	4er-Gruppen, jede Gruppe mit einem Würfel, einem Papier und einem Bleistift ausgerüstet: Auf Pfiff laufen alle Gruppen eine bekannte (oder neu ausgesteckte) Runde (ca. 200 m, je nach den gegebenen Platzverhältnissen). Danach darf jedes Gruppenmitglied einmal würfeln und seine Zahl zum bereits Gewürfelten dazuzählen. Darauf wird wieder eine Runde gelaufen und anschliessend gewürfelt. Welche Gruppe erreicht zuerst 100 Punkte? Var.: Welche Gruppe erreicht zuerst genau 100 Punkte? Bei dieser Form wird solange gewürfelt (bzw. gelaufen und danach gewürfelt), bis die Zahl 100 genau erreicht wird. Beispiel: 98, dann würfelt jemand 5 = 103, dann jemand 3 = 100 ... fertig!	
DER WUERFEL BESTIMMT Als Variation zu ver- schiedenen Lauf- und Hüpfformen. Der Zufall spielt mit!	3er-, 4er- oder 5er-Gruppen mit je einem Würfel ausge- rüstet: Die gewürfelte Zahl bestimmt, wie die nächste Runde (oder Strecke) gelaufen oder gehüpft werden muss. Die jeweilige Aufgabe wird von allen ausgeführt, z.B.:	Beispiele: 1er: Auf einem Bein hüpfen 2er: Auf zwei Beinen hüpfen (gleichz.) 3er: Auf zwei Beinen und einer Hand 4er: Auf allen Vieren laufen 5er: Ganze Gruppe läuft als Kreis 6er: Ein Mitglied wird getragen usw.

Name der Organisationsform / Ziele / Akzente	Idee / Beschreibung	Hinweise / Organisation
WUERFELPARCOURS Je nach Uebungsauswahl kann das Ziel ein gesamtes Aufwärmen sein oder ein Teil daraus (z.B. nur Kräftigungsübungen).	Gruppenweise oder einzeln: Die gewürfelte Zahl bestimmt, welche Uebung als nächstes geturnt wird, z.B.: 1er: 2 Runden traben 2er: 10x Liegestütz 3er: 20x Rumpfheben aus der Rückenlage (Beine angezogen) 4er: 40x Seilspringen (40 Durchzüge) 5er: Beliebige Stretchingposition einnehmen und (leise) die 12er-Reihe aufsagen (1x12=12/2x12=24....) 6er: Eine Breite Froschhüpfen Das ganze "Programm" kann auch mit zwei Würfeln gespielt werden. Somit muss die Uebungsauswahl auf 11 erhöht werden. Es ist ferner möglich, einen Jocker einzubauen. Dieser Jocker (z.B. die Zahl 2x6, also 2 Sechser mit einem Wurf) berechtigt zu einer freien Uebung (oder zum Ausruhen!). Das ganze Programm durch usw.! Var.: Wer hat zuerst das ganze Programm durch usw.!	
KREIS-IMPROVISATIONEN Alle denken und machen mit, Hemmungen überwinden lernen.	Die Schüler stehen in einem möglichst grossen Innenfrontkreis. Ein Spieler beginnt, indem er bis zur Mitte des Kreises und wieder zurück irgendeine Bewegungsart vorzeigt, welche die anderen Schüler, ebenfalls bis zur Mitte und wieder zurück, gemeinsam nachmachen. Nun folgt ein anderer Schüler mit Vorzeigen. Var.: - Dito, aber in einem zweiten Teil werden vorwiegend gymnastische Uebungen vorgezeigt usw.	
PARTNERUEBUNGEN IM DOPPELKREIS Mögliche Ziele: Dehn- und Kräftigungsgymnastik, Kampf- und Raufspiele. Fördern der Sozialbezüge: Miteinander und gegeneinander!	Die Schüler stellen sich im Doppelkreis zu zweit gegenüber auf. Es werden verschiedenste Partnerübungen ausgeführt: Dehnen, Kräftigen, Partner-Kampfspiele. Nach jeder Uebung werden die Partner gewechselt: Der innere Kreis bleibt stehen, der äussere verschiebt sich um eine Position nach rechts und es beginnt von neuem. Var.: - Der Leiter bestimmt die Uebungen - Ein Teilnehmer beginnt. Danach (nach dem Wechsel) darf dieser einen neuen "Oberturner" bestimmen.	

Organisationsformen zum Aufwärmen, einmal anders

Name der Organisationsform / Ziele / Akzente	Idee / Beschreibung	Hinweise / Organisation
LOTTO 1 Je nach Zielsetzung und Belastungsmass ergeben sich daraus entsprechende Uebungen. Fairness ... auch ohne Kontrolle	Grundidee wie beim Würfelparcours: Jede Zahl bedeutet eine bestimmte Uebung. Jeder Schüler erhält bei Beginn einen "Lottoschein" und versucht, möglichst rasch alle Zahlen auf diesem Schein durchgestrichen zu haben. Würfelt z.B. ein Spieler eine Drei, so streicht er die Drei auf seinem Lottozettel, führt die entsprechende Uebung aus und darf dann wieder würfeln. Würfelt er nun aber eine Zahl, die er bereits gestrichen hat (z.B. in unserem Fall wiederum eine Drei), so muss er Uebung drei trotzdem ausführen, kann aber über der bereits gestrichenen Zahl einen Punkt anbringen. Sieger ist, wer zuerst alle Zahlen auf dem Lottoschein gestrichen oder über einer (gestrichenen!) Zahl drei Punkte angezeichnet hat (d.h.: Diese Uebung wurde 4x gewürfelt..... und somit auch 4x ausgeführt!).	
LOTTO 2 Verschiedenste Varianten, wie bei Lotto 1!	Diese Form läuft gleich wie Lotto 1, aber der Lottozettel ist etwas komplizierter (und lässt dementsprechend mehr Möglichkeiten zu): Würfelt ein Spieler z.B. eine Eins, so streicht er alle 1er auf dem Zettel durch und führt Uebung 1 aus. Ziel ist es, möglichst rasch alle Zahlen einer Kolonne durchgestrichen zu haben. Dabei gelten: - Alle waagrechten Kolonnen oder - Alle senkrechten Kolonnen oder - Die Diagonalen Wer zuerst alle Zahlen einer Kolonne gestrichen hat oder über einer Zahl 3 Punkte machen konnte, hat gewonnen. Var.: Spiel mit zwei Würfeln. Der Lottoschein muss nun Zahlen von 2-12 aufweisen. Entsprechend müssen 11 Uebungen (anstatt 6 bei einem Würfel) ausgedacht werden!	

Name der Organisationsform / Ziele / Akzente	Idee / Beschreibung	Hinweise / Organisation
DAS LOS BESTIMMT! Ganzes Aufwärmprogramm möglich! Akzente, Ziele und Belastungsmass auf die Trainingsgruppe abstimmen!	In einer Schachtel befinden sich Lose mit - dem Könnensstand der Teilnehmer angepassten - Aufgaben. Die Spieler ziehen einzeln, paarweise oder in kleinen Gruppen ein Los, führen die entsprechende Uebung aus und ziehen das nächste Los. Sind alle Lose gezogen, ist das Aufwärmen beendet. Es ist von Vorteil, auf den Losen auch anzugeben, wo die entsprechenden Uebungen geturnt werden sollen (z.B. grosse Skizze auf Packpapier oder Tafel). Damit kann im Freien das ganze Areal ausgenützt werden. Zudem kommen die Spieler somit zwischen den einzelnen Uebungen (je nach Streckenlänge) zum Laufen. Var.: Das Gleiche kann auch mit einer (oder mehreren) Lottokarte(n) durchgeführt werden: Die Kärtchen werden nacheinander (in freier Reihenfolge) aufgedeckt und die entsprechende Uebung geturnt. Hat eine Gruppe alle Kärtchen aufgedeckt, ist das Aufwärmen beendet. Welche Gruppe ist zuerst fertig?	
ZEHNERLEI Akzente, Ziele beliebig wie bei "Das Los bestimmt"	Dieses Einlaufen besteht aus 10 Uebungen, welche nacheinander von der ganzen Klasse geturnt werden, und zwar die erste Uebung mit 10 Wiederholungen, die zweite mit 9 usw. bis zur letzten Aufgabe, welche jeder 1x ausführt. Beispiel: 10x: Eine kleine Runde laufen (50 - 100 m) 9x: An der Sprossenwand im Hang rücklings die Beine anheben (Knie zu den Ohren) 8x: Liegestütz rücklings, ½ Drehung zum Liegestütz vorlings usw. 7x: Im Grätschsitz: Rumpfbeugen vw (links - Mitte - rechts = 1 x) 6x: 10 m Froschhüpfen 5x: Eine Länge Seilspringen 4x: Gegen die Wand in den Handstand schwingen, im Handstand ruhig auf 4 zählen = 1 x 3x: usw. Var.: Die Schüler bringen die 10erlei-Aufgaben!	1. = 10x 2. = 9x 3. = 8x 4. = 7x 5. = 6x 6. = 5x 7. = 4x 8. = 3x 9. = 2x 10. = 1x

Organisationsformen zum Aufwärmen, einmal anders

Name der Organisationsform / Ziele / Akzente	Idee / Beschreibung	Hinweise / Organisation
NON - STOP - LAUF Ganzes Aufwärmprogramm mit Schwerpunkt LAUFEN	4er-Gruppen bestreiten ein vom Trainer (Lehrer) genau festgelegtes Einlaufprogramm mit Dehn- und Kräftigungsübungen. Diese Uebungen sind allen bestens vertraut. Einer der Gruppe muss immer auf der Rundbahn am Laufen sein. Die Läufer können sich in frei gewählten Abständen ablösen. Bei Beginn des Einlaufens wird die Zeit bekanntgegeben.	
PYRAMIDEN - LAUF Ganzes Aufwärmprogramm mit Schwerpunkt LAUFEN	Die ganze Klasse (Riege) turnt gemeinsam ein. Nach jeder (oder jeder zweiten) zweckgymnastischen Uebung werden Runden zu ca. 100 m gelaufen, und zwar nach der ersten Uebung 1 Runde, nach der zweiten 2 Runden usw. bis 4 Runden. Ab der vierten Runde wird die Rundenzahl wieder verringert. Die Streckenlänge und das Tempo soll dem Trainingszustand der Gruppe angepasst werden.	 3 Runden
MITEINANDER Ganzes Aufwärmprogramm mit verschiedenen Schwerpunkten möglich. Immer mit Partnerbezug!	Die Gruppe (Klasse) stellt sich paarweise auf den gegenüberliegenden Längs- oder Querseiten auf. Die Partner laufen aufeinander zu, führen in der Mitte eine vorgegebene Uebung gemeinsam aus und laufen zur andern Hallenseite zurück. Var.: Jede Zweiergruppe denkt sich (bei einer vom Lehrer vorgegebenen Zielsetzung wie z.B. Kräftigung der Bauchmuskulatur) eine Uebung aus. Wer findet (k)eine?	
BEINAHE WIE UEBLICH! Ein "übliches" Aufwärmprogramm wird in ein Spiel oder in eine Spielform integriert.	Wir spielen z.B. Schnappball, Fussball o.ä. in kleinen Gruppen. Nach einem bestimmten Zeitintervall oder nach einem Torerfolg der einen oder anderen Mannschaft wird eine vom Leiter vorgegebene Uebung ausgeführt. Die ausgewählten Uebungen sollen einen Bezug zum folgenden Hauptteil der Sportstunde haben.	Mögliche Organisationsform: Die Mannschaft, welche ein Tor erzielt hat, darf die Uebung bestimmen oder: Die Mannschaft, welche ein Tor "erhalten" hat, muss die Uebung in doppelter Zahl ausführen.

Name der Organisationsform Ziele / Akzente	Idee / Beschreibung	Hinweise / Organisation
AUFWAERMEN MIT UND AN GERAETEN Je nach Könnensstand werden entsprechende Aufgabenstellungen ausgedacht.	Exemplarisch soll hier am Beispiel RECK gezeigt werden, wie sich sehr einfache, aber nicht minder wirksame Aufwärmprogramme gestalten lassen. Es werden 6 Recke auf drei verschiedenen Hüfthöhen aufgebaut. Die Schüler stellen sich in drei Kolonnen hinter die ihrer Grösse entsprechenden Stangen. Die Kolonnen laufen möglichst dicht hintereinander zur 1. Stange, führen dort nacheinander die geforderte Uebung aus, laufen zur Wand und zur 2. Stange, turnen dort die gleiche Uebung nochmals und stellen sich wieder auf ihre Ausgangsposition (siehe Skizze). Uebungsbeispiele: - Stange frei überwinden - Stange überqueren ohne Hilfe der Beine - Stange überqueren ohne Hilfe der Arme - Stange überspringen und mit einem Fuss abstossen zur weichen Landung (Hände auf den Boden!) - Hockwende über die Stange (Zwiegriff) - Flanke über die Stange (Reck nur mit einer Hand gefasst) - Stange überhocken, Uebergrätschen mit Partnerhilfe - Ueber die Stange balancieren (Rumpf stabil halten, nur mit den Händen das Gleichgewicht suchen) - Zu zweit auf der Stange balancieren: Wer bleibt von beiden länger oben? Welche Zweiergruppe bleibt am längsten im Gleichgewicht? - Liegehang: Liegestütz "verkehrt" - Liegestütz auf der Stange: Arme beugen und strecken. Der Partner hält die Füsse (... und geht gleichzeitig immer auch in die Knie) - Liegehang: Im Päckchen mit den Füssen zwischen den Armen durchschlüpfen - Seitwärts über die Stange stützeln - Verschiedene Dehnübungen lassen sich an den Stangen sehr gut ausführen, z.B.: Grätschwinkelstand, Stange in Hochhalte gefasst: Arm- und Brustmuskulatur dehnen - Verschiedenste Formen von Gruppenwettbewerben	

Bleib auf dem Teppich!

9. DIE 1000. IDEE: „Bleib auf dem Teppich" (Als Idee eines vollständigen Aufwärm-Programmes)

Nr.	Name der Spielform / Ziele / Akzente	Idee / Beschreibung	Hinweise / Organisation
993	TRETROLLER-FAHREN	Wir fahren Tretroller: - Durcheinander - Hin und her - In kleinen Wettbewerbsformen hin und her in der Breite der Sporthalle Var.: Diese oder ähnliche Uebungen können auch mit den folgenden kombiniert bzw. "gemischt" werden.	Material: Teppich - Resten (Musterstücke o.ä.)
INHALT	Laufen, Kreislauf anregen		
VER-HALTEN	Alle in Bewegung, Spass		
994	BODEN REINIGEN	Kniestand, Hände auf den Teppich aufgestützt. Nun den Teppich langsam nach vorne schieben und wieder zurück ziehen. Immer weiter vw und rw, immer mehr drücken ("reinigen"!) Var.: - "Staubsauger": A hebt die Beine von B und stösst bzw. zieht B in der ganzen Halle. Gegengleich! - Auch als Gruppenwettbewerb	
INHALT	Dehnen/Kräftigen der Rücken- und Bauchmuskulatur		
VER-HALTEN	Erproben, etwas riskieren		
995	WASSERSKI-FAHREN	A steht in der Hocke auf dem Teppich. B zieht (schleppt) A wie ein Motorboot. Wechsel. - Var.: - Gelingt dies auch, wenn A auf nur einem Bein steht ("Mono-Ski")? - Wer findet eigene "Wasserski-Formen"?	
INHALT	Kraft der Beine Gleichgewicht		
VER-HALTEN	Spass zu zweit Vertrauen		
996	SURFBRETT-START	Lege den Teppich in einem Abstand von ca. 5 m auf den Boden. Laufe (schnell) an und "lande" mit beiden Füssen (evtl. kurz nacheinander, denn so ist es einfacher!) auf dem Teppich. Versuche nun, möglichst eine lange Strecke zu gleiten. Steigere das Anlauftempo. Wer kann so am weitesten gleiten? Var.: Wer legt eine vorgegebene Strecke mit möglichst wenigen Surf-Starts zurück?	
INHALT	Koordination Kraft Beine		
VER-HALTEN	Mut zum Risiko		
997	RAUPE	A und B bilden eine Zweier-Gruppe (Raupe). Ausgangslage: Liegestütz, Hände und Füsse auf je einem Teppich-Stück (Teppich-Reststücke). Wir versuchen nun zu "robben". Nach fünfmaligem Robben mit Händen und Füssen (nacheinander) wird gewechselt. Welche Zweier-Gruppe hat zuerst eine vorgegebene Strecke (z.B. Hallenbreite) zurückgelegt?	
INHALT	Kräftigung Bauch Koordination		
VER-HALTEN	Fröhlicher Wett-streit/Regeln!		

10. (MEINE) TOP-AUFWÄRM-PROGRAMME

Zielgruppe, Anlage, Material, Dauer usw.	(Nummern-)Reihenfolge der Aufwärmprogramme aus dem Buch "1000 Spiel- und Uebungsformen zum Aufwärmen"								
998 9. Schuljahr / 18 Knaben / Hartplatz oder Halle / Handbälle / 15 Min.	73	554	567	702	804	242	/	/	/
999 5. Schuljahr / 24 Mädchen / Halle / Reifen / ca 20 Min.	134	727	728	581	585	136	583	/	/
1000 Freizeitsportler / ca 16 / Halle mit glattem Boden / 20 Teppichstücke 40 x 40 cm / 20 Min.	993	994	995	996	997	/	/	/	/
1001 usw.!									
1002									
1003									
1004									
1005									
1006									
1007									
1008									
1009									
1010									
1011									

EIGENE IDEEN (evtl. mehrfach fotokopieren und als Lektionspräparation verwenden)

Nr.	Name der Spielform Ziele / Akzente	Idee / Beschreibung	Hinweise / Organisation
INHALT			
VER-HALTEN			
INHALT			
VER-HALTEN			
INHALT			
VER-HALTEN			
INHALT			
VER-HALTEN			
INHALT			
VER-HALTEN			

EIGENE IDEEN (evtl. mehrfach fotokopieren und als Lektionspräparation verwenden)

Nr.	Name der Spielform / Ziele / Akzente	Idee / Beschreibung	Hinweise / Organisation

Literaturverzeichnis

BUCHER, W. (Hrsg.):
Reihe 16 000 Spiel- und Übungsformen, Hofmann-Verlag, Schorndorf 1980—1988.

EIDG. TURN- UND SPORTKOMMISSION:
Turnen und Sport in der Schule, Band 1/2/5, Eidg. Druck- und Materialzentrale, Bern 1978 (Bd. 1) 1975 (Bd. 2) 1982 (Bd. 5).

EIGENMANN, P.:
Hallenhandball, Skript Handball Damen, ETH Zürich 1984.

FILLIGER, F.:
Die Gruppenarbeit als Mittel zur Leistungsmotivation im Geräteturnen, Pohl-Verlag, Celle 1974.

FRANKE, K.:
Lachender Sport, Königsdorf-Verlag, Dreieich 1985.

GERLACH-RIECHARD, F.: Gymnastik, Körperschule die Spaß macht, Verlag Weinmann, Berlin 1984.

KOCH, K.:
Konditionsschulung für die Jugend, Hofmann-Verlag, Schorndorf 1967.

KOS, B., TEPLY, Z., VOLRAB, R.:
Gymnastik, 1200 Übungen, Sportverlag, Berlin 1971.

MÜHE, A.:
Zauberschnur, Zauberkreis, Ziehtau, Hofmann-Verlag, Schorndorf 1977.

MÜHLETHALER, U.:
Koordinative Fähigkeiten im Handball, in: Magglingen, 1987, Heft 8, S. 7—9.

RAMMLER, H., ZOLLER, H.:
Kleine Spiele wozu?, Verlag Limpert, Wiesbaden 1985.

RUTKOWSKI, M.:
1000 Spiel- und Übungsformen, Hofmann-Verlag, Schorndorf 1981.

SCHWOPE, F.:
Kompensatorischer Sport, Pohl-Verlag, Celle 1981.

SPRING, H. et al.:
Dehn- und Kräftigungsgymnastik, Thieme-Verlag, Stuttgart 1986.

Reihe PRAXISideen

Prof. Dr. Walter Brehm / Prof. Dr. Iris Pahmeier / Dr. Michael Tiemann

Gesund und Fit – Gesundheitssportprogramme für Erwachsene

Sportliche Aktivität kann vielfältige gesundheitsförderliche Potenzen haben, dies belegt der akutelle Forschungsstand eindeutig. Diese Potenzen kommen allerdings nur dann zum tragen, wenn Gesundheitswirkungen geplant und systematisch angesteuert werden und wenn eine solche gesundheitswirksame sportliche Aktivität zu einem Element des Verhaltens, bzw. des Lebensstils wird. In diesem Band wird das Konzept eines Gesundheitssports vorgestellt, der gleichermaßen auf Gesundheits-, Verhaltens-, und Verhältniswirkungen abzielt. Das Konzept wird an zwei Programmen für den Gesundheitssport im Verein sowie im Fitness-Studio konkretisiert, die in der Zwischenzeit vielfach erprobt und auch wissenschaftlich evaluiert worden sind.

DIN A5, 136 Seiten, ISBN 3-7780-0061-6
Bestell-Nr. 0061   € 14.90

Dr. Andreas Klee

Circuit-Training
2., unveränderte Auflage 2003

Das Circuit-Training wird in Schule, Verein und in Freizeitsportgruppen gleichermaßen eingesetzt, denn es ist eine Organisationsform, mit der kleine und große Gruppen mit unterschiedlichen Zielsetzungen differenziert trainieren können. Der Autor hat sich zur Aufgabe gemacht, unter Berücksichtigung von Entwicklungen der Trainingslehre der letzten Jahre funktionelle Übungen für die verschiedenen Muskelgruppen darzustellen und durch einige motivierende Übungen (Balanceübungen, spielerische Übungen, Dehnungs- und Entspannungsübungen) abzurunden. Als Ergänzung zum Buch erhält der Leser eine CD-ROM, auf der die einzelnen Übungen sowie Beispielcircuits als Grafik abgelegt sind. **Mit dieser CD können Sie eigene Circuits erstellen, abspeichern und ausdrucken.**

DIN A5, 98 Seiten + CD, ISBN 3-7780-0041-1
Bestell-Nr. 0042   € 14.90

Steinwasenstraße 6–8, 73614 Schorndorf · Telefon (0 71 81) 402-125, Telefax (0 71 81) 402-111
Internet: www.hofmann-verlag.de · E-Mail: bestellung@hofmann-verlag.de